W0061724

Reinhard Pozorny
„Kein schöner Land..."

Reinhard Pozorny

„Kein schöner Land …"

DSZ-Verlag, München

© Copyright 1987 by DSZ-Verlag, München
Gesamtherstellung: Druckerei Gerhard Rautenberg, Leer
ISBN 3-925924-02-7

Einleitung

Dieses Buch will kein Kaleidoskop sein, keine Aneinanderreihung von Städten und Landschaften nach der Art der üblichen Bildbände, sondern es hat sich zur Aufgabe gestellt, die Schönheit und Mannigfaltigkeit des Landes, in dem Deutsche leben oder lebten, aufzuzeigen. Bei der Abgrenzung haben wir die Zufälligkeiten von politischen Grenzziehungen unserer Zeit bewußt nicht in Betracht gezogen und waren bestrebt ein Gebiet zu behandeln, in dem seit Jahrhunderten deutsches Leben sichtbar war. Es ist auch nicht so, daß wir Wertungen bei der Bildauswahl vorgenommen haben und dabei Orte von größerer Bedeutung anderen vorzogen, die weniger bekannt oder gar berühmt waren und sind. Das Buch will an Hand von Beispielen Liebe zum Land wecken und beweisen, daß es tatsächlich für uns „kein schöner Land auf dieser Welt" gibt als Deutschland, weil es unsere Heimat ist.

So entstand eine Auswahl von Bildern, die der Verfasser aus dem eigenen Erleben zum großen Teil ausgewählt hat und die die Vielfalt des Landes in aller Eindringlichkeit vorstellt. Wenn das Buch mithilft, Liebe für die Heimat zu wecken, Verständnis für unser Volk und unsere Kulturlandschaft herbeizuführen, dann hat es seine Aufgabe erfüllt, auch dann, wenn mancher Leser mit Bedauern seine eigene und engere Heimat nicht vorfinden wird.

Unser aller Land sei dargestellt, und jedes einzelne Bild spricht für Hunderte andere und ist als Gruß an alle gedacht.

Kein schöner Land in dieser Zeit

1. Kein schö-ner Land in die-ser Zeit,
als hier das uns-re weit und breit, wo wir uns fin-den wohl un-ter Lin-den zur A-bend-zeit, wo wir uns fin-den wohl un-ter Lin-den zur A-bend-zeit.

2. Da haben wir so manche Stund
gesessen da in froher Rund
und taten singen,
die Lieder klingen
im Talesgrund.

3. Daß wir uns hier in diesem Tal
noch treffen so viel hundertmal,
Gott mag es schenken,
Gott mag es lenken,
er hat die Gnad.

4. Jetzt, Brüder, eine gute Nacht!
Der Herr im hohen Himmel wacht!
in seiner Güte
uns zu behüten,
ist er bedacht.

„Der Frühling ist über dem Land..."

Jeder Mensch kehrt in seine eigene Jugendzeit zurück, wenn er sich an das Land erinnert, in dem er lebt und mit dem er sich verbunden fühlt. Da wird er, ohne es zu wissen, plötzlich wieder ein Kind und liegt mit anderen im saftigen grünen Gras, derweil um ihn herum das Land in seiner wunderbaren Ruhe seinen Mantel um ihn ausbreitet. Der Wald umsäumt den Horizont und schließt sich wie ein Ring in geheimnisvoller Tiefe um das ganze Bild. Ein kaum hörbares Rauschen kommt aus seinem Inneren. Manchmal regt es sich an seinem Saum, als ob ein Sturm über das Land gehen wollte, den er, der gute alte Wald, aber aufhält und nicht über die fruchtbaren Niederungen ziehen läßt. Irgendwo sind Menschen zu Hause. Man hört einen Glockenklang. Ein verlorenes Hundebellen liegt über dem Hügel, hinter dem ein Dorf zu vermuten ist, und die Felder und Wiesen atmen behagliche Ruhe, hinter der sich das Wissen um Saat und Ernte verbirgt. Hier, wo sie auch heute mit neuen Maschinen an der Arbeit sind, um die Frucht der Felder hereinzubringen, scheint es trotzdem noch so, wie es einmal vor langer, langer Zeit gewesen ist.

Aber die fünf, die hier liegen, gehören nicht mehr zu unseren Jugendgespielen. Das ist auch schon eine neue Generation mit neuen Problemen und Gedanken, und das muß man ihnen zubilligen, weil jedes Menschenalter sein eigenes Leben und damit seine Sorgen und Freuden hat. Und doch, wenn man genau hin horcht und in ihre Augen schaut: Es ist das gleiche zukunftsfrohe Lachen, das auch wir einmal hatten. Es sind die gleichen munteren Sprüche und all das, was auch wir einmal als Kind von uns gegeben haben und was Kinder immer von sich geben. Sie leben, so, wie wir früher einmal, im Banne ihres Landes, das ihnen Heimat ist. Auch sie empfinden all das Geheimnisvolle, das den Begriff der Heimat umschließt. Nicht den Reichtum und auch nicht das Karge. Nicht die Gegensätze, die den Alltag zerstören können, sondern sie erleben zunächst unbewußt und dann erkannt, daß dieses Land ihnen anvertraut ist als das Erbe von Generationen, die hier den Urwald urbar machten, die die Wege anlegten, Felder und Wiesen schufen, Brücken bauten und in einer langen Kette menschlicher Geschlechterfolgen ein Stück Heimat schufen.

Dann aber empfanden auch diese Jungen und Mädchen die wärmende Sonne über sich und wurden von jener Geborgenheit erfüllt, die letzten Endes Unterpfand jeglicher Heimat ist. Denn Heimat ist nicht nur der Geburtsort, der Arbeitsplatz oder das Altersheim. Heimat ist und bleibt die Verbindung von Generationen. Mit ihr auf einem bestimmten Stück Erde, die nur so den Menschen von anderen Lebewesen unserer Erde unterscheidet. Das Leben wird diesen Jungen noch manches bescheren. Sie werden schöne Stunden erleben und traurige. Sie werden lachen und weinen, und sie werden jubeln und fluchen. Sie werden Fehler begehen und gute Taten verrichten. Kurz, das Leben wird ihnen nichts ersparen und für jedes Geschenk, das es ihnen feilbietet, wird es seine Tribute fordern. Das wird auch ihnen, diesen fünf Menschenkindern, die aus dem Boden eines

Volkes herauswachsen, und einmal, wenn wir längst nicht mehr da sind, in unseren Pflichtenkreis hineinwachsen werden, zu Bewußtsein kommen.

Heute ahnen sie von alledem noch nichts, und das ist gut so! Gönnen wir ihnen ihre Ungebundenheit und ihr erst langsames Hineinwachsen in das Leben. Auch uns ist es nicht anders ergangen. Auch wir haben den Alten manche Sorgen bereitet. Haben sie nicht verstanden. Haben sie gekränkt und enttäuscht, was sich immer wieder in jedem Volk und zu jeder Zeit wiederholt. Sie werden noch lange hier liegen und anscheinend die Zeit vertändeln. In Wahrheit aber langsam und unmerklich in ihr Leben und ihre Heimat hineinwachsen. Sie haben nämlich etwas, was wir Alten längst nicht mehr haben, etwas, um was wir diese Jungen heute im Alter beneiden: Sie haben Zeit!

Und die hat man in diesen Jahren in Hülle und Fülle, ja, sie scheint kein Ende zu nehmen und man ist geradezu ungeduldig, das sie kein Ende nimmt. Je älter man aber wird, um so schneller vergeht sie und um so geiziger sollte man mit ihr umgehen, um sie einzuteilen und zu nützen. Gönnen wir diesen Fünf an einem herrlichen Sommertag in einer deutschen Bilderbuchlandschaft die schöne Zeit, die sie haben, und freuen wir uns mit ihnen an der Heimat ihrer Eltern, die auch die ihre ist.

Wir und das Land

Es liegt viel Geheimnisvolles um uns herum verborgen, wenn wir durch das Land gehen, in dem wir leben und das nach dem Gesetz einer Ordnung und jahrhundertealten Verbundenheit seinem Volk gehört. Denn das Volk, das herangewachsen ist, hat sich nach den Gesetzen einer natürlichen Ordnung entwickelt, ebenso, wie der Mensch in dauernder Wechselbeziehung zu seinem Land stand und steht. Schönheit eines Landes, Macht und Größe sind nicht so sehr entscheidend, sondern die natürliche Ordnung, die der Mensch als Teil dieses Landes ihm verliehen hat. Man weiß vom Schicksal vergangener Jahrhunderte. Von der alten Herkunft und ihren Wohnsitzen, die mit Pflug und Schwert wieder gewonnen und verloren, verteidigt und behauptet wurden. Aus der jahrhundertelangen Arbeit sind die Furchen des Landes gezogen, die dasselbe fruchtbar werden ließen und ihm den Begriff der Heimat verliehen. Das Land hat sich in tausendjährigem Bestehen wiederholt verändert, aus seinen Tiefen stiegen die Bodenschätze empor. Eisen und Kohle schufen neue Landschaften, Äcker und Felder ergänzten den Raum, wo Schornsteine emporwuchsen, und das Holz der Wälder zum Bauen in Gruben und Stollen der Bergwerke verwendet wurde. Man hat Gewässer reguliert, Elektrizität erzeugt, Bauernhöfe angelegt und bevölkert, Städte schossen aus dem Boden, und Deutschland hat sich in drei Generationen aus einem Bauernland zu einem Industriestaat gewandelt.

Alte ständische Ordnungen hörten auf, das Handwerk verlor seinen goldenen Boden, neue Berufe entstanden, und aus dem Rhythmus dieses stän-

digen Veränderns erwuchs ein neuer Menschenschlag. Das ist nicht immer erfreulich gewesen, aber nicht zu ändern. Das lag im Zuge einer Entwicklung, der sich die Menschheit nicht entgegenstellen konnte, die aber die Identität des Einzelmenschen und damit des Volkes zu bedrohen, zumindest zu verändern suchen. Inwieweit damit die Harmonie der Natur zerstört wurde, läßt sich heute noch nicht sagen. Die Natur würde sich schrecklich an uns rächen. Zumindest hat der Mensch es heute schon erkannt, daß er niemals der Herr der Natur war oder ist und daß diese ihn trotz aller Fortschrittsseligkeit beherrscht und nicht ausläßt. Wir müssen auch in der heutigen Phase unserer Entwicklung als mehrfach geteiltes Volk, dem weite Lebensräume genommen sind, die Gesetzmäßigkeit des Landes bewahren und uns die Verbundenheit zu ihm durch nichts nehmen lassen. Die eigene Volkskraft mag vorübergehend im Schwinden sein, sie wird wiederkommen, wenn wir uns in der Verbundenheit zu unserem Land, das unsere Heimat ist und bleibt, nicht beirren lassen. Wilhelm Pleyer, der Dichter aus dem Sudetenland, hat in einer sehr entscheidenden Phase seines Lebens die Erklärung abgegeben, „seit man mir die Heimat nahm, fand ich erst recht das Vaterland". Es gilt also, die Liebe zum Land zu wahren und in seiner Tradition zu leben.

Das wird an der See anders sein als im Gebirge. In der Stadt anders als im Dorf. In Thüringen anders als in der Pfalz. Und auch diejenigen, denen man so wie dem erwähnten Dichter die Heimat nahm, werden in der Ausweitung dieses Begriffes der Heimat zum allgemeinen Begriff des Landes ihre innere Zufriedenheit finden. Daher „lobet das Land, darüber wir schreiten, du, unserer Mutter Land". In unseren Menschen, die geprägt von gemeinsamer Kultur und Geschichte sind, die den gemeinsamen Raum bewohnen und sich zu ihm bekennen, lebt eine ungeheuere schöpferische Unruhe. Sie hat sich schon bedrohlich ausgewirkt. Sie war schon die Ursache manchen Übels. Sie ist aber die Quelle der unerhörten Leistungen auf allen Gebieten gewesen, die auf alle Fälle Bestand haben werden. Man mag über unser Volk denken wie man will, aus dieser schöpferischen Unruhe heraus wird es seinen Weg wiederfinden. Seinen Weg zu sich selbst und damit zu den anderen. Viele können heute ihre Meinung nicht ausdrücken, und manche schweigen verbittert und in sich gekehrt. Man wird aber nicht nur von den Leistungen der großen Klassiker sprechen, von den Erfindern und Wissenschaftlern, deren Erkenntnisse der ganzen Welt gehören, sondern man wird einmal all jene würdigen, die nach dem verlorenen letzten Krieg noch unter dem Schock der Katastrophe, des Zusammenbruchs die vielfach willkürlich und mutwillig zerstörten deutschen Städte wieder aufbauten.

Man wird an die Frauen und die Alten denken, die die Trümmerberge mit der bloßen Hand abtrugen, die den Schutt beseitigten und nicht eher ruhten, bis die Stelle des mühsam getretenen Trümmerpfades eine Straße wurde. Die dann mithalfen, an der Stätte der Zerstörung Häuserzeilen und Werkstätten zu errichten, die in all dem noch ihre Kinder betreuten und ihnen den Weg in Schule und Beruf ebneten und so mehr taten, als jemals in einer Generation Frauen und Mütter tun mußten. Das waren solche, die

man dann gedankenlos „Trümmerfrauen" nannte, von denen ungezählte erst kurze Zeit zuvor nach einer grauenvollen Flucht in diese Mondlandschaft gekommen waren, nach einer Flucht und Vertreibung, die trotz ihrer bekannt gewordenen Schrecken später kaltschnäuzig als „unfreiwillige Wanderung" verharmlost worden ist. Sie alle haben dann das Land wieder aufgebaut, das schon zehn Jahre später nicht wieder zu erkennen war. Eine wahrhaft gigantische Leistung, die aus der Summe gigantischer Einzelleistungen besteht, die von Ungezählten vollbracht wurde, an die man heute nicht mehr denkt, die aber mit ihrer Arbeit dem Land den größten Dienst leisteten, größer als das, was viele Politiker und Feldherren jemals zu tun in der Lage gewesen wären.

Denn jetzt wuchsen nicht mehr aus Trümmern die Frühlingsreiser, sondern schon aus Gärten und vor Wohnstätten, in denen die Verbundenheit zu Heimat und Land offenbar wurde, denn „der Frühling ist über dem Land", konnte man jetzt wieder mit Recht singen und sagen.

Nach Weimar gewandert

„Mit frommem Schauder nahe, Wandersmann,
wie einst der Grieche nahte heil'gem Hain"

So schrieb ein Dichter unserer Tage, als er sich der Stadt näherte, die einst Residenzstadt des Herzogtums Weimar-Eisenach wurde, dessen Herzog Karl August nicht nur ein weiser Mann gewesen sein soll, sondern auch als Kunstkenner und -förderer weithin berühmt wurde. Er war es, der den Dichter Johann Wolfgang Goethe, dessen erste große Dichtungen schon Aufsehen erregt hatten, nach Weimar verpflichtete und ihn zum Minister machte. Sicher war das auch eine Art Förderung der Kunst, denn Goethes verwaltungstechnische und bürokratische Fähigkeiten wird der gute Landesvater richtig eingeschätzt haben. Doch jetzt hatte Goethe ein wirtschaftliches und gesellschaftliches Fundament und konnte nach seiner Art wirken. Eine der ersten Handlungen Goethes war, daß er seinen Fürsten bat, einen gewissen Friedrich Schiller auch in sein Herzogtum zu berufen, ihm die Möglichkeit einer fundierten Betätigung zu geben. Der Fürst gehorchte dem Genie, dem er sich zu beugen begonnen hatte, holte den Dichter zu sich und machte ihn zum Geschichtsprofessor in Jena. Nun erstrahlte Weimar vom Glanz zweier Dichter von weltgeschichtlicher Bedeutung, der Hof und die Stadt wurden zu einem vielerorts beneideten Mittelpunkt deutscher Kultur.

Dann war es soweit, daß mit fürstlichen Mitteln das Weimarer Theater erbaut wurde, das in der Folge wiederholt die Stücke der beiden Dichter aufführte, zu denen sich noch Wieland und Herder gesellten, so daß ein deutscher Parnaß entstand, von dessen Aussage wir heute noch zehren. So konnte Weimar, das auch eine reiche geschichtliche Vergangenheit hatte, zu einem Zentrum deutscher Dichtung werden. Goethe hat den palaisartigen Bau am Frauenplatz erworben und hielt hier, entsprechend seiner Bedeutung und Würde, hof, während der immer bescheidene Schiller, schon damals von einer schweren Krankheit gezeichnet, am Gänsemännchenbrunnen ein Haus fand, wo er seinen Wohnsitz aufschlagen und wirken konnte. Hier ist auch Schillers Wilhelm Tell entstanden, ein Schauspiel, das in der Zeit Napoleons viel zur Weckung der vaterländischen Begeisterung der Deutschen beitrug.

Nach den Befreiungskriegen blühte Weimar erneut auf, denn nun wirkten sich die vorher geschaffenen Voraussetzungen aus, und die Stadt wurde zu einem Ziel Ungezählter, die aufbrachen, um die Atmosphäre in sich aufzunehmen und teilzuhaben an dem geistigen und kulturellen Aufschwung, der der politischen Befreiung folgte.

Vor allem der Schloßpark mit seinem berühmten Gartenhaus wurde zu einem Mekka deutscher Kunstfreunde der ganzen Welt.

Während aber der geistige Aufschwung anhielt, zeigte es sich, daß die politischen Verhältnisse im deutschen Kulturraum alles andere als befriedigend waren.

Als der Erste Weltkrieg zu Ende war, tagte hier die erste deutsche Nationalversammlung nach dem Zusammenbruch und beendete die Fürstenzeit. Hier wurde die Weimarer Verfassung beschlossen, und hier fanden die entscheidenden ersten Sitzungen des neuen Parlaments statt. In hoffnungslos scheinender Lage versuchten die Männer mit dem deutschen Schicksal fertig zu werden, und wenn sie auch vieles hinterließen, was man ihnen später vorgeworfen hat, sie wahrten die Würde des Unterlegenen, was spätere in gleicher Lage unterlassen haben. In der darauf folgenden Zeit war Weimar wieder Mittelpunkt zahlreicher großer kultureller Bestrebungen aus dem ganzen deutschen Kulturraum, ein Ausbau wurde begonnen, den der Zweite Weltkrieg beendete.

Als der Krieg bereits fast entschieden und am Ende war, bewarfen alliierte Bomber das Zentrum der Stadt und vernichteten barbarisch die schönsten und eindrucksvollsten Bauten Weimars. Es war unfaßbar, denn es gab weit und breit keine militärischen Anlagen in der Stadt, deren Zentrum zu fast 50 Prozent zerstört wurde. Nachdem die USA aus völlig unverständlichen Gründen, das von ihnen eroberte Thüringen wieder den Sowjets überlassen hatten und sich einfach von dort zurückzogen, begann nach und nach ein Wiederaufbau, der zwar unter großen Schwierigkeiten, aber trotzdem erfolgreich das Stadtbild wieder herstellte. Man muß feststellen, daß der Wiederaufbau ohne Kompromisse erfolgte und das Zentrum mit seinen historischen Bauten originalgetreu wieder erstellt wurde, ohne daß man den Eindruck durch protzige Neubauten störte.

So erlebten wir zur Erinnerung an den 1000jährigen Bestand von Weimar die Wiedereröffnung des Theaters mit einer großartigen Faust-Aufführung, so erfreuten wir uns an dem Wiederaufbau des Lukas-Cranach-Hauses, des alten Stadthauses und der Errichtung eines Schillermuseums, um auf diese Weise den zweiten Großen der Stadt zu ehren. Eine Stadt mit so reicher geschichtlicher Vergangenheit, wie Weimar und mit solchen kulturellen Kräften erholt sich immer wieder aufs neue und ist so ein Symbol für die unzerstörbare Kraft eines Volkes.

13

Sie erhielt 933 von Otto II. das Marktrecht, und seit diesem Jahr ist diese Tatsache verbrieft festgelegt. Etwa um 1100 wurde der Grundstein zur Wartburg gelegt, auf ihr fanden die Wettstreite der Minnesänger aus dem ganzen deutschen Kulturkreis statt. Die Wartburg, Eisenach und Weimar wurden als Dreigestirn zu einem Wertbegriff. Auf der Wartburg, wo Kurfürst Friedrich der Weise Martin Luther in Sicherheit brachte, hat dieser die Bibel ins Deutsche übersetzt und damit ebenfalls ein Stück deutsche Kulturgeschichte geschrieben.

Der Fremde, der heute Weimar besucht, wird auch das berühmte Bild von Lukas von Cranach in der Stadtkirche vorfinden, er wird aber besonders nach den Spuren forschen, die die beiden Großen hier hinterlassen haben, deren Doppelstandbild vor dem Theater steht. Zeitlose Größe in so beeindruckender Art ist selten vorhanden wie hier in Thüringen, in einer der heimlichen Hauptstädte deutscher Geistesgeschichte und deutscher Dichtung.

„Alt Heidelberg, du feine..."

Es gibt Städte und Stätten in jedem Land, die aus bestimmten Gründen immer wieder in Liedern besungen werden, die durch ungezählte Anekdoten im weiten Umkreis bekannt sind und die aus den verschiedensten Gründen romantisiert werden. Die Stadt am Neckar gehört dazu, diese alte Studentenstadt, inmitten eines gesegneten Stück Landes mit Rebenhängen, Obstüberschüssen und einem weichen und sonnigen Klima. Brücken spannen sich über den Fluß und verbinden die beiden Ufer der Stadt. Wenn wir über die jetzt so bestaunte und viel besungene Brücke gehen, die mit einem mächtigen Bogen den Fluß überspannt, dann müssen wir wissen, daß sie bereits die fünfte ist, die hier an dieser Stelle gebaut wurde.

So schwer hat es die Vergangenheit den Menschen in diesem Lande gemacht. Wir finden auf einem Stich aus dem Jahre 1550 eine, und zwar die erste Brücke, die vom Kupferstecher Sebastian Münster gezeichnet wurde. Dann stellen wir eine ganz andere an der gleichen Stelle fest, als 1620 der berühmte Merian den Neckar seiner Zeit darstellte, die nächste Brücke haben Franzosen bei ihrem sogenannten Raubkrieg unter Melac vernichtet und eine weitere wurde durch einen schweren Eisgang im Jahre 1784 zerstört. Dann hat Karl Theodor V. die fünfte und jetzige Brücke errichten lassen, die aber im letzten Kriege teilweise auch zerstört und erst in jüngster Zeit wiederhergestellt worden ist. Man kann allein aus diesem Beispiel auf die Geschichte schließen und wundert sich, daß die Menschen nicht unter diesen schlimmen Erbe gelitten haben. Sie sind im Gegenteil frohgemut und haben das Lachen nie verlernt. Vielleicht haben dazu die ungezählten jungen Studenten beigetragen, die immer wieder neue unbekümmerte und lebensfrohe Jugend in die Stadt trugen und somit zur Belebung der Lebensfreude beigetragen haben.

14   *Goethes Gartenhaus in Weimar*

Das doppeltürmige Brückentor ist noch erhalten geblieben. Es gibt der ganzen Partie ein besonderes Gepräge. Befestigt war die Stadt in früheren Jahrhunderten hinreichend, aber, wie die Geschichte lehrt, ohne Erfolg, denn Plünderungen und Verwüstungen blieben ihr wiederholt nicht erspart. Doch immer wieder erfolgte der Neuaufbau, was nicht nur auf die ungebrochene Lebenskraft dieser Menschen zurückzuführen war, sondern auf die besondere Gunst, die die Stadt bei ihren Fürsten genossen hat, die immer wieder mit Geldmitteln den Wiederaufbau förderten und hier eine beliebte Bleibe suchten und fanden.

Auch heute noch spürt man etwas von der berühmten Romantik, die in dieser Stadt ruhte und die sie zu einem Wertbegriff deutscher Romantik im Auslande machte. Die Ursache dafür liegt in dem historischen Stadtbild, das sich heute mühsam hinter grauen und hochragenden Zweckbauten moderner Art verbirgt und doch hervortritt. Man kann hier träumen, wenn man des Abends durch die Straßen geht und die vielen Bauten vergangener Jahrhunderte sieht, die sich im Wirbel der Zeiten erhalten haben. Doch sind ihre Giebel und Winkel, ihre tiefen Tore und Türmchen etwas anders als anderswo. Sie sind nicht nur von der Patina der Zeit und schwerer Jahre gezeichnet, sie tragen alle einen frischen und fröhlichen Aufputz, irgendein grünes Blechhäubchen, eine lustige Butzenscheibe oder einen zarten Schnörkel als Zugabe des Bauherrn. Man kann sie als Zugeständnis an die Jugend bezeichnen, das man machen wollte, um das alte Gemäuer der immer wiederkehrenden Jugend Alt-Heidelbergs wohnselig und heimelig, aber doch auch lebensfroh zu zeigen. Und diese Jugend hat es der Stadt vergolten, sie trug ihren Ruf in die Welt, sie besang noch in alten Tagen Alt-Heidelberg, die feine, und träumte von den Herzen, die man angeblich hier am Neckarstrand so leicht und gerne verloren hatte.

Derweilen zieht der Strom langsam unter der Brücke vorbei, sein Spiegel ist immer graugrün. Das machen die grünen Hänge, die ihre Fruchtbarkeit in den Fluten widerspiegeln. Ein grauer Hauch liegt über den alten Häusern, die sich fest aneinander schmiegen und so versuchen, die Jahrhunderte zu überdauern. Der rote Sandsteinbau der Jesuitenkirche lockert das Farbenbild etwas auf, und die ungezählten Blütenterrassen geben ihre vielgestaltigen Farbtupfer auf das ganze Bild, von dem man sich nur schwer lösen kann, weil einem im Unterbewußtsein vieles gemahnt, noch hier zu bleiben und den ungezählten Spuren nachzugehen, die Studenten aus allen deutschen Landschaften hier zurückgelassen haben. Freilich denkt man in erster Linie an die Trinkfreudigkeit ganzer Generationen, wenn man von Heidelberg spricht, an die Händel, die Mensuren, Kneipen und Kommerse, doch das Kulturgeschichtliche, das dieser Stadt zu eigen ist, dieser Brennspiegel ungezählter deutscher Studentengenerationen mit ihren Bräuchen, Überlieferungen und ihrem Lebensstil, den Eigenarten ihrer Herkunftsgebiete, die sich hier feststellen ließen, das alles lebt zu Füßen eines alten herrlichen Schlosses, das in Trümmer fallen mußte, weil „es dem bösen Nachbar nicht gefiel".

Heute ist das längst vergessen, auch die Probleme, die das Leben ganzer

*Heidelberg: Fassade des Ottheinrichsbaues von 1559 im Innenhof
des Kurfürstlichen Pfalzgrafenschlosses*

Länder prägten, als immer wieder über den Rhein die Gegner kamen und aufgrund wechselnder Vorstellungen und Leitbilder hier alles vernichteten, weil sie nicht auf Dauer bleiben konnten. So ist das Schloß schon in Trümmer gesunken, bereits Tilly hatte im Dreißigjährigen Kriege hier böse gehaust, dann aber kam General Melac, dessen Name noch nach Jahrhunderten hier mit Schrecken ausgesprochen wurde, und ließ die Stadt zum Großteil zerstören und das Schloß ausbrennen. Es ist auch in diesem Zustand, wie es sich heute, zum Teil zerstört, als unvergeßliches und unvergängliches Symbol deutscher Romantik zeigt, noch schön. Vor allem durch die Fassade des Ottheinrichsbaues von 1559 im Innenhof wird es dem Fremden in Erinnerung bleiben. Schon durch seine Lage aber, angelehnt an die grünen Hänge, das Stadtbild überragend, bleibt es in unserem Gedächtnis als ein Stück einprägsamer und steingewordener Geschichte.

Hier wetteifern heute noch die Künstler der deutschen Renaissance mit den Meistern des Barock, die ihre Bauten auf die wuchtigen Reste einer früheren Vergangenheit gesetzt haben. Übrigens wurde das Schloß zum Teil schon früher zerstört, nämlich durch einen Blitzschlag, der 1537 eine Pulverexplosion bewirkte und den oberen Teil vernichtete. Das liegt alles schon weit zurück, auch die Tatsache, daß dieser 1239 zur Stadt erhobene Ort, seit dem vierzehnten Jahrhundert Residenz der Pfalzgrafen und Hauptstadt der alten Kurpfalz war, was uns nicht hindern sollte, in Heidelberg immer noch eine Stadt des Frühlings und der Jugend zu sehen.

Die Dreiflüssestadt

Wir haben schon wiederholt feststellen können, daß zahlreiche Städte Süddeutschlands weitgehend südländischen Charakter aufweisen und der Fremde bei ihrem Betreten meint, irgendwo im sonnigen Süden Spaniens oder Italiens zu sein. Dies erreicht seinen Höhepunkt, wenn wir nach Passau kommen. Zuerst aber müssen wir durch eine Landschaft, die zu den fruchtbarsten Teilen Bayerns zählt, den sogenannten Gäuboden. Von Regensburg über Straubing bis an die Grenze Bayerns fahren wir durch die bayerische Kornkammer, wo neben Weizen, Gerste und Zuckerrüben vielfältiges Feldgemüse in Hülle und Fülle gedeiht. Inmitten dieser reichgesegneten Landschaft wird auch alljährlich das zweitgrößte Volksfest in Bayern neben dem Münchener Oktoberfest durchgeführt: Das Gäubodenfest in Straubing. Von hier aus geht es direkt in den Bayerischen Wald oder dem Laufe der Donau folgend nach Passau.

Das Donautal ist bis hierher breit und ausladend und bietet an seinen Ufern kleinen bodenverbundenen Ortschaften Platz, denen man den Wohlstand des Heimatbodens anmerkt. Bei Vilshofen aber ändert sich das Bild, denn hier zwängt sich die Donau in einem engen Durchbruchstal weiter, das die Ausläufer des Bayerischen Waldes bildet, und erreicht Passau. Aus gutem Grund legten bereits die alten Römer ausgerechnet in dieser beherrschenden Lage eine befestigte Siedlung an, die sie Batavis nannten, daraus hat sich dann im Laufe der Zeit Bazzaba und später der Name Passau entwickelt. Der Name kommt von einer hier stationierten batavischen Legion. Es ist absolut kein Zufall, daß sich dieser anfängliche Stützpunkt so entwickelte, denn hier war seit eh und je der Übergang nach Südosten, nach der Mark des Ostens, von hier aus zogen die Kauffahrer donauabwärts, die Nibelungen nahmen hier ihren Weg, die Kreuzfahrer hinterließen ihre Spuren, und immer wieder finden wir in den Aufzeichnungen alter Zeiten Passau als Brückenkopf nicht nur über die Donau, sondern in ein früher weitgehend unbekanntes Gebiet.

Schon vor 739 ist die Stadt Bischofssitz, und ihre kolonisatorische Tätigkeit nimmt im Laufe der Jahrhunderte immer mehr zu. Die Christianisierung erhält hier einen bedeutungsvollen Stützpunkt, und in der Heldensage der Nibelungen wird schon von einem Bischof Pilgrim berichtet, der sich auch in der Überlieferung der Stadt erhalten hat.

Die Festung Oberhaus bietet einen herrlichen und interessanten Rundblick. Die drei Flüsse, die mitten in der Stadt zusammenfinden, sind zu erkennen. Da fließt die Donau breit und mächtig ihren gewohnten Weg und nimmt die Ilz und den Inn auf. Das Wasser des Inn ist durch die sogenannte Gletschermilch des Hochgebirges getrübt und hellgrün, so daß wir das langsame Vermischen der beiden anders gefärbten Wasser genau beobachten können. Das Gletscherwasser ist ein Gruß der Berge an die weiterhin immer ebener werdende Uferlandschaft und das ferne Meer, in das die Donau münden wird. Der dritte Fluß ist die Ilz, die ihr Moorwasser aus dem Böhmerwald bringt und vereint fließen sie dann weiter, vielen schönen Zielen zu, vorbei an der Wachau, dem Nibelungengau, den vielen Burgen und fruchtbaren Hügeln, bis sie die Hauptstadt Österreichs erreichen. Der Strom fließt noch viel weiter, weit über Budapest hinaus, zum Balkan, und man kann sich vorstellen, welche Phantasie es dem Menschen abverlangte, all diese geheimnisvollen und fast unerreichbaren Fernen geistig zu verarbeiten. Da haben wir es heute leichter. Die bequemen Donauschiffe verkehren von Passau bis ans Schwarze Meer und ermöglichen uns eine angenehme Fahrt, die tagelang dauert und viel Abwechslung bringt.

Wer den Domberg und seine nächste Umgebung betritt, der bekommt einen Eindruck von dem Reichtum, der einst in dieser Stadt herrschte und nimmt eine Reihe bedeutungsvoller, kunsthistorisch wertvoller Bauten wahr. Hier hat die kirchliche Macht über lange Zeiten ihren Stempel dem ganzen Leben einer Stadt verliehen, aber neben den sakralen Bauten auch eine Reihe wundersamer Häuser und Paläste entstehen lassen. Man hat da früher sehr genau unterschieden. Da war der Domhügel mit seiner eigenen Welt und dann die Bürgerstadt, wo sich ebenfalls Reichtum und Anhäufung materieller Güter nachweisen lassen. Das frühere Handwerkerviertel ist da bescheidener, doch an einigem ist doch zu erkennen, daß der goldene Boden, den das Handwerk immer hatte, nicht ganz schlecht gewesen ist.

Heute schmilzt das alles natürlich zusammen und überschneidet sich. Die Zeit heilt Wunden, zerstört aber auch viel. Höhepunkt aber bleibt hier immer der Domberg mit seinem Dom von St. Stephan, der in der Zeit von

1407 bis 1520 errichtet wurde und von südländischer Formenfreude strotzt. Hier vereinigen sich spätere Bauelemente mit denen der Gründungszeit, und aus der Geschichte wissen wir, daß dieser Dom die Mutterkirche der Ostmark gewesen ist und damit ein Zentrum kirchlichen, aber auch kolonisatorischen Wirkens war. Die Donau bestimmt das Stadtbild weitgehend, das erkennt man, wenn man vor dem Renaissancerathaus steht, dessen südländische Anmut uns der Turm beweist. Die Donau ist hier geliebt, aber auch gefürchtet. Sie beherrscht die Menschen dieser Region, und mehrmals im Jahre meldet sie ihren Herrschaftsanspruch an, wenn zur Zeit der Schneeschmelze oder nach langen Regenzeiten ihre Wellen über die Ufer treten und ganze Teile des Stadtgebietes überschwemmen. Oftmals schon gab es Katastrophen, bei denen nicht nur materieller Schaden entstanden ist.

Keiner der Passau besucht, versäumt es, die Mündungsstelle der drei Flüsse zu besuchen, diese Landzunge, an der man glaubt, von den gleitenden und wogenden Wellen des Wassers mit davongetragen zu werden und wo sich die Häuser sichtbar noch enger zusammendrängen als in der sonstigen Stadt. Abseits der großen Bauten aus vergangener Zeit, den palastartigen Häusern der Großen vergangener Jahrhunderte, winden sich die schmalen Gäßchen mit ihren Winkeln und Nischen, die so gar nicht recht in die heutige Zeit zu passen scheinen, aber doch eine Stimmung erzeugen, die man erlebt haben muß. Da gluckst und rieselt das Wasser, das dann wieder zu tosen anfängt, da raunt die Geschichte in den Ecken und Haustoren, und über allem liegt der Geruch von Feuchtigkeit, die alles im Laufe von Jahrhunderten durchdrungen hat. Die Mauern sind unheimlich dick und die Fenster klein. Alles ist zur Abwehr bereit gehalten, denn man wußte, was es bedeutete, wenn wieder einmal die Sturmglocke zu läuten begann — und man weiß es, ehrlich gesagt, auch heute noch — obwohl man jetzt ganz anders baut und sich in vielem den Elementen gegenüber überlegen zeigt.

Keine Stadt konnte auf dem Zug der Nibelungen so überzeugend Kulisse stehen wie Passau, und nirgends scheint die Kolonisation, die von diesem Raume ausging, solche Resonanz gehabt zu haben, wie hier.

Insel in der Deutschen Bucht

Dem Festlande vorgelagert liegt die Insel Helgoland, wuchtig über den Wogen des ewig unruhigen Wassers, die roten Klippen zum Himmel gereckt, ein Stück Romantik in unsere Tage hineingerettet. Klein und ohne besondere Sensationen erscheint sie dem Besucherstrom, der sich täglich — bei normalen Seegang — über die Straßen, den Strand und die Wanderwege ergießt — und doch ein Stück unserer selbst.

Sie gehörte bis ins vorige Jahrhundert England, erst Bismarck tauschte sie gegen die deutsche Kolonie Sansibar ein, und erwarb so ein Stück Deutschland im brandenden Meer. Die Fischer und Seeleute, die bald die

Passau: Dom und Altstadt mit Rathaus, Donau und Inn

Vorzüge des Fremdenverkehrs erkannten, hatten immer schon Verbindung zu den deutschen Küstenstädten gehalten und waren ihnen weit mehr verbunden als der anderen, großen Insel, von wo die großen Herren mit den großen Ansprüchen mitunter angefahren kamen. So hat Helgoland für alle Deutschen auch eine besondere Bedeutung:

Als im vorigen Jahrhundert die Reaktion triumphierte, als das Metternich'sche System alle Freiheitsbestrebungen der Deutschen brutal unterdrückte und ungezählte Deutsche in Kerkern und Festungen schmachteten, weil sie einem Gewaltsystem wieder einmal unterworfen waren, das sich auf Gott und seine Befehle berief, da lebte ein Mann, der schon als Volksforscher und Dichter einen Namen hatte, der durchs ganze deutsche Sprachgebiet gereist war und sich ebenfalls der Aufmerksamkeit der staatlichen Macht und ihrer bezahlten Spitzel erfreute. Er hieß Hoffmann („An meine Heimat dacht ich eben, da nannte ich mich Fallersleben") und hat unserem Volke mehr als 550 Kinderlieder geschenkt, die heute noch lebendig sind, darüber hinaus zahlreiche volkskundliche Werke und Übersetzungen und mehrere zeitnahe Bücher literarischen Inhalts.

Häufig war er aus deutschen Städten und Ländern polizeilich ausgewiesen und „fortgeschafft" worden. So erging es damals deutschen Patrioten, die, wie auch gegenwärtig, im eigenen Lande nicht mehr geduldet waren. Als sich Hoffmann von Fallersleben daher mit guten Freunden treffen wollte, um im kleinen Kreise über ihre Zukunft zu beraten, beschlossen sie, zu diesem Zweck ins Ausland zu gehen. Sie trafen sich im August 1841 auf dem zu England gehörenden Helgoland und verbrachten einige Tage ungestört und ohne Zwischenfall.

Als die Freunde die Insel wieder verlassen hatten, verweilte der Dichter noch, um in der Einsamkeit der abgelegenen Insel in Ruhe arbeiten zu können. Hier, auf englischem Hoheitsgebiet, träumten Deutsche von ihrem Vaterland und im Nachhall dieser Stunden, am 26. August 1841, setzte sich der Dichter auf eine kleine Klippe im Meer. „Einsam auf Klippen, nichts als Meer und Himmel", so beschreibt er die Minuten, als sich die im Unterbewußtsein aufgestauten Begriffe und Vorstellungen zu Worten und Versen fügten und nach und nach Zeile um Zeile, Strophe um Strophe wurde.

Im Ergebnis sprechen viel Liebe und Glauben und viele gute Wünsche voll aufrichtiger Herzlichkeit. Man liebt über alles auf der Welt seine Heimat, sein Land, so wie man das Land der anderen achtet. Dem eigenen jedoch gibt man den Vorzug, wie es auf der ganzen Welt eine Selbstverständlichkeit ist. Ausdrücklich wählte Hoffmann von Fallersleben den Titel „Lied der Deutschen" und nicht „Deutschlandlied", was deshalb von Bedeutung ist, weil so kein staatlicher oder systemkonformer Gedanke zum Ausdruck kommen soll, sondern das Bekenntnis der Deutschen zu ihrem Land, wo dies auch sein möge. Mit den Noten Joseph Haydns, die im Kaiserquartett ihren Niederschlag fanden, flossen Wort und Weise zu einer wunderbaren Einheit zusammen, wurde dem deutschen Volke eine Hymne geschenkt, die es fortan in seine Zukunft getragen hat. Zwischenzeitliche

Versuche, sie zu ändern, auszuwechseln wie ein Hemd, schlugen fehl. Die Helgoländer bewahren dem Dichter auch heute noch ein ehrendes Gedenken. Schon bei der Ankunft sieht der Fremde das Denkmal, das ihn an den Dichter gemahnt, der nicht nur unsere Hymne schuf, sondern unerschöpfliches Volksgut.

Die Fremden, die da kommen, erfreuen sich an der wunderbaren Welt, die sie hier umgibt, an der schmucken Stadt, den wunderbaren Felsen, den wuchtigen Formen, die dem Spiel der Wellen und Wogen trotzen, und wundern sich vielleicht auch über die gepflegte Art, wie hier gelebt und gewohnt wird. Wer jedoch sah, wie Engländer nach dem Zweiten Weltkrieg diese Insel als Zielscheibe für ihre Fliegerbomben ausgesucht hatten und monatelang unbarmherzig ihre zerstörenden Ladungen auf die geräumte Insel abluden, sie zertrümmerten und mit zufriedener Freude ihr Handwerk betrieben, dem schien das Werk der totalen Zerstörung kein Ende zu nehmen.

Bis eines Tages etwas geschah, das nicht vergessen werden sollte. Junge Deutsche entschlossen sich, dem Werk ein Ende zu setzen, das Jahre nach dem Kriegsende zwecklos und herausfordernd im höchsten Maße war. Sie landeten auf der Insel, sie fragten nicht und hörten nicht auf die faulen Beschwichtigungen der Nutznießer unserer letzten Niederlage. Sondern sie waren plötzlich auf der Insel und zwangen auf diese Art und Weise die Bombenflieger, mit ihrem Handwerk aufzuhören und die Beschießung einzustellen. Es folgten Verhandlungen, endlose Palaver, doch am Ende war die Einstellung der weiteren Bombenabwürfe auf dieses kleine Stück Deutschland erreicht. Man sollte den Menschen, die damals ein Zeichen setzten, nun ein Denkmal errichten, ebenso jenen Engländern, die ein Einsehen hatten und das schandbare Spiel beendeten.

Denn daraufhin setzte der Aufbau von Helgoland ein, es waren ja fast nur zerschlagene und immer wieder umgepflügte Trümmer übrig geblieben. Der Aufbau ging zügig und ohne Zwischenfälle vor sich, und heute ist Helgoland schöner und einladender als je zuvor. Die Deutschen auf Helgoland haben auf ihrer Insel einen Teil dessen durchgesetzt, was „des Glückes Unterpfand" bedeutet.

Alte Häuser in einer Stadt im Elsaß

Was ist das doch für ein Land! Hier haben vor fast zwölfhundert Jahren der Ostfranke Ludwig und der Westfranke Karl, als Erben Karls des Großen, Zeichen gesetzt, die sich in Eiden und Bündnissen ausdrückten und doch das letzte Ziel nicht erreichen konnten. Wieviel Tragik hat sich hier vollzogen und wieviel Leid und Schmerz mußte über dieses Grenzland hinweggehen, das nie ganz zur Ruhe kam. Mit statischem Denken wird man den bestimmten Gesetzmäßigkeiten und Lebensgrundlagen der Grenzländer, die unantastbar bleiben müssen, daher nicht gerecht. Wer vor der gotischen Rosette des Straßburger Münsters stand, wer Grünewalds Isenheimer Altar studierte und wer sehenden Auges durch das Elsaß ging, der erkannte, daß man auch mit frohem Gesicht traurig sein kann, daß hinter Lebenslust und sogar Ausgelassenheit Leid gesucht werden muß, das keine Worte mehr hat und doch auf eine Zukunft hofft. Das Verwischen und Tilgen von Spuren der einen zerstört nach einiger Zeit auch die der anderen, so lautet ein uraltes Gesetz, das in Räumen gilt, wo mehrere Völker siedeln.

Es hat mir hier so weh getan, wenn ich diese Menschen beobachtete, liebe, freundliche und gütige Leute, frohgemute mit südländischer Beschwingtheit, etwas noch von der Gabe der alemannischen Geschichtenerzähler in sich. Die Alten beantworteten meine Fragen, die ich stets sorgsam und zurückhaltend vorbrachte, nach dem anfänglichen Zögern, das man überall findet, bereitwillig und sogar redselig. Die Jungen sahen mich an, machten verlegene Gesichter, drehten sich teilweise ab oder murmelten etwas im Verschwinden. Sie verstanden mich nicht. Nicht mehr! Denn sie hatten ihre alte deutsche Sprache verlernt, die Sprache, die die Eltern sie vergeblich gelehrt hatten, weil sie, wie dies offiziell heißt, nur noch ein Dialekt sein sollte. So konnte ich die Jungen gar nicht sprechen, und gerade mit ihnen unterhalte ich mich so gerne. Das in dem Raum des einstmaligen Heiligen Römischen Reiches Deutscher Nation, wo der Humanismus so viele gemeinsame Spuren hinterlassen hat, wo heute Romantik und moderne Industrialisierung sich zu einer Synthese entwickelt haben und so viel vom vereinten Europa gerade hier geschrieben wird.

Doch hier leben 1 500 000 Bewohner, von denen 1 300 000 deutsche „Dialekte" als Umgangssprache gebrauchen und sich trotz aller Versuche, diese auszurotten, zur deutschen Sprache, also zum deutschen Volkstum, bekennen, ohne aber daran irgend etwas Unwichtiges zu sehen. Sie wissen warum, aber sie werden es dem neugierigen Fremden wahrscheinlich nie sagen. Auch das hat seine Gründe.

Und doch — wie wunderbar ist es hier! Herder und Goethe haben schon der Stimme dieses Landes gelauscht, haben es zu ergründen gesucht und was vor- und nachher erfolgte, hat die Zahl der Wunder nur vermehrt, die einen hier umgeben. Diese immer freundlichen Menschen, die mit ihrem schalkhaften Lächeln um den Mund, den lustigen Augen, in denen natürliche Frische und Lebensmut funkeln, diese gesund wirkenden Jungen. Wenn man dann irgendwo, meist in einem der überall vorhandenen Weinlokale ist, ohne allzuviel „Komfort", aber sauber und behaglich und trinkt das eine oder andere Gläschen ihres köstlichen Weines, dann beginnen sie zu erzählen. Sie klagen nicht, sie berichten von ihren Freuden, von dem, was ihr kleines Leben noch für sie an Schönem und Gutem übrig gelassen hat. Eine wunderbare Art des Lebens: Niemals das Schlechte oder Böse hervorzukehren, sondern sich stets zu bemühen, nur dem Guten nachzuspüren. Dann aber verlieren sie sich in diesem wundervollen und geheimnisvollen Gäßchen. In diesen Winkeln mit den steilen Giebeln, den alten Häusern mit den winzig kleinen Fensterchen, den Erkern mit ihren Spitzbogen und den Blumen, die sich überall aus der Erde emporranken. Schatten liegen über diesen engen Gassen und lassen nur ganz wenig Sonnenstrahlen herein. Deshalb aber werden sie so von den Menschen mit Dankbarkeit aufgenommen, jeder von ihnen begrüßt mit einem frohen und dankbarem Blick. Die Glocken haben hier einen anderen Klang, sie sind nicht so jubelnd wie anderswo, als ob die Kirchen stets mahnen wollten in Erinnerung an vieles, worüber man nicht spricht, was man doch nie vergißt.

Wir saßen beisammen und sprachen über dies und jenes und erfuhren eine Gastfreundschaft, die uns einfach beschämte, denn man konnte sich kaum dankbar erweisen. Erst viel später ist man darauf gekommen, sie waren dankbar für die guten Worte, dafür, daß man keine Neugier gezeigt hat und sie nicht quälte, wie viele andere zuvor, die glaubten in diese Menschen dringen zu müssen und sie „aufzurichten" oder zu trösten. Das haben sie gar nicht notwendig. Sie leben ihr Leben und sind froh dabei, sie wissen, daß es derzeit eben so ist und denken vielleicht nur dann und wann an den Hartmannsweilerkopf und wissen, was ihnen ihr Lebensabend noch bedeuten kann.

Das nennt man Lebensweisheit. Das ist nichts Abgestumpftes und Verzichtendes, das sind Spuren jahrhundertalter Erlebniswelt, die man hat, die man aber nicht so ohne weiteres lernen kann. Ihre vielen Ruinen sprechen Geschichte, ihre vielgestaltigen Kirchen sind Ausdruck einer Frömmigkeit, die mit Frömmelei nichts zu tun hat und in ihren Häusern bleibt vieles so, wie es die vor ihnen hatten. Da stehen die Truhen noch so wie damals, die Kommode mit der Vitrine ist am gleichen Fleck, und noch immer sehen die eingerahmten Alten feierlich auf dich herab, etwas fragend und doch verstehend. Die Jungen fühlen sich geborgen in diesem Zusammenklingen der Geschlechter und denken vielleicht an den Lebensweg, der vor ihnen liegt und sie weiß Gott wohin führen wird. Doch da, da haben sie ihr Nest, behaglich am Alten festhaltend und immer wieder dahin zurückkehrend.

Nicht oft auf dieser Welt steht man so unter dem Eindruck seiner Gefühle, wenn man durch ein Land kommt, wie in diesem. Ein gesegneter Gottesgarten, ein Blüten- und Früchtemeer, ein einziger großer Weinberg, darüber ein Himmel voll Vorstellungen von Glückseligkeit, jauchzendem Schluchzen und lächelnder Trauer, aber eine tiefe Bläue, hinter der die Sterne sind, an die jeder glaubt. So entsteht eine Liebe zu einem Land, die immer mehr fordert, hinter alten Mauern ebenso lebt, wie an den Zentren des Landes, die all den vielen zuteil ist, die durch die Straßen schlendern und sich Zeit für morgen lassen. Möge er ihnen Glück und Segen bringen und ihren Fluren dazu!

„Nur am Rhein da möcht' ich leben..."

So wie der Nil den alten Ägyptern und der Ganges den Indern zu einem Begriff wurde, ihnen mehr bedeutete als ein bloßer Wasserlauf, so ist uns auch der Rhein mehr als ein Fluß, der durch unser Land zieht. Mag die heutige Zeit auch vieles rational verunsichern und vergebens auszudeuten

suchen, hier sind Grenzen gesetzt. Er zieht — man kann ruhig sagen — majestätisch seines Weges, zwängt sich bald durch felsenharte Gebirgszüge hindurch, um dann wieder breit und behäbig durch flaches Land dem Meere zuzustreben und findet seinen Weg an den Zeugen vergangener Zeiten und unserer Tage vorbei. An den ungezählten sagenumwobenen Burgen und Schlössern entlang führt sein Weg entlang der Weinhänge und sanften fruchtbaren Hügel, um sich im Gebiet der riesigen Produktionsstätten, der Fabriken und Werkhallen, aber auch der Wohnsiedlungen und Einzelgehöfte fortzusetzen. So sind seine Ufer von Vergangenheit und Gegenwart gesäumt. Er ist ein Schicksalsstrom unserer Geschichte gewesen, er verbindet das Gestern mit dem Heute und wollte niemals Deutschlands Grenze sein.

Er ist in den Versen der Nibelungen lebendig. In den ungezählten Liedern und Gesängen lebt er weiter von einer Generation zur nächsten. Um ihn knüpfen sich Sagen und Märchen in ungeahnter Zahl, und der Kaiserdom von Speyer spiegelt sich ebenso in seinen Wellen wie der von Breisach, und die burgundische Königsstadt Worms sieht seinen dahinfließenden Wellen heute genau so nach wie vor Jahrhunderten. Ein Dichter schrieb vor Jahren, daß der Rhein mitten durch unser Herz fließt, und er ist in der Tat eine seelische Angelegenheit. Man muß gar nicht überheblich sein, braucht sich gar nicht romantisch zu nennen und soll in keinem Fall den Spott andersdenkender Besserwisser ausgesetzt sein. Wenn Flüsse Lebensadern eines Landes sind, dann ist dies der Rhein auf jeden Fall.

Nicht nur, daß sich der fünfte Teil unseres Volkes im Umkreis der Rheinufer zusammendrängt und hier bewußt die Enge eines Raumes in Kauf nimmt, um inmitten einmaliger Schönheit eines Landes zu unnachahmlicher Tüchtigkeit heranzuwachsen und so eine Industrie aufzubauen, die vielerlei Aufgaben für den Strom und seine Ufer, aber auch Gefahren in sich birgt. An seinen Ufern regt sich die Schönheit des alten Köln mit seinem großartigen Dombau, das Deutsche Eck setzt Grenzahnungen zwischen Mosel und ihm und weist auf Lothringen hin; zwischen Mainz und Bingen hat Friedrich Schlegel festgestellt, daß nirgends die Erinnerungen an das, was die Deutschen einst waren, was sie sein können, so wach werde wie hier.

Überhaupt die Menschen: Wir denken an den Buchdrucker Gutenberg, an den Arzt Paracelsus, an Hildegard von Bingen, an den Schongauer, den Lehrer Dürers. Sie sind ein Teil einer Überlieferung, die mehr wiegt als die Zeitergebnisse, die sich Machtsprüchen und Gewaltakten zu beugen haben. Jede Landschaft ist ein Spiegelbild der Seele und hat ihre besonderen Geheimnisse, die Lebensform der Menschen in diesen Dörfern und Städten ist ihr angepaßt. Man lernt das alles nicht kennen, wenn man mit irgendeiner bunt zusammengewürfelten Reisegesellschaft durch ein solches Gebiet fährt oder gefahren wird, von irgendeinem berufsmäßigen Erzähler das vorgesetzt bekommt, was dessen Chef für gut erscheint, und nur an solche Objekte herangeführt wird, die in den Reiseplan auch zeitlich passen.

Nein, um den Rhein kennenzulernen, das Land und seine Menschen, muß man allein und — fast möchte ich meinen — sehr bescheiden und langsam

durch das ganze Gebiet ziehen, muß geduldig sein und warten können, bis sich die Fremden zurückgezogen haben, dann aber geht man durch die engen Gäßchen mit all den buntgegliederten Häusern und geheimnisvollen Nischen und Ecken. Da scheint es einem, als warteten die Menschen hier darauf, daß das Zeitalter der Elektronik und des Atoms rasch vorübergehe und wieder die Zeit der Postkutsche kommt, die Zeit, da Nachtwächter die Stunden anzeigten und die Ratsherren gemächlichen Schrittes vom köstlichen Tropfen aus der „Traube" oder „Krone" heimwärts strebten. Doch sie warten vergebens, und man müßte sie trösten, denn jede Zeit prägt ihre Menschen und damit auch das Land. Freuen wir uns darüber, daß es in diesem Land noch Orte gibt, wie diese, wo das Mittelalter zu Hause ist, wo man seine Beine unter einen derben Tisch strecken kann, ohne fragen zu müssen, wie spät es eigentlich schon ist.

Ja, das ist die Heimat der Rheinromantik, der Rheingau, das sind die vielen lieben kleinen Städte und Dörfer, inmitten eines Flußabschnittes, wo die Fruchtbarkeit einer Landschaft mit ihrer Lieblichkeit wetteifert, wo die Rebenhänge einen Spaziergang in den Himmel anzeigen, den man gerne geht, auch ohne das Ziel zu erreichen. Wir preisen ihn als den Fluß aller Flüsse, wir haben auch die schweren Zeiten nicht vergessen, da er umkämpft war mit der ganzen Leidenschaft von Menschen, die wissen oder gewußt haben, was er bedeutet und was sein Besitz ihnen bringen kann. Es gab schwere und blutige Zeiten, davon kündet hier manches, doch mit einer geradezu noblen Geste streichen die Wellen, die an den Ufern nagen, die Schiffe tragen und Lastkähne, die ihr Lied spielen, überall, wo Menschen dem Pulsschlag dieses Landes lauschen, über all das hinweg.

Dann aber kann sich das Bild sehr rasch ändern, die Romantik schwindet, der Fremdenverkehr hört auf und wir sind in einem der größten kontinentalen Wirtschaftszentren. Das Industrieland hat uns aufgenommen und läßt uns dann bis fast zur Mündung nicht mehr los. Kränken wir uns nicht über das veränderte Bild. So, wie die Burgen ein Zeichen ihrer Zeit sind und auch als Ruinen noch dazu gehören, so wird das Industriegebiet des Rheines immer ein Stück von jener Kraft sein, die hier Millionen Menschen Arbeit gibt, Heimat und damit Brücke aus dem Gestern in das Morgen. Es bleibt nichts stehen, alles fließt, wie die Wellen und Wogen des Rheines. Es sind immer wieder neue und scheinen doch immer die gleichen zu sein. So ist es auch mit den Menschen, gestern und morgen. Auf ihre Art werden sie immer, Kinder dieses Landes, mit dem Rhein verbunden sein.

Werden sich zu ihm bekennen, die Formen werden wechseln und die Methoden auch, aber der Mensch wird bleiben als Kind dieses Landes, dessen größte Lebensader seiner Geschichte hier verläuft, wo geschichtegewordene Sage sich mit der Gegenwart vermählt und aus ungezählten Liedern und Märchen ein Choral wird, der die Verbundenheit betont, die zum Leben der Menschen gehört, wie die blühendste Phantasie ein Paradies nicht schöner erfinden könnte.

Altvaterland

Am 9. September 1934 kamen Tausende Deutsche aus dem sudetendeutschen Teil von Schlesien und dem angrenzenden Nordmähren in die Höhen des Altvatergebirges, um nach einem kirchlichen Hochamt die Eröffnung des sogenannten Altvaterturms zu erleben. Mit dem Bau dieses Turmes hatte man schon 1906 begonnen. Der Rohbau der „Habsburger Warte", wie er damals hieß, blieb stehen und wurde nach vielen Mühen mitten im Kriege 1916 beendet. Krieg und Nachkriegswirren verhinderten aber die Eröffnung, die immer wieder von den amtlichen Stellen unterbunden wurde, denn schon allein der Name „Habsburg" und alles, was damit zusammenhing, war anrüchig. Nach einer weiteren Verfallszeit konnte dann der Bau doch endgültig mit großen finanziellen Opfern der Deutschen beendet werden, und die festliche Eröffnung wurde zu einem wahren Volksfest.

Der Turm aber war fortan ein Symbol für die ganze Gebirgslandschaft und darüber hinaus. Sein alles überragender Standort, sein markantes Profil, dies alles machte ihn zu einem Blickpunkt der gesamten Berglandschaft der Sudeten. Hier auf dem 1490 Meter hohen Gipfel überragte er alles, was sich zu seinen Füßen ausbreitete und oft in Nebel oder Dunst zu verschwinden drohte. Über Waldtäler und grüne Höhen, über Quellen, einsame Gehöfte und Bauden, über das ganze Massiv eines Gebirgszuges erhob sich „turmhoch" ein Bau, der in den Himmel hineinzuragen schien und Eichendorffs Worte vom „höchsten Berg in der Weite" inmitten unberührter Natur verkörperte. Man nannte nicht grundlos diesen Teil des großen Schlesiens, der nach dem Österreich-Preußischen Krieg bei Österreich geblieben war, die „grüne Schles". Das Land war überzogen von undurchdringlich scheinenden Wäldern, in denen nur selten menschliche Siedlungen entstehen konnten, in den Höhen war dieses Land bis in unsere Tage tatsächlich ein grünes Paradies, das erwandert und erschlossen werden mußte, um es zu lieben.

Weitab die Hauptstadt Troppau, das alte Kulturzentrum dieses Raumes und als Schul- und Pensionistenstadt im alten Österreich mit Graz verglichen, Jägerndorf mit seiner Tuchindustrie und dann die schon vom Fremdenverkehr erfaßten Orte wie Freudenthal, Freiwaldau, Würbenthal und Zuckmantel. Hier, inmitten der Bergregionen, war in früheren Zeiten Bergbau betrieben worden, und noch in unseren Tagen waren die halbverfallenen Stollen ein von Reizen erfülltes Erlebnis. Hier oben lagen ausgestreckt ungezählte Baumleichen, die sich stellenweise zu ganzen Baumfriedhöfen vereinigten. Nirgends empfand man das Kommen und Gehen, das Sterben und Vergehen so unmittelbar wie in diesen Regionen unter dem Altvatergipfel. Da gab es eine ganze Reihe wundervoller Ausflugsziele, da stand die Schweizerei, die Schäferei mit ihrem Kirchlein, da waren das Heidebrünnl, das Franzens-Jagdhaus, das Georgschutzhaus und die anderen Unterkunftsmöglichkeiten für den müden Wanderer, der bald bei einem guten Bissen und tiefen Schluck, angesichts der erhabenen Natur, die ihn erfüllte, die Lieder der Heimat zu singen begann und so mit ihr zu einer Einheit wurde.

Nach dem Dreißigjährigen Kriege hatte der Deutsche Ritterorden weite Besitzungen im Altvatergebirge erworben und diese bis zum bitteren Ende vorbildlich verwaltet und gepflegt, so daß diese vielen kleinen Orte zu wahren Schmuckstücken innerhalb der Waldwelt wurden. Karlsbrunn entwickelte sich zu einem bedeutenden Kurort und überall dort, wo früher Bergleute ihrem schweren Beruf nachgingen, waren die Menschen im Dienste der Gesundheit und Heilung tätig. So trug dem schlesischen Hochwald eine blühende Fremdenindustrie, eine bedeutende Holzwirtschaft und das Bild der unübersehbaren Forste bald den Ehrentitel „Grüne Schles" mit Recht ein.

Der größte Reichtum des Landes aber waren die geheimnisvollen Heilquellen der Natur, die zum Wohle der leidenden Menschheit aus den Tiefen der Erde kamen, gleichsam als Ersatz für den früher einmal vorhandenen Segen an Gold und Eisenerz. Auf Grund ihrer Zusammensetzung zählte man diese Wasser zu den alkalisch-erdigen Eisensäuerlingen und zu den reinen Stahlquellen. Bei Karlsbrunn und Johannisbrunn wiesen die Quellen zusätzliche Radiumaktivitäten auf, und die Moorlager in unmittelbarer Nähe von Karlsbrunn waren von gleicher Güte, wie die der böhmischen Heilbäder. Diese schlesischen Heilbäder und Kurorte dienten zur Heilung von Herzerkrankungen, Blutarmut und chronischen Gelenkentzündungen. Aber vor allem das Wasser, das reine und klare Wasser, das hier überall und anscheinend im Überfluß vorhanden war, besaß geheimnisvolle Kräfte.

Es erlangte unter dem volkstümlichen Namen „Wasserkur" bald allgemeine Bedeutung, und zwei Namen sind uns bis heute erhalten geblieben. Da war zunächst Vinzenz Prießnitz, der angeregt durch Beobachtungen in der Natur dazu überging, alle Schäden des Leidens mit kunstgerechter Behandlung durch klares, kaltes Wasser zu bekämpfen. Trotz schwerer Bedenken der damaligen „Schulmedizin", gelang es dem bäuerlichen und mit der Natur eng verbundenen Manne, Erfolge zu erzielen, die ihm immer mehr Patienten von weit und breit zuführten. Er gründete 1826 die kleine Kolonie Gräfenberg bei Freiwaldau als Wasserkurort, der für weitere Einrichtungen dieser Art vorbildlich wurde. Noch heute nennen wir die Umschläge mit kaltem Wasser, die man bei Fiebererkrankungen umlegt, „Prießnitz-Umschläge".

Auch Johann Schroth, der im vorigen Jahrhundert in Nieder-Lindewiese lebte und wirkte, brachte das Wasser zu einem erfolgreichen Einsatz, verband Wasseranwendungen aber noch mit Ernährungskuren, die er zu einem Heilverfahren vereinigte. Auch Schroth war ein Bauer und hat jahrelang Beobachtungen zum Ausgangspunkt seiner Verfahren gemacht, die aber dem verwöhnten Großstadtmenschen manches Opfer abzwangen. Später haben sich — teils unter Ausnützung der Erkenntnisse dieser beiden Erfinder — noch mehrere große Sanatorien und Heilanstalten im Umkreis des Altvaters entwickelt.

Wer also das Gebiet preisen will, das früher von ungezählten Fremden

Altvatergebirge (Heidebrünnl mit dem Altvater)

besucht wurde, der soll nicht nur seine Schönheit preisen, die absolute Stille, die über dem dichten Kranz seiner würzigen Wälder lag, oder die gemütlichen Unterkunftsmöglichkeiten, die von vielen Dichtern besungen wurden, sondern der sollte auch an die Heilquellen denken, die schon die Rettung für ungezählte Menschen waren.

So ist auch das Lied vom Schneegebirge zu verstehen, in dem es so schön und für dieses Gebiet treffend, in bezug auf die vielen Quellen, heißt:

„... und wer daraus getrunken,
der wird nicht alt!"

Ein kleines Stück Paradies, aber ein echtes, ein gesegnetes Stück Land, das wir nicht vergessen sollen.

Sonnenland Südtirol

Man muß mit den Menschen behutsam umgehen, wenn man deren Verständnis wünscht. Nichts ist schlimmer, als die überhebliche Art vieler Bundesdeutscher, vor allem im vermeintlichen Ausland, ohne genaue Kenntnis der örtlichen Gegebenheiten in fremder Umgebung lauthals Meinungen zu äußern, die sich nach dem heimatlichen Vergleichsmuster orientieren. Der Auslandsdeutsche hat da seine Erfahrungen machen können und macht sie heute auch noch. Dieses „Wieso können Sie so gut deutsch!" kann eine geradezu tödliche Wunde hervorrufen, wenn sie an einen Menschen gestellt ist, der trotz fehlender Unterrichtsmöglichkeiten, die ihm der Staat verwehrt, seine Eigenart, seine Überlieferung und die Muttersprache bewahrt hat. Vieles ist anders in anderen Staaten und, was uns selbstverständlich zu sein scheint, kann anderen ein Problem bedeuten.

Nichts über den Fremdenverkehr in Südtirol. Er hat den dortigen Menschen ungeheuer geholfen, hat Geld ins Land gebracht, hat aber auch allerhand Böses zur Folge. Da kommen Großstädter daher, die man natürlich gut bedienen und nicht erzürnen will, weil man ja von ihnen lebt, und staunen darüber, daß es Menschen gibt, denen ihre Volkstracht mehr ist als ein Kleidungsstück am Sonntag. Da macht man sich lustig über das altertümlich anmutende Schützenwesen und kennt natürlich nicht die geschichtlich gewachsenen Hintergründe und staunt über die Beharrlichkeit, mit der die Südtiroler an ihrer Art und ihrem Volkstum hängen, wo sie doch nach Meinung dieser Überklugen Italiener wären und man ansonsten heute in Europa lebe, wo all diese Dinge nicht wichtig wären. Um was es hier seit dem Jahre 1918 geht, haben diese Leute bis heute nicht erfaßt und werden es auch nie begreifen.

Der Tiroler sagt mit innerster Überzeugung, wenn man ihn fragt, was er sei: Ich bin ein Tiroler! Er sagt das mit Recht, und da muß man seine Geschichte kennen. Er sagt nicht: Ich bin ein Österreicher oder ich bin ein Deutscher. Er ist insoweit ein Österreicher, als er bis zum obigen Datum österreichischer Staatsbürger war und in einem Heldenkampf sonderglei-

chen für die Erhaltung dieses Staates gekämpft hat, und er ist Deutscher, als er zum deutschen Kulturkreis gehört, diesem seine Beiträge in der Geschichte geleistet hat und sein Volkstum für ihn eine Selbstverständlichkeit ist. Er ist Tiroler, und der tiefere Sinn liegt darin, daß man durch die Verträge von 1919 sein Tirol zerschnitten hat und ein Nordtirol und ein Südtirol schuf. Das eine soll beim Brenner aufhören und das andere von da bis nach Salurn reichen. Und da beginnt seine Haltung.

Er empfindet dieses Vorgehen als ein schreiendes Unrecht, als ein Verhängnis für dieses herrliche Land. Deshalb ist er Tiroler, um die Einheit seiner Heimat in einem größeren Vaterland zu sichern und zu erhalten. Volkstum, Heimatzugehörigkeit und Staatsangehörigkeit werden bei ihm knallhart unterschieden, und das bleibt so. Darauf können sich alle verlassen, die in ihrer Unkenntnis jedes Jahr allerhand Verwirrung stiften, wenn sie sich in der Sonne des Landes wärmen, seinen köstlichen Wein an der Stätte seiner Erzeugung trinken und zur persönlichen Erholung die Berge anpeilen.

Der Freiheitsbegriff des Tirolers ist etwas, was viele nicht verstehen, die laut darüber diskutieren. Lassen wir ihm diese Haltung, sie rührt an einer Unrechtshandlung, die einer wahren europäischen Ordnung immer im Wege stehen wird, und er soll ruhig der Treuhänder seines Volkstums bleiben, wenn er sie auf sein Heimatland bezieht und dort vor der Geschichte die Lösung fordert. Ein kleines Kirchlein hat es uns angetan, als wir, immer wieder Einkehr haltend, in den Vinschgau kommen und vor dem Prokulus-Kirchlein stehen. Vor uns liegt ausladend ein Tal mit seinen sanften Hängen, in der Ferne, wo der Himmel sein Blau verteilt, ragen weiße Berggipfel hinein und über all diesem Sonnenland ruht ein unglaublicher Segen der Natur. Doch es sind nicht die ausgebreiteten Weingärten und Obstfelder, nicht die Gemüsehaine und Blumengärten, wir halten deshalb hier inne, weil wir ein Kunstwerk suchen, ein ganz altes sogar.

Im Innern dieser kleinen Kirche stehen wir staunend vor den ältesten Wandgemälden auf deutschem Kulturboden, vor Bildwerken, die älter als 800 Jahre sind und uns die Richtung im Verlauf der Geschichte dieses Landes weisen. — Talauf und talab, zur Rechten und zur Linken, vorbei an der sprudelnden Etsch, die unsere Hymne festgehalten hat, locken Berge, Burgen, einladende Gasthöfe und überall ein freundliches Volk, das gar nicht auf uns als Geldgeber rechnen muß, wenn wir nur durchwandern, und das trotzdem freundlich und auskunftbereit ist, wenn wir uns nicht so verhalten wie diese vorher erwähnten Erholungsreisenden. Wir müssen öfter herkommen, wir müssen immer wieder versuchen, in die Atmosphäre einzudringen, die sich hier jahrhundertelang entwickelt hat und über diesem Boden bleibt, was auch immer man dem Land noch zufügen wird.

Hier lernt man, was es heißt, eine Heimat zu haben. Und was es heißt, andere als Herrscher über sich zu haben, die den Charakter des Landes verändern wollen, um das angestammte Volk zu Fremden zu machen. Dagegen hat es sich gewehrt, gleich nach 1918, als der erste Sturm über das Land ging, dagegen hat es standgehalten, als die Faschisten mit unglaublichen Mitteln das Land von ihm „befreien" wollten, es hat auch in der späteren Zeit in hoffnungslos scheinender Situation ausgehalten und es steht auch heute unter den neuen Verhältnissen zu seiner Sache. Seine Angehörigen haben harte Schädel und einen eisernen Willen und das verspricht einen Erfolg, auch wenn es lange dauern wird, ans Ziel zu gelangen.

Unterdessen halten wir uns an den Gedanken des einen Tirol, ob wir vor dem Goldenen Dachl in Innsbruck stehen oder vor der landesfürstlichen Burg in Meran, ob wir in Bruneck den Zillertaler Alpen zustreben und dabei Sand im Taufers kennenlernen, oder ob wir weiter im Süden zur Salurner Klause nach Proweis gehen, wo Pfarrer Mitterer im vorigen Jahrhundert den Deutschen Schulverein in Österreich gründete, denn schon damals wurde im Grenzland die Schule zum Politikum und wurde vielerorts den Deutschen vorenthalten.

Wo immer wir auch sind, freundliche Gastlichkeit überall und dazu eine wunderbare Harmonie zwischen dem Land in seiner Schönheit und den Menschen, die dafür geschaffen scheinen. Ein Tiroler kann nur hier zu Hause sein, das ist eine Weisheit, die jeder begreift, der sie kennenlernte und weiß, was sie schon alles leisten und entbehren mußten, um Tiroler bleiben zu können, deren Einheit des Landes von der Geschichte begründet ist und durch Beharrlichkeit und Härte ebenso zu erreichen sein wird wie durch das sonnige Wesen, das diese Menschen in Berg und Tal ausstrahlen. Auch dann, wenn sie keinen so guten und von der Sonne ausgereiften Wein hätten, würde uns der Weg oft herführen, denn hier erkennt man noch etwas von der inneren Kraft, die unseren Menschen innewohnt und die viele derzeit vermissen lassen.

Ein Meersburg für alle

Unten liegt der Bodensee in seiner ganzen reichen Fülle und Lieblichkeit ausgebreitet. Ein Stück Paradies inmitten deutscher Landschaft. Dieser See ist ganz anders als sonst die Wasser ähnlicher Art. Er flimmert in einer Vielfalt von Farben, die von Wäldern und weißbekränzten Bergen kommen. Es sind nicht die Gebirge und Uferhöhen, die seinen Wellen die Farbe geben. Gleichmäßig, weiß und grau. Ruhe geht von ihm aus, Gemessenheit und ausgeglichenes Temperament wie die Menschen, die hier leben und wirken. Nur wenn sich ein Sturm erhebt, dann geht aus den Tiefen des Sees ein dunkelgraues bis schwarzes Farbenspiel, das sich gefahrdrohend nähert und schon manchem zum Verhängnis wurde.

An seinen Ufern stoßen drei Staaten zusammen, doch man soll ja nicht anfangen, die Leute zu fragen, welcher Nation sie angehören, denn sie haben es gelernt, peinlichen Fragen peinliche Antworten zu ersparen. Erstens, weil sie — da und drüben — höfliche Leute sind und zweitens, weil der rege Fremdenverkehr ihr Haupterwerb ist und man nie wissen kann, was so eine Antwort für ein Echo bei den Umerziehungszentralen da und dort haben kann. Sie sind auch eine Einheit, diese Schwaben, Alemannen,

Österreicher, Helvetier. Denn weder Grenzen noch sogenannte Friedens-schlüsse konnten die Bindungen stören, die durch und über das große Was-ser gingen und gehen und denen viele von ihnen seit Generationen ihren Erwerb verdanken. Der innerliche Zusammenhalt und Zusammenhang des überall deutschsprachigen Landes um den Bodensee zeigt sich in allem, in Kunst und Literatur, im Volks- und Brauchtum, in Fragen des Wirtschafts-lebens und dem Zusammenhängen der Familien untereinander, von Ufer zu Ufer, von Seite zu Seite, von Land zu Land. Sie sind und bleiben hier eine Einheit!

Der Bodensee ist zur Zeit des Mittelalters zu einem Begriff geworden, als die deutschen Kaiser keine feste Residenz hatten, sondern in den von ihnen errichteten Pfalzen abwechselnd lebten. Bodman am Bodensee war eine sol-che kaiserliche Pfalz. Sie hat dem See den Namen gegeben, denn aus Bod-manssee formte sich das Wort Bodensee. Es hat uns nicht zu den bedeu-tenden Städten hingezogen, die da sind. Nicht nach Lindau oder Konstanz, nicht nach Dornbirn, auch nicht nach Sankt Gallen oder Bregenz. Wir waren heute auch nicht auf der Insel Mainau oder in Friedrichshafen. Uns hat es nach Meersburg gezogen, dieser wundersamen kleinen Stadt voll süd-ländischem Lebensgefühl, daß man glauben könnte, wir wären in einem kleinen Städtchen irgendwo Hunderte Kilometer weiter im sonnigen Süden.

Dieses verträumte Meersburg, in dem jeder Maler am liebsten mit seiner Staffelei seinen Daueraufenthalt nehmen würde, trägt ein Stück Geschichte mit in unsere Zeit und hat sich wahrscheinlich so erhalten, weil der beacht-liche Höhenunterschied vom Berghang zum Ufer eine überhastete Entwick-lung verhinderte und dazu beitrug, daß sich hier eine Altstadt bildete, die förmlich ineinanderwuchs und sich aneinander entwickeln mußte. Das ergab ganz seltsame Bilder, die sich einprägen und nicht mehr loslassen. Wo gibt es schönere Durchblicke in das Obertor als hier, oder das Alt-stadtbild an der Steingasse. Das Schloß stammt aus der Zeit der Merowin-ger, und kein Geringerer als Karl Martell soll es gegründet haben. Erst mußte man in jahrelanger Fronarbeit den tragenden Fels künstlich freile-gen, um hier überhaupt einen Bau errichten zu können. Tiefe Gräben sind heute noch Zeugen aus dieser Zeit. Sie trennen das Neue Schloß vom Alten Schloß und alles ist Geschichte, was einen hier ansieht. Dabei wollte man den ganzen Baukomplex schon niederreißen und hätte es auch getan, wenn nicht vor mehr als 150 Jahren ein kunstsinniger Adeliger, der Kunst-verstand und Geldmittel besaß, dies verhindert hätte.

Er renovierte nicht nur, sondern ergänzte glücklich und schuf so ein kleines Stück Paradies inmitten dieser lieblich anmutenden Landschaft. Hier hat die Dichterin Annette von Droste-Hülshoff wiederholt geweilt und dieses Kleinod dichterisch verewigt. Sie hat die Innigkeit dieser Ufer-gegend gepriesen, die liebliche, von den Wassern umspülte Fruchtbarkeit. Ihr verdankt der Bodensee seine schönsten Gedichte. Nicht nur Maler muß man sein, wenn man hier verweilen will, auch Poet und Dichter dazu. Von diesen blumenumkränzten Terrassen geht ein Blick über das Blau des Sees

Meersburg mit Blick auf den Bodensee

mit seinem ruhigen und satten Farbenspiel. Es leuchten von weit her Berge herüber, deren Schroffheit von den Nebeln gemildert wird, die vom Wasser immer wieder aufsteigen und ein munteres Spiel zu treiben scheinen, das ganz anderer Art ist als das unheimliche Spiel der Nebel um Rhein oder Wolfgangsee.

Die Umgebung besteht aus Weinbergen. Sie schließen förmlich das Land von seiner Mitwelt ab und behüten es. Das Leben kann hier mühsam sein, es ist nicht so, wie das Land anzusehen ist, nur erfüllt von dem leichten Fluten und Glitzern. Es bringt Mühen und Rückschläge von Menschen, die ein Land tragen, von dem man nur das Schöne, das Klare und Warme sieht. Das ganze Land hat sich zu einem Ring zusammengeschlossen, in dessen Mittelpunkt der See liegt, über den die Fremden ihre Erholungsfahrten unternehmen, wo die Fischer mit ihren Stangen und Netzen ihre Arbeit vornehmen, wie die Fischer von gestern und vorgestern sie verrichtet haben. Keiner kümmert sich mehr darum, was sich in Konstanz einst mit dem Ketzer seiner Zeit vollzogen hat, daß der letzte Schuß des Dreißigjährigen Krieges hier gefallen ist, daß hier der Deutschherrenorden einst seinen großen Besitz hatte, alle sind sie freundlich und fröhlich, die einem begegnen, so daß auch der griesgrämige Reisende von dieser Lebensfreude erfüllt wird. Schön ist die Welt! Schön ist das Land!

Wenn man einen dieser Orte kennenlernte, und wir haben Meersburg unseren Besuch gemacht, dann glaubt man, alle kennengelernt zu haben. Die Orte sind hier zu einer Seegemeinde geworden, mag man mit dem Dampfer aus Lindau hinaus fahren, von Bregenz kommen oder von den diesseitigen Uferorten den See durchfahren, mögen sie auf den Uferstraßen da und dort ihren Weg suchen: Sie finden überall eine Einheit, die durch Land und Geschichte dazu wurde, die den einzelnen über dumme Staatsgrenzen emporhebt und uns lehrt, ein eigenes Leben zu führen, um so besser über alles hinweg kommen zu können, was die Zeiten an Ungemach uns aufbürden.

Glücklich ein Land, in dem man das kann und Erfolg damit hat!

Land im fernen Osten

Sie sind schon lange im Lande, wenn auch unter unterschiedlichsten Begleiterscheinungen. Zum Großteil wurden sie unter der Zarin Katharina II. und dem Zaren Alexander I. in den Weiten Rußlands angesiedelt, wobei ihnen für ihren Entschluß, sich in den Steppengebieten des Wolga- und Schwarzmeergebietes niederzulassen, außerordentliche Vorrechte eingeräumt wurden. Diese Privilegien erschienen deshalb so verlockend, weil damals in weiten Teilen Deutschlands große Not und Mißstände herrschten. Schwerpunkte der Auswanderung aus Deutschland waren vor allem Danzig und Westpreußen, von wo vorwiegend Mennoniten, später auch Katholiken und Protestanten ausgewandert sind. Auch aus preußischen und württembergischen Bezirken sowie aus Hessen sind im achtzehnten Jahrhundert Ströme von Siedlern nachweisbar. Die Mehrzahl der Einwanderer aber kam in der Folge aus Baden, der Pfalz, Elsaß und Rheinhessen, sowie aus dem bayerisch-schwäbischen Raum. Das Schicksal dieser deutschen Einwanderer, die vielfach unter den schwierigsten Umständen beginnen mußten, war ungeheuerlich. Trotz all der Hindernisse zeigten sich die deutschen Kolonisten als hervorragende Siedler. Sie verwuchsen mit dem von ihnen erschlossenen Land bald zu einer Einheit. Zwischen den deutschen und ukrainischen Nachbarn kam es zu einer guten Gemeinschaft, doch der Adel, die Politiker und Bildungsbürger verfolgten die Deutschen mit Mißtrauen und Abneigung und hoben viele Privilegien wieder auf. Daraufhin wanderten vor allem die Mennoniten wieder aus.

Der erste Schlag gegen das Rußlanddeutschtum wurde im Ersten Weltkrieg geführt, und es setzten die ersten gewaltsamen Umsiedlungsaktionen ein. So wurden etwa 50 000 Wolhyniendeutsche nach Sibirien verjagt. Die Kollektivierung und die Hungerjahre zwischen den beiden Kriegen setzten den deutschen Minderheiten sehr zu, doch trotz der schweren allgemeinen Lage erreichten sie einen Wohlstand und ein Bildungsniveau, das weit über dem russischen Durchschnitt lag. Hier lagen die ersten Gründe für weitere Aktionen, die ihren Höhepunkt während des Zweiten Weltkrieges fanden, bei denen Verbannungen in größtem Maßstab durchgeführt wurden. Eine innerrussische Vertreibung der Deutschen von größtem Ausmaß in die Weiten des östlichen Raumes begann. Als erstes wurden 45 000 Krimdeutsche nach Zentralasien umgesiedelt und im weiteren die Aussiedlung der 340 000 Deutschen aus dem Wolgagebiet in asiatische Teile der UdSSR verfügt. Um das Leid dieser Volksgruppe vollständig zu machen, muß man wissen, daß 1944 350 000 Schwarzmeerdeutsche in den Warthegau von deutschen Dienststellen angesiedelt worden waren, von denen 250 000 nach dem Zusammenbruch von sowjetischen Organen erneut verschleppt und dezimiert wurden. Gerade diese wurden unter den schimpflichsten Umständen als Verräter behandelt. Bis 1955 wurde die deutsche Volksgruppe in der Sowjetunion einfach totgeschwiegen. Erst ab 1964 erfolgte eine teilweise Rehabilitierung, und nach und nach finden wir wieder eine Festigung des deutschen Elementes, das sich heute vornehmlich in Zentralasien befindet und zwar in Kasachstan, Kirgisien, Tadshikistan und Usbekistan. Der Rest lebt in etwa sechzehn Gebieten über die ganze Föderation verteilt. Von 1 936 000 Deutschen spricht eine Volkszählung des Jahres 1979. Tatsächlich dürfte die Zahl der Deutschen in der Sowjetunion weit höher liegen.

Während das Deutschtum in den Baltenländern zum Besitzbürgertum, zum Großgrundbesitz, zur Kaufmannschaft und zum Gewerbe zählte, sind die Rußlanddeutschen, soweit sie die furchtbare Dezimierung als Folge des letzten Krieges überstanden haben, zum Großteil Bauern, die durch ihren Fleiß und ihre Genügsamkeit immer wieder den Anschluß an ein menschenwürdiges Dasein gefunden haben. Unter unvorstellbaren Begleiterscheinungen haben sie sich ihr Deutschtum bewahrt, und man muß vor der Volkstreue dieser vielfach einfachen und bedürfnislosen Menschen in Ehrfurcht den Hut ziehen. Obwohl das Leben ihnen immer wieder zusetzte, Familien und Sippen auseinandergerissen wurden und die Dezimierung vor allem arbeitsfähiger Männer unwahrscheinliche Ausmaße angenommen hat, regenerierten sie sich immer wieder, bewahrten ihr Volkstum, vielfach ohne jegliche Schulbildung, und konnten auch ihre Religionszugehörigkeit trotz aller Hindernisse bewahren. Daß sie trotz aller Diffamierung, der alles Deutsche ausgesetzt ist, in hohem Ansehen bei der einheimischen Bevölkerung standen und stehen, kommt aus zwei Redewendungen zum Ausdruck, die sich bis heute erhalten haben: „Akuraten hak njemetz" (pünktlich wie ein Deutscher) und „Njemetzkoje slovo" (deutsches Wort/Ehrenwort).

Gerade in diesen unergründlichen Weiten, unter Lebensbedingungen, die für den Mitteleuropäer unfaßbar sind, konnte sich nur der Widerstandsfähigste erhalten. Nur ein ganz genügsamer Menschenschlag, dessen Bedürfnislosigkeit und Fähigkeit, sich ganz in sich selbst zurückzuziehen, immer wieder in Erscheinung trat, konnte all das überstehen, was das Schicksal für diese Menschen bereit gehalten hatte. Sie begannen immer wieder. Sie bauten immer wieder ihr Getreide an und vergrößerten langsam wieder ihre Herden, so oft man ihnen auch das Vieh davongetrieben hatte. Ihre Hütten, oft aus Lehm und nur mit Stroh gedeckt, waren bei jedem neuen Anfang für unsere Begriffe primitiv und armselig. Einige Jahre später aber unterschieden sie sich schon weitgehend von denen der anderen. Das erregte immer wieder Neid und Mißgunst, das offenbarte aber das untilgbare Kolonistentum und die bäuerliche Verbundenheit zum Land, das ihnen Heimat wurde, weil sie durch den Schweiß ihrer Arbeit sich immer wieder neu jeden Quadratmeter Boden erwerben mußten. Wenn es jemals deutsche Bauern gab, die diesen Ehrentitel vor der Geschichte verdient haben, dann sind es die im Fernen Osten, von denen man hierzulande kaum etwas weiß und die doch das geblieben sind, was sie waren.

Kolberg als Mahnung

Die Ostsee ist wie ein Binnenmeer. Die Entfernungen von der Küste und den Häfen sind nicht so groß wie an der Nordsee, die Gefahren für den Seemann und Fischer auch nicht. Der Fischfang hat sich hier länger in Dorfgemeinschaften erhalten als an der Nordsee. Die Ausfahrten aus den Mündungen der Flüsse, an Sandbänken vorbei, unter den Gefahren der Stürme und Winde und den ewigen Gesetzen, die das Meer diktiert, sind nur für den Ortskundigen vorherzubestimmen. Die Strände der Ostsee wurden weitgehend von deutschen Menschen bestimmt, die auch an der Ostsee seit vielen Jahrhunderten ihrer Tätigkeit nachgingen und an der Seefahrt beteiligt waren. Die Ostsee kennt keine Ebbe und Flut, sie weist eine ganze Anzahl Buchten und natürlicher Häfen auf, aber trotz des Fehlens der Gezeiten, die etwa die Nordsee so gefahrvoll machen, toben hier Stürme mit heftiger Schlagkraft der Wellen, die zwar von nicht allzu langer Dauer sind, aber große Gefahren in sich bergen.

Deutsches Kolonistenhaus in Wolhynien

Um dieses Meer und seine Küsten hat einst der Große Kurfürst von Brandenburg seine erfolgreichen Versuche einer Staatengründung begonnen und zum Teil beenden können. Wallenstein hat hier seine Spuren hinterlassen. Der Schwedenkönig Gustav Adolf hat von hier seinen Zug bis in den Süden Deutschlands angetreten und vorher schon war es die Hanse, die durch ihre Städtegründungen Handelskontore eröffnete und zum Wohlstand dieser Gebiete beitrug. Kolberg ist die größte Stadt an der ostpommerschen Küste und besitzt ein wundervolles Seebad, das alljährlich viele tausend Fremde anlockte. Eine breit angelegte Strandpromenade, die in der Zeit ihres Entstehens eine europäische Sensation bedeutete, kennzeichnet die Stadt, deren Strandschloß nach Aussage vieler Besucher zu den schönsten zählte, die man an der Ostseeküste fand. Hier entwickelte sich auch schon in einer Zeit, da die Menschen im Durchschnitt viel bescheidener waren als in unseren Tagen, ein fühlbarer Wohlstand, und die Zahl der Badegäste übertraf vielfach die Zahl der Bewohner dieser Stadt.

Es gab viel Romantisches hier in Kolberg zu sehen und vieles ist wert, in unserem Gedächtnis erhalten zu bleiben. Der Kern der Stadt stammt noch aus den stolzen Tagen der Hanse. Damals war Kolberg durch seine Salinen und den Salzhandel reich geworden. Eine Stadt, die einmal einen gewissen Wohlstand erreicht hat, drückt diesen auch äußerlich aus, und so erkennen wir auch heute noch im Bau und Inneren des Domes einen Reichtum, der sonst im allgemeinen in Pommern selten ist. Der breit und wuchtig gestaltete Dom hat einen — für unsere Begriffe — zu schmalen Turm, der aber für die Schiffahrt von besonderer Bedeutung war. Seine Spitze diente als Landmarke und war so ein bekannt gewordener Fixpunkt, den jeder Seefahrer kannte. Der gotische Dom ist fünfschiffig. Im Mittelschiff befinden sich Wandmalereien, die aus dem 15. Jahrhundert stammen und zu den Kostbarkeiten des Landes zählen. Der Dom selbst ist zwischen den Jahren 1280 und 1320 erbaut worden. Neben einem kostbaren Taufstein hat man eine Reihe spätgotischer Schnitzaltäre zu bewundern, durch die allein dieses Gotteshaus schon ein Symbol für das ganze Land gewesen ist.

Soweit vom Kriege verschont geblieben, gab es hier seit altersher eine ganze Anzahl prächtiger Bürgerhäuser, einige mit reicher Renaissancefassade und Treppengiebeln, einige schon im klassischen Stil der Zeit des vorigen Jahrhunderts. Dies alles allein könnte schon ein Grund sein, dieser Stadt in unserer Reihe zu gedenken, doch halten wir deshalb in erster Linie hier inne, weil Kolberg zum Symbol für das tapfere Aushalten in der napoleonischen Zeit geworden ist. Hier spricht die deutsche Geschichte zu uns, die uns mit Kolberg ebenso wie mit Stralsund verbindet. „Ich werde die Stadt einnehmen, und wenn sie mit Ketten an den Himmel geschlossen wäre", so sagte Wallenstein 1628, und er hat sie nicht eingenommen, diese pommersche Inselstadt. Kolberg sollte unbedingt durch die Franzosen erobert werden und zeichnete sich durch eine geradezu unwahrscheinlich tapfere Verteidigung aus, die alle Pläne der Franzosen zerschlug. Damit ist Kolberg zum Sinnbild vaterländischer Pflichterfüllung in schwerster Zeit geworden. Das war aber nicht das erste Mal, daß Kolberg in solcher Be-

drängnis war. Schon 1119 mußte sich die Stadt gegen einen polnischen Überfall wehren, der sehr listig in der Nacht angelegt wurde und eine Überrumpelung sein sollte, jedoch an der Wachsamkeit und dem tapferen Zurückschlagen scheiterte.

1807 haben Nettelbeck und Gneisenau die Verteidigung der Stadt organisiert. Diese war ein Meisterstück, an dem sich die gesamte Bürgerschaft der Stadt beteiligte und dabei bereit war, für die Freiheit alles zu opfern oder unterzugehen. Sie mußte viele Opfer bringen, hat aber die Angriffe und alles was dann folgte, gut überstanden. Man hat diese Erinnerung nicht nur in den Lehrbüchern der Geschichte gefeiert, sondern sie auch zum Vorbild für alle anderen schweren Stunden genommen, die deutschen Städten bei Belagerungen beschieden waren. Das Doppel-Denkmal von Gneisenau und Nettelbeck hat bis in unsere Tage hinein an diese Episode der Geschichte erinnert, die im Grunde genommen, wie wir wissen — mehr als das war. Ein Fanal für das ganze Volk im ganzen Lande, das bisher in Hoffnungslosigkeit versunken war und jetzt erkannte, was gemeinsamer Wille in hoffnungslos scheinender Lage vermag.

Auch 1945 hat die Stadt ihrer Geschichte Ehre gemacht und sich lange Zeit gegen die Flucht aus dem Osten gewehrt. Sie hat unsägliche Opfer gebracht und ist buchstäblich in sich zusammengesunken, bevor ihre Mauern erstürmt werden konnten. Natürlich wird man heute sagen, daß all das zwecklos gewesen sei, und doch liegt in solchem Handeln nicht nur ein Versuch, geschichtliche Ereignisse vorzubereiten oder zu vollenden, sondern etwas, was immer vorbildlich bleibt. Heute ziehen die Wanderdünen in großer Zahl über einen Boden, unter dessen Decke ungezählte Männer liegen, die hier ihre Pflicht erfüllt hatten. Sie starben vielfach unerkannt und sind einer der größten Kriegshandlungen der Weltgeschichte zum Opfer gefallen, oft bis an ihr Lebensende nicht beachtet, sondern namenlos untergegangen. An sie wollen wir beim Gedenken dieser Stadt uns erinnern und nie vergessen, welche Deutungen solche Ereignisse für die Zukunft zulassen.

Das „deutsche Schatzkästlein"

Es kann nicht Aufgabe dieses Buches sein, Stadtgeschichte zu schreiben, doch in diesem Falle muß aus der Geschichte einer Stadt einiges ausgesagt werden, da diese ein Stück der allgemeinen deutschen Reichsgeschichte ist und sich in ihr Einzelheiten des großen Schicksals der Deutschen und ihrer Reichswerdung widerspiegelt. In einer Urkunde Kaiser Heinrichs III. aus dem Jahre 1050 wird Nürnberg zum ersten Male erwähnt. Hier wurde aus geographischen Gründen ein militärischer Stützpunkt errichtet, aus dem sich durch glückliche Fügungen auch eine Königsburg entwickelte. Der fünfeckige Turm, der heute noch zu sehen ist, war in der ersten Zeit der Bergfried und ist das älteste Bauwerk der Stadt. In den Feldzügen gegen die Könige von Böhmen spielte Nürnberg als Etappenort zunächst eine

Blick auf die Burg in Nürnberg

wichtige Rolle, doch haben sich schon aus anderen Gründen sehr bald im Schutze der Burg Handwerker und andere Bürgersleute angesiedelt, denen es von allem Anfang an gar nicht so schlecht gegangen sein kann. Die Stadt wuchs und entwickelte sich erfreulich, trotz Verwüstungen, Bränden und sonstigen Zwischenfällen.

Die politische Selbständigkeit, auf die sich die Nürnberger mit Recht immer sehr viel einbildeten, begann, als das Hohenstaufische Kaiserhaus unterging und der militärische Schutz des Kaisers ein rasches Ende fand. Man begann sich nach anderen Möglichkeiten umzusehen und war außerordentlich erfinderisch im Ersinnen neuer Möglichkeiten. Die nunmehr „freie Stadt" begann Handel zu treiben, was hier eine besondere Note bekam, denn die Verkehrslage war für damalige Zeit einmalig günstig. Damals gab es nur ganz wenige Handelswege, auf denen sich der ganze Verkehr hinquälen mußte, schwer und gefahrvoll, wie die Geschichte lehrt. Die damaligen Handelswege führten von Venedig nach Hamburg, von Frankreich nach Prag, von der Schweiz nach Sachsen und Polen. Auf der Landkarte ist auch heute nachweisbar, daß alle diese Wege über Nürnberg führten und daß noch eine ganze Reihe anderer Straßenzüge im Laufe der Zeit dazu kamen. So hat sich Nürnberg entwickelt. Nicht durch Eroberungen und Beutezüge, sondern durch einen wohlüberlegten Handel und planmäßige Wirtschaftsmaßnahmen. Man zählte bald zwölf Straßen, die in Nürnberg zusammenliefen, und in jedes der bestehenden fünf Stadttore mündeten zwei oder drei Handelsstraßen. Es ist keine Übertreibung, wenn gesagt wird, daß bis zur Entdeckung Amerikas, als die Seewege immer wichtiger wurden und der kontinentale Verkehr an Bedeutung einbüßte, Nürnberg der geographische Mittelpunkt Europas war.

Solche Voraussetzungen aber führten dazu, daß die ansässigen Kaufleute und Händler an Ansehen gewannen, daß die Stadt immer wieder aufblühte und zu einem Schmuckstück des deutschen Kulturraumes wurde. Die Nürnberger waren nämlich nicht nur gute Geschäftsleute, die wußten, wie man seine Geldkatze füllte, sondern erkannten bald, was man seiner engsten Gemeinschaft der Stadt und dem Umland schuldig war und warum man diesen etwas von seinem Vermögen überlassen mußte. Strenge Zunftordnungen taten das ihre, und bald wurde Nürnberg eine reiche Stadt, ohne protzig zu wirken. Neureichtum und Überheblichkeit waren dieser Stadt nie anzumerken. Ihr Gesicht hat dies immer verraten, das von einem Kunstverständnis sondergleichen geprägt war. Bald war diese Stadt nicht nur wirtschaftlicher Mittelpunkt wie bisher, sondern auch ein Zentrum der beginnenden kulturellen und künstlerischen Aufwärtsentwicklung der Deutschen insgesamt. Richard Wagner durfte in seinen berühmten „Meistersingern von Nürnberg" seinen guten Hans Sachs mit Recht singen lassen: „Wie friedsam doch, getreuer Sitten, getreu an Tat und Werk liegt hier in Deutschlands Mitten mein liebes Nürnberg."

Neben dem Zunftwesen hat das sogenannte Patriziat viel zur Entwicklung beigetragen, denn hier hatte man in der Auswahl der Oberen, der maßgebenden Männer der Stadt, immer eine glückliche Hand und stellte

Leute mit wirtschaftlichem Weitblick, aber auch großem künstlerischem Verständnis an die Spitze und gab ihnen die Möglichkeit, der echten Kunst den Weg in eine friedliche Zukunft zu ebnen. Und so verbinden sich heute mit dem Namen Nürnberg Namen wie Adam Kraft, Peter Vischer und Hans Sachs, und die weitreichende künstlerische Ausstrahlung wird dadurch sichtbar, daß der Schöpfer des berühmten Krakauer Altares der Nürnberger Veit Stoß ist. Sie alle waren zeitlebens immer ein Stück Nürnberg geblieben und hatten niemals ihre Herkunft verleugnen können, denn ihre Heimatstadt gab ihnen die Eigenart ihrer künstlerischen Aussage und ihre persönliche Prägung. Auf Schritt und Tritt findet man heute noch ihre Spuren, wenn man mit Bedacht und ohne Hast durch die Straßen der Altstadt geht.

Das war nicht immer so. Im letzten Krieg ist die Stadt förmlich in sich zusammengesunken. Nürnberg zählte zu den am meisten zerstörten deutschen Städten, war zum Opfer teuflischer Zerstörungswut geworden. Fast hätte man damals verzweifeln müssen, wenn man in diesen Jahren mühsam den Weg über die Schuttberge hinweg suchte. Doch sie haben nicht verzweifelt, diese Nürnberger, und was man für fast unmöglich hielt, gelang ihnen: Die Stadt ist fast originalgetreu wieder erstanden und nur ganz wenige protzige Neubauten mit dem Gepräge dieser Zeit stören das harmonische Bild. Man hat sie wieder hergestellt, die Sebalduskirche, die Lorenzkirche, die Frauenkirche, das Heiliggeistspital und vor allem die Burg in ihrer großartigen wuchtigen Harmonie. Dazwischen stehen solche Kostbarkeiten wie der Schöne Brunnen, der wie ein Lobgesang die umsäumenden Bürgerhäuser mit ihrer Giebelpracht übertönt. Wer weiß heute noch, daß im Heiliggeistspital von 1424 bis 1796 die Reichskleinodien in treuer Obhut lagen, was wohl die höchste historische Anerkennung gewesen sein dürfte, die einer deutschen Stadt in diesen Jahrhunderten zuteil wurde. Man kann nicht alles anführen, was einen hier anspricht und die Geschichte wieder lebendig werden läßt, doch das Germanische Nationalmuseum, das hier neben anderem das Erbe in eine wieder geschichtsbetonte Zeit hinein retten wird, soll noch erwähnt werden.

Hier erklang das „Ehrt eure deutschen Meister", mit dem uns Richard Wagner in den Opernhimmel gehoben hat. Von hier erklang der Ruf, daß „sie fremden Dunst und fremden Tand" ins deutsche Land pflanzen und kein Fürst mehr sein Volk versteht. Die Fürsten wurden andere! Dabei sollte das „Reich in Dunst vergehen", so klingt es von der Nürnberger Festwiese, die „Heilige deutsche Kunst ist uns geblieben". Ehren wir diese Stadt in unserem Interesse!

Die Stadt der Zauberflöte

Wer jemals Salzburg, diese herrliche Stadt, durchwandert hat und nicht nur mit einem Auto oder Autobus an die prägnantesten Stätten geführt wurde, der kann verstehen, wenn Menschen ins Schwärmen kommen, die von dieser Stadt sprechen. So viel gelöste Heiterkeit und Süße einer Lebensfülle gibt es sonst nirgends auf der Welt. Wenn wir im Mirabellgarten einhalten und ein wenig die Luft einatmen, irgendwo über uns den gewaltigen Schloßberg mit der Feste sehen, barocke Fassaden um uns, südländische Park- und Gartenanlagen und farbenprächtige Fontänen aus Springbrunnen, ein leises Rauschen von den uralten Bäumen, dann verstehen wir, warum ein Alexander von Humboldt Salzburg zu den vier schönsten Städten der Welt zählte. Hier muß man ganz langsam von einer Straßenecke zur anderen gehen, weil man immer wieder glaubt, ein unüberhörbares Klingen und Musizieren zu vernehmen. Der langgestreckte Rücken des Untersberges, der fast 2000 Meter hoch ist, und die schlanke Kuppe des Gaisberges überragen das Stadtbild und fließen langsam in gepflegte grüne Wälder über.

Der Mönchsberg vom anderen Flußufer gibt dem Horizont eine einzigartige Gliederung, die vom eigenwilligen Lauf der Salzach bestimmt wurde. Hier hat der menschliche Geist versucht, eine eng gedrängte Stadt, die Ausfallstelle, Festung und künstlerischer Mittelpunkt zugleich war, sich in einer Weise einzurichten, wie dies nur an ganz wenigen Plätzen der Welt möglich war. Fischer von Erlach hat hier den italienischen Architekten ein herrliches Gegenstück gesetzt, als er die Kollegienkirche schuf, und der Feingliederung eine bewußte Bodenständigkeit hinzugefügt. Der Dom der Stadt ist ein Höhepunkt in der Blütezeit des Barocks insgesamt und Turm neben Turm, Fassade neben Fassade, Kirche neben Kirche und Giebel neben Giebel schwingen sich zu einem Himmel empor, der durchaus nicht nur seinen berüchtigten „Schnürlregen" für sie übrig hat, sondern mit seinen Sonnenstrahlen das überwiegende Weiß der Fassaden immer wieder in leuchtendes Gold taucht. Lichter Marmor gibt in seinen großen Quadern der Stadt die Betonung der Einfachheit, aber auch Monumentalität. Das allgemein fühlbare Barock ist zwar musikalisch weich und von inniger Größe, aber auch wuchtig und heroisch. Der Italiener Solari hat sich hier verewigt und Grundlagen für immer gesetzt. Etwas ganz Besonderes sind die Plätze dieser Stadt, aus ihnen tritt man wie aus einem herrlichen vielgeschmückten Saal in einen anderen.

Ob dies der Residenzplatz mit seinen Palästen ist, ob wir vor dem marmornen Hofbrunnen stehen, dessen märchenhafte Rosse im lebendigen Wasser zu triumphalen Leben zu erwachen scheinen, ob es der alte Markt mit seinen liebenswürdigen Bürgerhäusern ist oder der großartig gestaltete Domplatz oder der Mozartplatz, der Kapitelplatz. Alle zusammen in ihrer vielgestaltigen Harmonie aber sind eine Stein gewordene Sinfonie, die an den Einen erinnern. Auch das älteste Wahrzeichen der Stadt, das Stift Sankt Peter, das Palais des Erzbischofs und die vielen Ruhestätten alter Geschlechter, die bis in die Zeitenwende zurückführen, gehören dazu.

Von oben, von der Feste, ein Blick verwirrender Vielfalt. Man braucht viel, viel Zeit, um diese ungeheuere Zahl künstlerischer Ausdrucksformen überhaupt zu sehen und zu erkennen. Das malerische Gewirr erfüllt einen mit einer kindlichen Demut, begreifen aber kann man all das erst viel spä-

ter, ohne ganz auf das Geheimnisvolle zu kommen, das diese Stadt vereint. Hier ist eine Stadt zum eigenen unverwechselbaren und einmaligen Ich geworden. Eine Stadt, in der die Mauern, Fassaden und Giebel zu singen und klingen scheinen, in der die alten Felsgräber ebenso wie die Brunnen und Brücken, nichts Altes und Ehrwürdiges an sich haben, sondern neu zu sein scheinen, ganz jung und unverbraucht.

Die schmalen Gäßchen, sie haben ihren Charakter nie verändert oder verleugnet. Die alte Franziskanergasse ist genauso das geblieben, was sie war. Der Alte Markt hat sein Bild bewahrt. Lukas Hildebrandt ist mit seiner Meisterhand anscheinend heute noch am Werke. Die Altstadt gehört jenen, die noch Ehrfurcht vor der Geschichte haben und vor der Kunst. Das große Kapuzinerkloster und die gesamte Mythologie der Terrassen- und Marmorfiguren vereinen sich zu einem Jubellied, das nicht von ungefähr kommt, denn hier in dieser Stadt ist Mozarts Name mit seinem Heimatschein verbunden. Hier begann er nicht nur und hat uns mit der verschwenderischen Überfülle seiner Melodien ein Geschenk gemacht, das so reich ist, daß wir vermeinen, von jedem Giebel den Klang eines seiner Menuette zu vernehmen oder eine Passage aus der „Zauberflöte" zu hören, die der Große 1791 wenige Wochen vor seinem Tode vollendet hat. Im Kloster steht das sogenannte Mozarthäuschen, das sie von Wien nach Salzburg übertragen haben, und soll daran erinnern. Es ist eine Gabe der damaligen Reichshauptstadt an den kleinen Bruder Salzburg, ein Dankopfer, der Unsterblichkeit dargebracht.

Vieles ist hier zu bedenken. Auch „Paracelsusstadt" darf sie sich nennen, denn hier fand der Weltenwanderer und große Denker seine letzte Rast und Ruhe und Renaissance, Barock, Rokoko, Empire und Biedermeier haben hier das zu höchster Vollendung gebracht, was romanische Reste ahnen lassen. Die oft störenden Tribute unserer Tage, die unsere Augen und Seelen verletzen, beachten wir nicht, um das Großartige dieses Erlebnisses in uns behalten zu können. Hier kann man lernen, wie auch Menschen, die sich in der ganzen Welt umtaten, plötzlich das Bewußtsein in sich spüren, hier, nur hier bleiben zu wollen und ja nicht mehr fortgehen zu müssen, angesichts all des unbegreiflich Schönen, das uns umgibt, und einer immer in uns klingenden Melodie des inneren Glücks.

Die längste deutsche Burg

Fast unmittelbar an der Grenze von zwei Staaten, die ihre Existenz der größten deutschen Niederlage in der Geschichte verdanken, befindet sich eine Burganlage von gewaltigen Ausmaßen. An der Salzach knapp an der Grenze des westdeutschen Teilstaates und Österreichs, dort wo Bayern an Salzburg grenzt, steht die Burg Burghausen hoch über der Stadt, eine Burg von mehr als einem Kilometer Länge. An ihr wurde bis Ende des 15. Jh. gebaut und auch vorübergehender Stillstand konnte nicht verhindern, daß hier die stärkste Veste der Herzöge von Niederbayern entstand. Man kennt den Namen des Begründers nicht, doch kann man genau feststellen, daß die Witwe Kaiser Heinrichs II., die später heiliggesprochene Kunigunde, hier ihren Wohnsitz hatte.

Dann erfolgte eine merkwürdige und recht blutrünstige Epoche. Einer ihrer Söhne, die sich Grafen von Burghausen nennen durften, wurde im Jahre 1104 auf dem Regensburger Reichstage vor den Augen des Kaisers — es handelte sich um Heinrich IV. — gefangengenommen und nach der Gewährung von Beichte und Kommunion enthauptet. Er soll sich „Graf von Gottes Gnaden" genannt haben, das aber sei ein Verbrechen, das man mit dem Tode sühnen müsse! „Das Gottesgnadentum sei" — so hieß es in der Begründung — „nur dem herrschenden Kaiser oder König vorbehalten, der dies durch Weihe und Salbung erhalte". So wurde nach den strengen Bräuchen das mit dem Tode bestraft, was man heute viel milder als Amtsanmaßung bezeichnen würde.

Die zu Füßen der Burg liegende Stadt wurde von den Burgmauern bis an die Ufer der Salzach angelegt und muß stets sehr anmutig, wenn nicht sogar südländisch gewirkt haben. Ihr Ausbau ging flott vor sich, denn die Entwicklung der Burg als Wohnsitz der reichen Herzöge von Bayern-Landshut brachte auch der Stadt reichen Segen. Der Dichter Adalbert Stifter als weitgereister Mann seiner Zeit weiß zu berichten: „Die Stadt sieht nicht anders aus, als wäre sie aus einem altdeutschen Gemälde herausgeschnitten und hierher gestellt worden." Als Georg der Reiche starb, ließ man — so berichtet die Chronik ausführlich — den riesigen Gold- und Silberschatz, 500 000 Dukaten Gold, kostbare Bildwerke und große Mengen Gold in Barren, auf 70 sechsspännigen Wagen nach Neuburg an der Donau schaffen. In der Zeit vordem fanden hier große Festlichkeiten statt, die Burg erlebte einen unaufhaltsamen Ausbau und wurde zu einem Mittelpunkt der Landesgeschichte. Die Wittelsbacher haben nur noch in Landshut eine Burg solcher Bedeutung und Größe errichtet. Der Ausbau der Befestigungsanlagen aber erfolgte zu einer späteren Zeit, als die Türken an die Tore Mitteleuropas zu pochen begonnen hatten. Die Wehranlagen und die zahlreichen Vorhöfe sind in diesen bewegten Jahren gebaut worden.

Im 16. Jahrhundert lebte und wirkte auf dieser Burg einer der bedeutendsten Humanisten, Johannes Turmair, der unter dem Namen „Aventinus" bekannt geworden ist. In der Stille und Einsamkeit dieser Anlage durchforschte er die Archive der Burg, um die sich kein Mensch kümmerte, und bald begann das Ergebnis seiner Arbeiten sichtbar zu werden. Das rief nicht die Freude seines Herrn hervor, denn er sollte die jungen Söhne des Herzogs erziehen und bilden. Seine Chronik „Annales baiorum" ist das erste Geschichtswerk in deutscher Sprache, das nicht chronologisch die Dinge erwähnt und aneinanderreiht und auch kritisch zu den Taten und Untaten der Zeit Stellung nimmt. Auch seine „Chronik der alten Deutschen" ist ein Stück Kulturgeschichte, denn sie schildert freimütig, aber mit Nachdruck und kämpferischer Liebe seine bayerischen Landsleute und das Land, mit dem er sich so verbunden fühlte. Dinge kommen da zu

Tage, die man aus dem 16. Jahrhundert sonst fast nie erfahren kann. Der Bischof von Regensburg, aber fand an den Arbeiten dieses aus Abensberg stammenden Mannes keine reine Freude, denn es sprach aus ihnen auch eine starke protestantische Gesinnung, die er offen — wie alles, was er schrieb — ausdrückte. Das aber war auch damals nicht beliebt und die Machthaber glichen sich in ihren Methoden bis in unsere Tage hinein. Er wurde eingesperrt und sollte verurteilt werden. Daß es nicht dazu kam, verdankt er seinem hohen Gönner, dem Herzog, der ihn einfach wieder herausholte und den Zorn des Kirchenfürsten gelassen auf sich nahm.

Hannswolf Ströbel schreibt in einer seiner Schriften von dieser Chronik und vermerkt die Schilderung Turmairs über sein Land, in der es unter anderem heißt: „Das ganze Land ist sehr fruchtbar... alles, was zur Schnabelweide gehört ist da übrigs genug... Das bayerische Volk legt sich mehr auf den Ackerbau als auf Kriege, denen es nicht nachläuft... bleibt gern daheim... trinkt sehr und macht viele Kinder..."

Auf eine Angewohnheit der Herzöge dieser Jahrhunderte muß im Zusammenhang mit Burghausen verwiesen werden. Sehr oft, wenn so ein Herzog seiner hohen Gemahlin überdrüssig war, verbannte er sie aus dem lebensfrohen und stets aktuellen Landshut und schob sie mit allen fürstlichen Ehren in die entlegene und abseits gelegene Burg an der Salzach ab. Einer von ihnen hat auch so gehandelt, aber die Strafe folgte in diesem Falle auf dem Fuße. Die Unglückliche — oder war sie es gar nicht? — blieb hier in der „Witwenstube" der Burg und vertrieb sich auf ihre Art die Zeit. Der Herzog aber ist ohne Nachkommen geblieben und mit ihm ist die Landshuter Linie erloschen und der ganze Besitz und damit die Burg an der Salzach seinen Münchener Vettern zugefallen.

Wie es aber in solchen Burgen auch in neuerer Zeit zugegangen sein mag, wo nicht nur große Feste und frohe Schmausereien stattgefunden haben dürften, geht aus der Tatsache hervor, daß in der Zeit von 1748 bis 1776 sage und schreibe 1100 Menschen hingerichtet wurden. So können die ehrwürdigen Mauern dieser gewaltigen Anlage, die weit ins Land grüßt, auch über viel Schreckliches und Trauriges berichten, das aber zum Leben dazu gehört. Man muß beim Betrachten dieser ehrwürdigen Zeugen der Geschichte nicht nur an die Prunksäle, Schatzkammern, Festeräume denken, sondern auch an die Folterkammern und Hungertürme, von denen man sonst gar nicht gerne spricht.

Eger und das Egerland

Das Egerland umfaßt jenen Teil Westböhmens, dessen letzte staatliche Verwaltungseinheit den „Regierungsbezirk Eger" des Reichsgaues Sudetenland bildete. Die Bevölkerung war nahezu rein deutsch. Was an nichtdeutschen Bewohnern hier lebte, waren Tschechen, die als „Pioniere" hierher versetzt worden waren, um im Zuge der von Prag betriebenen Tschechisierung das Gebiet zu unterwandern. Es hatte ein Ausmaß von 7466 qkm und

zählte 803 300 Einwohner. Reiche landwirtschaftliche Gebiete, die berühmten Heilbäder wie Karlsbad, Franzensbad und Marienbad, zahlreiche Bodenvorkommen und Industrien, die sich ebenfalls Weltgeltung verschaffen konnten, bildeten die Grundlage für einen allgemeinen und ausgeprägten Wohlstand. Kristallglaserzeugung, Musikinstrumentebau, Spitzenklöppeleien und die Handschuhmachereien waren von überörtlicher Bedeutung.

Deutsche Menschen prägten in jahrhundertelanger Arbeit das Bild dieser Landschaft, die ein geschlossenes Stammesgebiet nordgermanischer Art war. Und immer wieder tritt uns die Geschichte entgegen, die mit ihren Menschen stets unbarmherzig umgegangen ist, und die sogenannte gute alte Zeit hatte auch so ihre Eigenarten, es ihren Zeitgenossen möglichst schwer zu machen. Im Umkreis der Stadt Eger gab es eine große Zahl fest gebauter Burgen, die sich weitgehend bis in unsere Tage erhalten konnten und von der Wehrhaftigkeit dieses Stammes Zeugnis ablegten. Wir haben es hier mit einem Grenzgebiet zu tun, das schon in der Zeit der deutschen Kaiser aus strategischen und bevölkerungspolitischen Gründen in stete Wehrbereitschaft versetzt werden mußte. Daß sich darüber hinaus ein allgemeiner wirtschaftlicher Wohlstand ausbreitete, spricht von der Arbeitskraft der Deutschen, die in dieser Grenzmark siedelten. Reichsunmittelbar war das Kloster Waldsassen, das in der heutigen Oberpfalz gelegen ist, und dessen Siedlungsgebiet noch über das Egerland hinaus reichte.

Kaiser Ludwig der Bayer hat durch seinen Entschluß, das Egerland an den Böhmenkönig Johann von Luxemburg zu verpfänden, dem Gebiete keinen Segen gebracht. Die Verpfändung erfolgte für dessen Waffenhilfe, und da nahm man auf die Bewohner keine Rücksicht. Von der 1322 erfolgten Verpfändung wurden nur Wunsiedel, Arzberg und Hohenberg ausgenommen, weil zu dieser Zeit diese dem Burggrafen von Nürnberg gehörten, der seinen Besitz zu wahren wußte. Wie in solchen Fällen oft üblich — das Pfand wurde nicht eingelöst, und das Egerland blieb in dieser Form geteilt und Eger mit seinem großen Umfeld von da an bei Böhmen. Lange Zeit hatte es eine Ausnahmestellung und wahrte seine Eigenständigkeit sehr energisch. Im Dreißigjährigen Krieg, als die evangelischen Reichsstände in Böhmen ihre Macht eingebüßt hatten und ihre Religion in Böhmen verfolgt wurde, wurde Eger formell den habsburgischen Erblanden angeschlossen. Trotzdem währte der Zustand der Reichspfandgemeinschaft des Egerlandes bis zum Ende des Heiligen Römischen Reiches Deutscher Nation im Jahre 1806.

Die Egerländer waren ein ungemein heimatbezogener Menschenschlag, der sein Brauchtum und vor allem seine Volkstrachten mit geradezu religiöser Hingabe pflegte und förderte und stets auf seine Eigenart und Sonderstellung pochte. Dadurch wurde das Egerland schon im alten Österreich-Ungarn ein deutsches Kernland und erst recht nach dem Zusammenbruch und der Errichtung des Tschechenstaates 1918. Wer dieses Eger kennenlernte, der war immer von der Geschlossenheit dieses Stammes beeindruckt, von dem sichtbaren Ausdruck seines Gemeinschaftswillens. Man war Egerländer und ließ dies den Fremden auch wissen. Die Mundart blieb

unverfälscht. Das Bekenntnis zum Deutschtum war durchaus selbstverständlich, und für die Wahrung dieser Eigenart hatten die Egerländer viele Opfer zu bringen, denn bis in unsere Tage hinein hat die Zeit ihnen nichts geschenkt. Sie verstanden es, dem Panslawismus erfolgreich entgegenzutreten, der schon in der Zeit des alten Österreichs drohende Formen in Böhmen angenommen hatte. Für sie und nur für sie schien der Dichter Felix Dahn jene Worte geschrieben zu haben, die die Egerländer bei ihrem „Egerer Volkstag" 1897 am Rathaus anbringen ließen:

„Das höchste Gut des Mannes ist sein Volk,
Das höchste Gut des Volkes ist sein Recht.
Des Volkes Seele lebt in seiner Sprache.
Dem Volk, dem Recht und seiner Sprache treu
fand uns der Tag, wird jeder Tag uns finden."

Beeindruckend war, wenn zwischen den beiden großen Kriegen die Egerländer ihre Wallenstein-Festspiele abhielten und Tausende Gäste und Besucher aus aller Welt Zeugen wochenlanger Veranstaltungen wurden, bei denen die Einheimischen das „Volk" in den Massenszenen gestalteten, in deren Mittelpunkt Künstler aus dem ganzen deutschen Kulturleben die dramatische Gestaltung der Schillerschen Sprache ausübten. Ebenso die vielen sportlichen und turnerischen Veranstaltungen, die alljährlich hier stattfanden.

Ein Fluß, die Eger, hat der Stadt den Namen gegeben. Er wird als keltisch und sogar als vorkeltisch, also indogermanisch, gedeutet und heißt nach E. Schwarz „reißender Bach". Andere Sprachforscher haben herausgefunden, daß er im Germanischen so viel wie Bindung oder Vertrag heißt. Auch vom Wort Speer wird der Name abgeleitet. Stolz verwiesen die Bewohner von Eger auf das Nürnberger Recht, das hier jahrhundertelang Geltung besaß und darauf, daß sie eine Freie Reichsstadt gewesen seien. Auch hier stand als Sinnbild der freien Gerichtsbarkeit ein Marktbrunnen mit dem steinernen Roland, alles im Umfeld entzückender alter Bürgerhäuser, von denen das „Stöckl" Objekt für jeden Maler oder Fotografen war, der die Stadt besuchte.

Nicht nur an die Kurorte des Egerlandes sei erinnert, die jahrhundertelang Ziel von Heilungssuchenden aus der ganzen Welt waren, sondern auch an das große Prämonstratenser Stift Tepl, einen Prachtbau, der die Kolonisationskraft der Deutschen Orden ausdrückte und in dessen großer Bücherei sich auch eine der bekanntesten Bibelübersetzungen befand.

„Auf der Lüneburger Heide"

Hermann Löns, dieser aus Westpreußen stammende Schriftleiter, hat uns die Heide in seiner urwüchsigen und leidenschaftlichen Art dargestellt und so lebensnah vermittelt, daß wir seine Person mit dieser Landschaft identifizieren. Er ist der Darsteller der Natur-und Tierwelt dieses Raumes geworden, seine Gedichte haben sich so volkstümlich dargeboten, daß sie

Typische Heidelandschaft

zum größten Teil in den Schatz der Volkslieder eingegangen sind, und seine Skizzenbücher werden so lange gelesen, solange Menschen an diesem Raum Anteil nehmen. Ein sandiges Heideland mit Hügeln und Tälern, kleinen Flußläufen, das seine Ursprünglichkeit vielfach bewahrt hat und vornehmlich von Heidekraut bewachsen ist. Wacholderbüsche geben einer Landschaft den eigenen Reiz, die von Birkenstämmen aufgehellt wird, deren Laub sich harmonisch in das Grün der Landschaft einfügt.

Nur dann, wenn das Heidekraut seine kleinen rosa Blüten entfaltet, dann strahlt aus ihnen ein feiner Duft in den Tag, und Tausende Bienen umschwirren das Blütenland und saugen den Honig ein. Flach ist dieses Land, schön und von eigenem Reiz, seine höchste Erhebung ist 169 Meter. Es ist der Wilseder Berg, wo die Totenbäume, die den alten Germanen heilig waren, stehen. Bäume, die man auch in unserer Zeit selten gefällt hat. Die herbe Schönheit dieser Heidelandschaft wird noch durch die Hünengräber verstärkt, gewaltige Steingebilde, die im Volksmund und in der Sage ihre vielfältigen Namen und Deutungen erfahren. Riesige Steinblöcke und Platten, die vor Urzeiten bewegt wurden und die einem Naturschutzpark das besondere Gepräge verleihen. Eine dieser Gesteinsgruppen ist in unserer Zeit zu einer würdigen Ruhestätte bei Fallingbostel umgestaltet worden.

Hier hat man im Jahre 1935 Hermann Löns unter einem mächtigen Findling feierlich beigesetzt, den Dichter der Heide, der am 26. 9. 1914 im Frankreichfeldzug sein Leben gelassen hat. Die Lüneburger Heide ist ein wahres Erlebnis und bezaubert und fesselt gleichermaßen den Fremden wegen ihrer Eigenart. Eine Stadt hat ihr den Namen gegeben, nämlich Lüneburg, heute ein beachtliches Kulturzentrum inmitten einer aufnahmebereiten Landschaft. Das Rathaus der Stadt besitzt einen Festsaal, dessen gotisches Schnitzwerk zu den bedeutendsten Baudenkmälern Norddeutschlands zählt. Die Stadt selbst war Mitglied der Hanse und ist vor allem durch den Salzhandel und den Frachtverkehr in früheren Jahrhunderten zu einem Reichtum sondergleichen gekommen.

Wir, die wir in einer voll motorisierten Zeit uns der Heide nähern, lassen Auto, Radio und Fernsehen hinter uns, vergessen, welchen Fortschritt die Elektronik und Atomwissenschaft genommen haben und gehen oder fahren mit einem Pferdefuhrwerk ganz still und bescheiden die verschlungenen sandigen Pfade durch blühendes, vielfältig duftendes Heideland.

Außer der Sandkiefer vermag nur die Birke auf dem armen Boden richtig zu gedeihen. Beide gleich besungen inmitten einer Landschaft, wo das Heidekraut vielfältig und farbenprächtig den sandigen Boden bedeckt. Der Besucher liebt die Heidschnucken ganz besonders, diese Tiere, die sich auch als Landschaftspfleger geschäftig betätigen, indem sie das Heidekraut unablässig beknabbern und so seine ständige Verjüngung herbeiführen. Sie bevölkern in zwei großen Herden das Land, dem sie durch ihr munteres Treiben ein besonderes Gepräge verleihen.

Nicht zu Unrecht bezeichnen Fachleute und Heimatfreunde die Lüneburger Heide als ein deutsches Nationalheiligtum. Der Wilseder Berg ist eine Wasserscheide und ein Gewässernetz zugleich. Hier entspringen die

Quellbäche der Wümme, Oste, Este und Seeve, Aue, Luhe und Böhme, die zum Teil der Aller, zum Teil der Weser, aber auch der Elbe zufließen. Immer wieder ist seit Generationen das Ringen zwischen Heide und Wald feststellbar, darüber der Wind hinwegzieht und mit seinen lauen blütenduftenden Wogen wie Balsam auf die Lungen wirkt, im Winter aber gehörig kalt und schneidend seine Jahreszeit betont.

Der Verein „Naturschutzpark" konnte leider nur einen Teil der Heide behüten. Dieser Verein ist in München im Jahre 1909 gegründet worden und zeigt die Verbundenheit von Nord und Süd, die sich stets gegen Engstirnigkeit erfolgreich durchsetzen konnte.

An das Land

O Land, das immer sein wird!
In glanzvergoldet grüner Farbenpracht
rauscht immer noch die Wälderkrone
und burgbewehrte Berge segnen Tal und Feld.
Vom Himmel blickt's wie ahnend Kinderaugen
in eines Brunnens tiefen Schacht hinein,
ergründend Zeit und Wuchs und Kreatur.

Die schlanke Birke zeigt ihr hellstes Grün
und silbern leuchtet es vom Weidensaume.
Zur Sonne drängt das Weinlaub bebend hoch
und Eichen, Buchen, Tannen rauschen,
die sich in Mauerresten festgekrallt
und Wurzeln schlugen, wo einst andres Leben war.

Den Übermut mit wehend lila Schleiern
legt duftend buschiger Flieder aus,
und süßes Atmen kommt vom Unterholz,
wo sich Akazienbäume graziös verneigen —
Es spähen aufmerksam und witternd hoch
das Reh, der Hirsch und in der Furche tief das Hasenkind.

Das Land versinkt auch nicht, wenn Nebel es durchziehn,
wenn über Moor und Weide graue Schwaden streifen
und zitternd sich der Vogel an den Nestrand schmiegt.
Denn immer noch erwacht der Frühling wieder,
wenn neu das Keimen, Wachsen, Blühen, Reifen,
in uralter Gesetzesfolge wirksam sind.

Der Bäche Glitzern, Flüsse Rauschen,
der Pferde Wiehern und der Drossel Klang,
die sind ein Stück des Landes, dem sie dienen. —
Und groß und größer steht die Wand der Berge...

davor ich Mensch einsam und klein
mein Schweigen soll dem Lande Echo sein.

O Land, das immer sein wird!
Woran ich früh und abend unablässig denke,
was mich bewegt und nie mehr mich aus sich entläßt,
es braucht nicht lauter Worte Tönen:
in meines Herzens tiefstem Schweigen,
klingt stark der Freiheit heilig Wort.

Vertrauet Enkeln, wenn die Söhne zaudern,
sucht Eurer wahren Freunde Bruderhand,
bleibt stolz und Eurem Geschlecht verbunden,
verbrieft, was Euch zu sagen, unsere Zeit verwehrt.

Heut' schweigt sie noch, die dunkle Erde,
die einst auf Gräber unsrer Lieben fiel.
Und immer wieder ruft durch Tag und Nacht ein Land
den streitgewohnten abendsonnenübergossnen Wandler,
der dann in jeder Blumenblüte seine Heimat grüßt.

O Land, das immer sein wird!

Vom Vater Rhein

Während die Ostwanderung der deutschen Stämme und die Gründung der Ostmark, des späteren Österreich an die Völkerstraße der Donau gebunden ist, bedeutet der Rhein für unser Volk den Strom der deutschen Kaiser, mit ihren freien Reichsstädten, Domen und Erzbistümern. Dem Lauf des Rheines folgend, sind die Römer nach Deutschland vorgedrungen, das Christentum hat sich auf diesem Wege hier ausgebreitet. Wenn man vor Zeiten mit einer gewissen Leidenschaft festzustellen glaubte, daß der Rhein Deutschlands Strom, nicht aber Deutschlands Grenze sei, dann hat dies auch in diesem Falle Bedeutung. Denn Flüsse dieser Art können gar nicht Grenzen sein. Der Fluß war seit eh und je für den Menschen eine Möglichkeit des Transportweges und der Fortbewegung. Er ist es gewesen, der das Umfeld dieses Landes, durch das er floß, mit seinen Wassermassen tränkte und segnete, und an seinen Ufern standen die Menschen, die voll Sehnsucht nach dem anderen Ufer blickten und daher ihre Brücken bauten.

Brücken aber baut man nur, wenn man an die Ufer glaubt, wenn man davon überzeugt ist, daß es sinnvoll und gut ist, mit den Menschen vom jenseitigen Ufer in Verbindung zu kommen und diesen Kontakt zu halten und zu pflegen. So besehen haben Flüsse nichts Trennendes und Abgrenzendes, sondern sind dazu bestimmt, Menschen zusammenzuführen und zusammenzuhalten. Der Rhein, der wohl der am meisten besungene deutsche Strom ist, in dem sich Geschichte und Romantik, großartige industrielle Kraft und künstlerische Vollendung wie auf einem Brennspiegel ver-

einigen, ist als Ader lebensspendend und gemeinschaftsfördernd gerade für unser Volk und unser Land geworden. In seinem Stromgebiet liegen die großen Industriereviere, die Weltgeltung erreichten und deren Entwicklung in ihrer ganzen Größenordnung auch heute noch nicht überblickt werden kann. Man darf sagen, daß sich an seinen Ufern über ein Jahrtausend alte Schicksalskämpfe abgespielt haben, daß hier Jahrhunderte lang die blutigsten Auseinandersetzungen zwischen den großen Völkern vor sich gingen. Man kann aber auch sagen, daß trotz des vielen Blutes, das hier geflossen ist, die enge Berührung dieser beiden Völker einen gemeinsamen Kulturkreis formte, der aus unserer Reichsgeschichte nicht fortzudenken ist und der diesem Land in seinem ganzen Aussehen und in der Mentalität seiner Bewohner ein eigenes Gepräge verliehen hat.

Die Städte am Rhein, ihre großartigen Dome und Rathäuser, die Vielfalt der gewaltigen kulturellen Einrichtungen jahrhundertealter Tradition sind Beweis dafür, wie sich in materiellen Notzeiten die geistigen Kräfte zu höchster Vollendung emporringen können, und die Schönheit und das harmonische Einfügen der vielen kleinen Orte in ihre Landschaft ist einmalig und unvergeßlich. Wer kennt sie nicht, diese vielen tausend kleinen, in frohen Liedern besungenen Siedlungen, in denen Geselligkeit, Gastfreundschaft und Lebensfreude immer wieder Urständ' feiern. Wo Wein gedeiht, da gedeihen auch frohe Menschen, und dem Rheinländer könnte auch der größte Feind Lebensfreude nicht absprechen, die sich im Alltag ebenso äußert, wie in der Freizeit. Dabei darf sich niemand einbilden, daß diese Menschen nur zum Feiern aufgelegt sind. Schon die steilen Hänge und Gebirgszüge, durch die sich Vater Rhein seinen Weg bahnen muß, zwangen und zwingen den Menschen zu härtester Arbeit, wenn er bestehen will.

Er hat seine an sich schon schmucken Häuserzeilen immer schon gepflegt und richtig herausgeputzt. Er hat viele Mühen und Kosten auch in der kleinsten Gemeinde für die Pflege des Ortsbildes aufgewendet und damit geholfen, die ungezählten Millionen Gäste, die das Land des Rheines aufsuchten, zu Freunden desselben werden zu lassen. Und Fremde bevölkern seit eh und je die kleinen und größeren Orte, ziehen zu den ungezählten Burgen, zu den Ruinen und Aussichtspunkten und erleben eine Wunderwelt der Naturgeschichte, die gleichzeitig eine einprägsame Volkskunde ist. Breit und mächtig zieht der Strom seine Bahn. Schiffe und Schleppkähne trägt er flußauf- und flußabwärts und an seinen Hängen stehen die Weingärten und Weinfelder und in den Kellern, da sind die Weinfässer, gefüllt mit einem köstlichen Tropfen, von dem es heißt, es sei des Schöpfers edelster Tropfen, der nur hier zu wachsen vermag. Es gibt keinen großen unserer Kunst und Literatur, der nicht den Rhein und das Rheinland gepriesen und besungen hätte.

Sie alle empfanden etwas von der Majestät eines Landes, von der Großartigkeit einer Schöpfungsgeschichte, die hier in seltener Harmonie und Vollendung ihren Triumph feiert. Goethe hat sich im Zusammenhang mit seinen Betrachtungen über Bonn am Rhein, das sich zum Sitz seiner Universiät empfehlen wollte, auch damit beschäftigt, dieses Rheintal und seine

Städte in gesetzten Worten zu preisen. „Man müßte gestehen, daß die Aussicht von demselben (dem Schloßgarten) entzückend war: Der Rhein und das Siebengebirge links, eine reich bebaute und lustig bewohnte Gegend rechts. Man vergnügte sich so sehr an dieser Ansicht, daß man sich eines Versuches, sie mit Worten zu beschreiben, kaum enthalten kann", so plaudert der große Epiker in begeisterten Worten über das Land, von dem andere sagten, sie wollten sich selig preisen, an den Ufern des Rheins den Göttern der Freude Hymnen singen zu können, daß sie endlich dem Nebellande hierher entführt worden sind.

Natürlich muß die moderne Zeit mit ihren gigantischen Produktionsstätten, mit den großen Städten und ihren Prachtstraßen, mit den Wohnsilos und Bergwerken und mit allem Drum und Dran einer merkantilen Zeit, sich auch im Bild eines Landes ausprägen. Doch das Liebe und Liebliche, das sonnendurchflutete Freundliche, die Musikalität und die Poesie einer Landschaft bleiben, denn sie ist unsterblich, wie all das, was dieses Stück Paradies geschaffen hat.

Westfalenland

Wir sind im Land der Roten Erde, wie man es nennt, doch sind wir hier weniger über die Erde dieses Landes überrascht, als über die Tatsache, welche Vielfalt diese Landschaft in all ihren Strukturen aufweist, wie herrliche Waldungen und Wiesen, Bodenwellen, Wasserburgen mit Industrieanlagen wechseln, die in ihrer Ausdehnung einmalig in Europa sind. Dicht nebeneinander herrschen alt überlieferte Zustände, die von einem Bauerntum und einer Bürgerschaft getragen werden, die sich ihres Wertes und ihrer Kulturlandschaft bewußt sind, und auf der anderen Seite schossen hier Industrien in die Höhe, die weite Teile des Landschaftsbildes radikal veränderten.

Und doch — sie ergänzen sich, die Bergarbeiter, die Metall- und Industriearbeiter und der Bauer in seinen Einzelgehöften im fruchtbaren Land und die Städter in ihren oft mittelalterlich anmutenden Siedlungen. Es gibt eine Reihe ganz großartiger Städte mit dem Aussehen vergangener Zeit, an deren Rändern sich allerdings die Zeugen unserer Tage vielfach bemerkbar machen. Es gibt eine Reihe Dichter, die diesen Raum geschildert haben und die wir als Zeugen für diese Unterschiedlichkeit anrufen können, vor allem Annette von Droste-Hülshoff, dann den Rheinländer Freiligrath, Julius Gruner, den Romantiker Clemens Brentano und viele andere, die gar nicht von hier stammten, aber diesem Lande verfallen waren und sich hier wohlfühlten.

Sie priesen ein wohlhabendes Bürgertum, das patriarchalische Leben auf Grund und Boden, es entstanden die dichterischen Aussagen über die adeligen Häuser in Westfalen, die Schloßhöfe und all die Darstellungen, die einen bedeutungsvollen Platz in der deutschen Literatur einnehmen. Ein Willibald Alexis weiß den Teutoburger Wald zu schildern und vergleicht die heutige Landschaft mit jener, als Varus hier seine Legionen verlor und

der Planer und Erbauer des Hermannsdenkmals, Ernst von Bandel, schildert uns, wie er einen Berg fand, um dort auf der höchsten Kuppe ein Denkmal zu Ehren unseres Volkes und seiner Geschichte zu errichten.

Die Porta Westfalica ist das nordöstliche Tor Westfalens. Die Porta ist kein enges und nach den Seiten hin abfallendes Felsentor, sondern ein Quertal, das außer dem Strome Wiesen und Ackerland umfaßt. In ihrer Einsamkeit ist diese Porta, mehr einem imposanten Tore, einer Weserscharte, wie die Landleute die Pforte nennen, vergleichbar, die ein scheinbares Auseinanderrücken der getrennten Bergmassen bewirkt. Hier zeigt das Wiesengelände eine so geringe Breite, daß Berg neben Berg aufragt, und die Weser sich nur mühsam den Weg bahnen kann.

Wenn wir die Weser hier oder anderwärts erreicht haben, halten wir ein und beobachten die dahinschwimmenden Kähne, die schwere Lasten abwärts führen und umgekehrt in der Richtung Schiffen begegnen, die flußaufwärts auch für den Personenverkehr bestimmt sind. Leise erklingt in uns das Weserlied „Hier hab ich so manches liebe Mal mit meiner Laute gesessen...", und wir denken daran, daß die Weser dem Land, durch das sie fließt, einen ganz bestimmten Charakter verliehen hat. Es wird uns auch erst bei längerem Aufenthalte klar, was sich hier schon im Laufe der Geschichte alles abgespielt hat und welche einst bedeutungsvollen Städte heute zur Idylle wurden. Doch noch etwas wird uns hier offenbar, nämlich die Tatsache, daß Vernichtungen und Zusammenbrüche nicht das Ende bedeuten müssen, daß auch nach dem stolzen Sachsenreich neue Reiche kamen und daß sich die Wege unserer Nation zwar wiederholt änderten, sie aber immer wieder neue Mittelpunkte fand.

Man kann hier Waldeinsamkeit atmen, die alte germanische Natur empfinden, wenn man für Geschichte Verständnis hat, man kann die Ritterzeit noch einmal erleben und dann die langsame, oft sehr schmerzhafte Entwicklung, die aus den einzelnen Stämmen ein Volk werden ließ. Poetisches unmittelbar neben Merkantilem, eine Industrielandschaft mitten in ein altes Kulturland eingebettet. Es ist manchmal unheimlich, dieses Kommen und Vergehen, das Werden und Sterben unmittelbar nebeneinander zu empfinden. Und doch ist es eine tröstliche Erkenntnis von den höheren Gesetzen und Zusammenhängen, die unser All und uns bestimmen. Palastähnliche Gebäude, Schornsteine in langen Reihen, Zechen und Bergwerke, Hüttenanlagen und Eisenwerke und immer wieder Fabriken und Fabriken, Industrieanlagen über und unter der Erde, dazwischen Wohnsiedlungen wie aus dem Boden gestampft, ein anscheinend wirres und doch geplantes und fein ausgesonnenes Durcheinander, das im Rhythmus eines gigantischen Wirtschaftslebens liegt. Dazwischen wieder Ebene mit Heidekraut überwachsen, auf denen Schafherden ziehen. Schienen durchschneiden das Land und dann wieder ausgedehnte Eichenwälder und im Vordergrund Bauerndörfer und irgendwo am Horizont rauchende Hochöfen.

Das alles ergibt ein Staunen und läßt uns erkennen, daß wir uns hier in einem der interessantesten Teile unseres Volksbodens befinden. Es gibt Menschen, die das alles unheimlich finden, denen dieses Übermaß der Kontraste unfaßbar erscheint. Das stimmt nicht, denn hier haben die Menschen im jahrtausendelangen Wandel ihrer Geschichte dem Boden alles abgerungen, was ihm zu eigen ist und im Rhythmus ihrer Arbeit das Hohelied auf ihr Land gesungen, das im Laufe der Zeit auch für viele Fremde Heimat wurde, an der sie bereit sind festzuhalten. Die Vielfalt dieser großen Kulturlandschaft veranlaßt uns, nachfolgend noch einiges anzuführen, was für unsere Zusammenfassung dieser Landschaft als unerläßlich angesehen werden muß.

In der Wachau

Wer vom sogenannten Strudengau ostwärts auf der Donau seinen Weg nimmt, der kommt in das eigentliche Österreich. Zuerst die Stadt Grein. Man fährt so sorglos heute über diese Donauwellen, die früher sehr gefahrvoll waren und manchen Schiffer das Leben kosteten. Dann Wörth und mitten in den Stromschnellen die Inselfeste Werfenstein, wo schon die Gattin Etzels gewohnt haben soll. An Persenbeug vorbei liegt ein schmucker Ort neben dem anderen, den das Schiff hinter sich läßt. Mariataferl mit seiner doppeltürmigen Wallfahrtskirche, dann aber das alte Arelape, wie es die Römer nannten. Heute sagen wir Pöchlarn dazu und sind dann mitten in der Nibelungensage. Die Gestalt des Rüdiger scheint vor uns aufzutauchen. Ja, es ist in Wahrheit hier der Nibelungengau. Es ist so viel alte deutsche Sage mit diesem ganzen Raum verbunden, daß wir anhalten wollen, um überall in diesen kleinen reizvollen Orten nach Vergangenem zu suchen. Doch es geht weiter, und dann halten wir den Atem an. Hoch über dem Strom, auf einem steil abfallenden Felsen das wundervolle Stift Melk, wohl in seiner Einprägsamkeit nicht und mit nichts zu verwechseln. Was müssen das für Männer gewesen sein, die solches zu errichten wagten?

Das niederösterreichische Hügelland zieht sich an beiden Seiten mit fruchtbaren Hängen dahin. Es gibt Wein und Obst, es gibt saftige und fruchtbare Wiesen und Felder und überall diese zum Himmel ragenden Kirchtürme der kleinen Orte und die Mariensäulen, die wie steingewordene Jubellieder zum Himmel wachsen und etwas preisen, was früher auch einmal schweres Schicksal gewesen sein muß. Hier sind wir mitten in der Wachau, wir sind damit auf dem klassischen Boden Österreichs, beiderseits des Stromes die typischen Weinbauerndörfer mit ihren niedrigen Giebelhäusern und den großen Arkadenhöfen und Erkern. Alles weiß getüncht, alles blitzblank, wie nach einem Regen, der alles sauber und klar werden ließ. Man sieht in dieser reinen Luft jede Einzelheit an den Ufern, die Kinder, die sich hier tummeln, und die Alten bei der Arbeit, die aus der Ferne gar nicht mühevoll, sondern leicht und anmutig wirkt. Und doch, sie steigen die Hänge hoch, sie mühen und rackern sich, wie überall die Bauern. Ihr Lohn aber ist reich, denn das Land kennt dieses wunderbare Leben und Lebenlassen und man ist von der Art, wie überall die Menschen, die Wein bauen und den besten ihrer Tropfen aus dem Keller gerne selber mittrinken und sich an ihm freuen. Wieder ein Erlebnis: Dort, wo die engste Stelle der Wachau ist, liegt Aggsbach, und wir erleben wieder eine andere Donau, nicht so ruhig und majestätisch, sondern aufheulend, jaulend und wie in steter Empörung, daß man sie bezwungen.

Die Kuenringer, diese gefürchteten Kriegersleute, die auch einen bedeutenden Dichter in ihrer Ahnenreihe hatten, haben hier eine Burg gebaut. Sie nannten sie Aggstein, und es wird uns berichtet, daß man in früheren Zeiten, sozusagen in der guten alten Zeit, Gefangene an eine bestimmte Stelle, wo sich heute ein reizendes Rosengärtlein befindet, geführt hat und sie vor die Wahl stellte, den Hungertod zu sterben oder sich in die Tiefe zu stürzen und so den schnellen Tod zu finden. Der Strom wird jetzt eine Weile von steilen Wänden begrenzt und da taucht Spitz auf, eine ganz alte Stadt, deren Ruinen vollgesogen sind mit Geschichte und Sage, bis wir dann Dürnstein erreichen. Dort aber halten wir ein!

Es gibt hier in der Wachau so viele Orte wie aus einem Bilderbuch, doch es gibt nur ein Dürnstein, dieses alte liebenswerte Städtchen am Fuße des Burgberges, mit seinen malerischen Winkeln, seinen wuchtigen Bürgerbauten und Einkehrhäusern, seinen mit Rosen und Wein überzogenen alten Mauern. Und dann die Burg hoch oben. Man hat sie wieder weitgehend restauriert und das mit Geschick und Geschmack. Von hier sehen wir sie wieder überall, wohin wir auch schauen, diese kleinen Ortschaften, malerisch hingezaubert, mit ihren Kirchen und Giebeln, und vielstimmig ist zu bestimmten Stunden der Klang der Glocken, die von allen Seiten ertönen, und dazwischen das ruhige gleitende Rauschen der alten Donau, die sich ihren Weg ungestört durch die Umwelt sucht und weder auf die Menschen noch deren Probleme Rücksicht nimmt. Dann aber naht das großartige Finale.

Es läßt uns noch in der Erinnerung tief aufatmen, denn es will erlebt sein und läßt sich nur schwer beschreiben, obwohl in ungezählten Liedern besungen und immer wieder von Dichtern gerühmt. Wir sind an Loiben vorbeigekommen, haben links und rechts plötzlich ebenes Land und sollen erkennen, daß die Wachau zu Ende geht. Nein, sie holt noch einmal zu einem Höhepunkt aus und zeigt uns, was an Lieblichkeit und Größe gleichzeitig zu einer Synthese werden kann. Wir kommen an Göttweig vorbei, einem Kloster von gewaltigen Ausmaßen, das in der Besiedlungsgeschichte über Österreich hinaus eine Rolle spielte, und nacheinander folgen die beiden Städte Stein und Krems.

Auch ihre Namen sind mit dem der Donau eng verbunden, auch sie sind ein Stück Wachau. Es scheint, als würde die Donau, die in ruhigem und gemessenem Tempo bisher durch die Wachau zog, jetzt plötzlich wieder hurtiger, als ob sie ahnen würde, daß sie ja noch die Hauptstadt berühren müsse, um dann das heutige Österreich zu verlassen, über Ungarn weiter in den Südosten, um sich dann mit dem Meer zu vermählen und dort zu münden. Sie bringt viel Musik und Lieblichkeit mit, sie bringt aber auch geschichtliche Bürden und ein ganzes Bündel mitteleuropäischer Probleme

mit. Sie waren einst in einem Staate vereinigt, der es immerhin fertig brachte, seit Karl VI. und Maria Theresia einen gemeinsamen Reichsstil zu formen und vierzehn Nationen zu einen. Das hat man 1919 mit Gewalt beendet und versucht, Neues und Besseres zu bieten. Doch das Neue blieb ein Torso und hat die Sehnsucht der Menschen nach der alles verklärenden Vergangenheit nicht nehmen können.

Im ganzen deutschen Kulturkreis sind nirgends so viele Menschen zu finden, die der Vergangenheit nachtrauern, wie hier in diesem klein gewordenen Land, das das Erbe eines gewaltigen Reiches wurde und immer und überall noch Formen und Einrichtungen hat, die für dieses Großreich geschaffen waren und sich heute als zu groß und umfangreich erweisen und daher hinderlich sind. Doch man findet sich damit ab, man hat sich eingerichtet und weiß mit der angeborenen Philosophie überhaupt unlösbare Probleme wegzustecken.

Hier aber, in der Wachau, da gibt es von dem allen nur einen kleinen Unterton zu hören. Da ist alles milde, herzlich und versöhnlich, und wenn einem hier jemand sagt, man soll bald wiederkommen, dann glaubt man es ihm sogar. Und das ist nur ganz selten auf der Welt.

In Eupen und Malmedy

Wir sind in einem Stück westlichen Grenzlandes, das immerhin mehrere bedeutende Städte aufweist, darunter Eupen und Malmedy, und die Heimat von mehr als 150 000 Menschen ist. Ihnen hat man die Volkszugehörigkeit als Deutsche nur schwer absprechen können, doch wenn man sich an die sonst in Europa üblichen Spielregeln bei anderen Völkern gehalten hätte, wäre alles gut. Es fing schon nach dem Ersten Weltkriege an. Die Kreise Eupen und Malmedy sowie ein schon früher strittig gewesenes Gebiet von Neutral-Moresnet fielen an Belgien, darüber hinaus eignete sich Belgien auch noch im Augenblicke deutscher Wehrlosigkeit ein Stück des benachbarten Streifens von Monschau an. Insgesamt war ein Raum von 1040 qkm umstritten und am Anfang standen große Ankündigungen, die ein gerechtes und wohlwollendes Urteil versprachen. Um die Angelegenheit zu klären, versprachen die Friedensbringer von Versailles 1919 eine Volksabstimmung, schlugen aber das umstrittene Gebiet bereits zu Belgien und überließen es den dortigen, das heißt belgischen Behörden, eine Volksabstimmung vorzubereiten und durchzuführen. Die Abstimmung, die eine Groteske war, fand — man höre und staune — in der Zeit vom 10. Januar bis 23. Juli statt, zog sich also über mehr als ein halbes Jahr hin.

Wer mit dem Anschluß an Belgien nicht einverstanden war, der mußte auf einer Behörde erscheinen und mit seiner Unterschrift vor einer Amtsperson seinen Willen kundtun und sich persönlich gegen den faktisch bereits herrschenden Staat entscheiden. Man kann sich vorstellen, daß auf diese Art und Weise eine Mehrheit für Belgien zu Stande kam, denn es herrschte in der damaligen Zeit ein ausgesprochener Terror gegen alles

St. Nikolauskirche in Eupen

Deutsche, die Folgen des für die Deutschen verloren gegangenen Krieges machten sich natürlich auch in diesem Gebiete bemerkbar und die Methoden gesellschaftlicher Integration wirkten sich bereits zu dieser Zeit erfolgreich aus. Der Völkerbund hat dann mit scheinheiliger Miene seine Unterschrift unter das unausbleibliche Ergebnis gesetzt und von einer Mißachtung des Selbstbestimmungsrechtes war keine Rede mehr.

Unmittelbar nach dem sogenannten Anschluß an Belgien begannen die Schwierigkeiten, denn die Einführung in das neue Wirtschafts- und Verkehrssystem brachte große Probleme. Dieser Raum hing unmittelbar mit dem östlich gelegenen Deutschen Reich auf das engste zusammen. Man kann nicht Jahrzehnte und länger dauernde Verbindungen, aber auch das Gesellschaftsleben von heute auf morgen trennen und Zusammenhänge einfach zerschneiden, die sich im Laufe der Zeit ergeben und bewährt haben. Dazu kommt in solchen Fällen, wie auch in anderen Teilen Europas beobachtet, der Übereifer der zuständigen subalternen Behörden, der Ehrgeiz neu bestellter Würdenträger und natürlich eine Schwerfälligkeit bei den Betroffenen, die sich aber in vielen Fällen sogar günstig auswirken kann. Man schaffte zum Beispiel das Amtsgericht in Eupen ab, beseitigte die alten und eingefahrenen Verwaltungseinheiten, und es begann für die Bevölkerung eine Zeit der Unsicherheit, obwohl sie sich dem neuen Staate gegenüber weitgehend loyal verhielt. In der Öffentlichkeit, vor allem in der deutschen Bewußtseinsbildung, ist von diesen unerfreulichen Dingen fast nichts bekannt geworden, trotzdem erlitten die hiesigen Deutschen das gleiche Grenzlandschicksal wie in anderen Teilen des deutschen Kulturraumes und wurden immer mehr auf sich und ihren Behauptungswillen gestellt.

Die Städte dieses Landesteiles sind typisch für die allgemeine Entwicklung in diesem Raum, so das malerische Malmedy mit seiner preußischen Vergangenheit, wo die Deutschen heute noch ein Viertel der Gesamtbevölkerung stellen. Es handelt sich um eine einst reichsunmittelbare Abteistadt, die bis 1792 besondere Vorrechte besaß und wo die groß angelegte Abtei mit ihren dazu gehörigen Bauten heute noch vom Reichtum vergangener Zeiten ahnen lassen. Der fränkische König Siegisbert hat die Stadt gegründet, die noch vor wenigen Jahrzehnten ein Umfeld von siebzig deutschen Ortschaften kulturell betreute. Heute wird von den hier siedelnden Deutschen das Gebiet als „staatswallonischer Teil des Rheinlandes" bezeichnet und man meint damit jenen Teil Belgiens, der früher als Mittelpunkt die Stadt Erel hatte und wo mit einem Beschluß der Regierung vom 16. Oktober 1830 die deutsche Sprache sogar der flämischen gleichgestellt wurde. Zehn Jahre später aber fielen große Teile Limburgs und Luxemburgs an Holland, wodurch die Deutschen des Landes — wie eine staatliche Erklärung verlautete — zu einer „geringfügigen" Mehrheit wurden. Diese Mehrheit war so geringfügig, daß sie in Wahrheit zu einer Minderheit umgedeutet wurde und auch hier eine offene und versteckte Französisierung beginnen konnte.

Hier zeigt sich etwas, was wir in solchen Grenzgebieten oft finden und was dem friedlichen Nebeneinander so im Wege steht. In einem Massengesuch an den König wurde gebeten, das Hochdeutsche unter bestimmten Bedingungen als Amtssprache zuzulassen. Dabei sind die Bestimmungen der belgischen Sprachenverordnungen oft im Gegensatz zu dem, was in den unteren Verwaltungsebenen daraus gemacht wird und die begreifliche Unzufriedenheit geht sehr oft auf Übergriffe untergeordneter Stellen zurück.

Hier im Raume um Aachen unweit einer alten historischen deutschen Kulturstätte hat sich trotz allem über Kriege und Mißhelligkeit ein deutscher Volksteil erhalten, von dem man im Bundesgebiet herzlich wenig weiß. Wie weit das führt, beweist die Tatsache, daß ein Abgeordneter des sogenannten Europaparlamentes kürzlich erklärte, daß der Schutz der deutschen Minderheit vorbildlich sei, den die belgische Regierung ihr angedeihen lasse. Ihr allmähliches Verschwinden würde keineswegs angestrebt, sondern ihr Vorhandensein vielmehr als Bereicherung empfunden und die Volksgruppe auch nicht unterdrückt, sondern unterstützt. Diese unsachlichen und weltfremden Redereien dieses Vertreters aus der Bundesrepublik Deutschland wurden von den Deutschen in Belgien mit Empörung zurückgewiesen und die Unrichtigkeit solcher Behauptungen an Hand ungezählter Beispiele nachgewiesen.

Die Volksgruppe hat an ihrer Spitze einen Gemeinschaftsrat und stellte in übereinstimmenden Erklärungen immer wieder fest, daß sich die allgemeine Lage eher verschlechtert als verbessert habe, und an Stelle eines von Gerechtigkeitssinn getragenen Entgegenkommens der Obrigkeit stehe ein Scheinschutz, der die „tatsächliche Unterdrückung goldig glänzen läßt", wie dies im Organ der Volksgruppe kürzlich festgestellt wurde. Trotz aller Schönredereien genügt es, das Kainszeichen eines „Germanophilen" zu erhalten, um für die Zukunft gekennzeichnet zu sein. Man muß immer wissen, daß der Staat Belgien erst 1830 und 1839 entstanden ist und seine heutige Gestalt angenommen hat, die in seiner luxemburgischen und limburgischen Provinz auch beachtliche Teile des deutschen Volksbodens umfaßte. Daß es inmitten Europas immer noch Gebiete gibt, in denen die bodenständige Bevölkerung berechtigte Ursache für Klagen hat, spricht weder für Fortschritt noch für den ernsthaften Sinn, die Probleme der Zeit lösen zu wollen.

Tore und Mauern

Die Notwendigkeit der Befestigung und Verteidigung seines Wohnsitzes ist so alt wie die Seßhaftigkeit des Menschen. Immer stärker und größer wurden die Mauern und immer tiefer die Gräben, die die Menschen errichten mußten, um sich vor Überfällen und Angriffen der Umwelt zu schützen. Das war ganz früher so, als die germanischen Völker ihre Siedlungen erfolgreich zu verteidigen begannen, dann später als die Burgen entstanden, und auch die sogenannte gute alte Zeit hat nicht anders gehandelt. Sogar noch im Zeitalter des Biedermeier saßen die Wächter neben kanonenähnlichen Gebilden und spähten ins Land, nur waren sie langsam zu Figuren aus der Phantasie von Spitzweg geworden.

So hoch auch die Mauern und so dick sie auch waren und so tief und breit die Gräben, irgendwie mußte man die Verbindung zur Umwelt aufrechterhalten. Durch diese Öffnungen kamen die Fremden, die man brauchte, die man gerufen hatte und die willkommen waren. So entstanden die Tore, die den Vorteil hatten, daß man sie bei Bedarf immer dann schließen konnte, wenn die Notwendigkeit dazu bestand. Sie wuchsen mit der Zeit, sie konnten hermetisch verschlossen werden und zu ihnen postierte man Wächter oder Soldaten, die das Herein- und Herauslassen regelten und damit sehr wichtige Personen der Stadt wurden. Aber es war noch etwas anderes symbolhaft.

Die Sehnsucht der Menschen, ins Freie zu gelangen, aus den engen Straßen, winkeligen Ecken und schattigen Plätzen herauszukommen, einfach auszubrechen aus dem Zwang, hinaus in die Welt, wo seit eh und je die Freiheit winkte. Man fühlte sich zwar unendlich wohl in der behaglichen Enge, die zwischen den Erkern und Giebeln zu Hause war, man kannte jeden Winkel und freute sich an der Tuchfühlung mit seinen Nachbarn und Verwandten, man war auch nicht gering stolz auf das Werk der Gemeinsamkeit vieler Generationen, die die Stadt mit ihren Einrichtungen darstellte. Ja, vor allem, wenn es richtig kalt wurde und die Schneestürme über die Ebenen fegten, die sich vor den Mauern ausbreiteten, da schätzte man den heimatlichen Herd, die Wärme des Beisammenseins, ganz einfach den Schutz breiter, schatten- und wärmespendender Mauern. Doch dann, wenn die Sonne immer höher stieg und ihre ersten Strahlen auch in die ganz entlegenen Ecken hinter der Armensünderkirche einfielen und es immer stärker von den Dächern und Giebeln tropfte, da brach etwas in einem aus, das man nicht gut beschreiben konnte: Die Sehnsucht nach der Ferne, die Sehnsucht nach der unendlichen Weite, von der man nur ein kleines Stück erhaschen konnte, wenn man von oben, auf dem Kirchturm gelegentlich einen Blick hinauswerfen konnte. Die weite Welt!

Sie mußte doch schön sein, nichts gegen die eigene Welt, aber wie es draußen war, das mußte man auch kennen. Und man hatte schon so viel von den Fremden gehört, die gelegentlich in der „Kanne" oder beim „Deutschen Kaiser" Einkehr gehalten hatten. Bis dann die Sehnsucht siegte und man ausbrach. Man erwanderte sie mühsam, die weite Welt, blieb vielleicht für immer irgendwo in der Fremde verschollen, man heiratete irgendwo draußen, man suchte und fand vielleicht sein Glück, aber nach Jahren, wenn es soweit war, man den Gesellenbrief bei sich trug oder bei den Soldaten abgerüstet hatte, dann kehrte man wieder heim. Und so, wie früher die Fremde im rosaroten Licht erschien, war es jetzt, nachdem man sie kennengelernt hatte, daß man die alte und mit Mauern umgerüstete Stadt als schönstes Ziel ansah. Man war wieder daheim und langsam fügte man sich wieder in die klein gewordene Umwelt ein, was im Anfang nicht ohne Schwierigkeiten möglich war.

Alles, was diesen langen Weg einleitete und beendete führte durch das

große und breite Tor, über den Wallgraben, wo die immer morscher werdende Brücke ins Land führte und über die man gehen mußte, wenn man klopfenden Herzens wieder heimgekehrt war. Wieviel Leid und wieviel Freude markierte dieses Tor! Wieviel zerschlagene Hoffnung, erfüllte Wünsche, was alles in einem langen Leben geschehen kann, hing mit diesem Tor zusammen, das immer mystischer erschien und um das sich immer mehr Lieder, Sagen und Märchen sponnen. Das Tor wurde für ungezählte Generationen zum Symbol. Und deshalb lobten sie nicht nur das Tor, nein, sie pflegten es, befestigten es immer stärker und verliehen ihm immer mehr Schmuckwert. Sie bauten die Türme aus, von wo sogar an bestimmten Tagen die Bläser ihr Lied in den Tag schmetterten, sie brachten unterschiedlichen Schmuck am Mauerwerk an, und sie besangen es immer wieder. Die Kirche segnete es, denn sie erkannte, welch seelische Verbindung der Städter zu diesem Mauerwerk hatte. Als man begann die Mauern zu schleifen, fielen auch viele dieser Tore der Spitzhacke zum Opfer. Es gab Zeiten, da achtete man nicht auf solche Dinge. Man wollte fortschrittlich sein, man zeigte sich überheblich allem Alten gegenüber, man brauchte Platz, weil die Stadt trotz Krieg und Epidemien immer mehr aus ihren Fugen krachte und über sich hinauswuchs.

Aus der Zeit, da der Mensch noch bescheiden nicht über sich hinauswachsen konnte, stammen diese Tore, soweit sie heute noch vorhanden sind. Wir sind für jedes Tor dankbar, wenn wir in eine der mittelalterlich wirkenden Städte kommen. Es gibt gar nicht mehr so viele. Deshalb hüten wir sie. Wenn wir aber in Lübeck vor dem herrlichen Zeugnis vergangener Zeiten stehen, dann offenbart sich uns Reichsgeschichte mit ihrem oft trostlosen Grauen der Reformationszeit und den Spitzenleistungen wirtschaftlicher Blüte zur Zeit der Hanse. Das Holstentor in Lübeck ist ein solcher Ausdruck trotzigen Wehrwillens der Bürger, die auch das notwendige Geld hatten, um das Tor nicht nur festgefügt, breit und wuchtig zu gestalten, sondern über der Durchfahrt reichgeschmückte Giebel anzubringen und das Ganze mit zwei breiten Rundtürmen zu versehen. Wie verbunden die Menschen in dieser Zeit, als sie es schufen und ausgestalteten, mit ihrer Geschichte waren, geht daraus hervor, daß trotz der furchtbaren blutigen Glaubenskriege auch heute noch auf dem Tor ein breites Schmuckband mit germanischen Symbolen und Heilszeichen angebracht ist.

Wie reich diese Stadt ist, offenbart sich in der Marienkirche, die mit ihrem Backsteinbau für ungezählte andere Städte zum Vorbild wurde und was für Lübeck mit seiner Bedeutung für den Osthandel, die Seefahrt und das ganze Wirtschaftsleben im Norden und Osten gilt, das trifft auch auf alle anderen großen Hafenstädte zu, von denen wir eine ganze Reihe haben und die durchwegs Weltstädte geworden sind. Zu den architektonischen Meisterleistungen zählt auch das Lübecker Rathaus, eines der größten dieser Art überhaupt, mit seinen Laubengängen, Giebeln, Erkern und der Freitreppe. Mit dem Holstentor aber grüßen wir alle erhalten gebliebenen Stadttore unseres Vaterlandes.

Die Zips und die Deutschen der Slowakei

Die weiten Räume der Slowakei, teils eben und sehr fruchtbar, teils von bewaldeten Höhen ausgefüllt, die sich stellenweise in Gebirgsmassive erweitern, sind ein Gebiet, das im Laufe der Jahrhunderte von slowakischen, madjarischen und deutschen Kräften mitgestaltet wurde. Von der Porta Hungarica bis zum östlichen Teil des Landes bei Preschau begegnen wir auf Schritt und Tritt deutschen Kultureinflüssen und deutscher Arbeit, auch dann, wenn in diesen Weiten das deutsche Leben getilgt wurde. Dem Kranz vieler deutscher Bergstädte, den bedeutenden und selbstbewußten Handelszentren, die weitgehend vom Geschlecht der Augsburger Fugger entwickelt wurden, den hier angelegten Handelswegen vom Orient zur Ostsee, die durch das Gebiet der sogenannten Zips verliefen, und der alles überragenden, einer Gralsburg gleichenden majestätischen Zipser Burg begegnen wir, wenn wir an dieses Land denken.

Über das breite Fluten der Waag und der Gran hinweg, über einsame Weideflächen und rauschendes Getreidewogen, an verfallenen Stollen und heute so fremd wirkenden Bürgersiedlungen steigen als Abschluß die waldreichen Hänge der Karpathen empor, versinken die schneeglitzernden Zinnen der Tatra. Hier gab es zahlreiche deutsche Sprachinseln, die teils städtischen, teils bäuerlichen Charakter trugen. Die Besiedlung ging vor allem auf das 13. Jahrhundert zurück. Süddeutsche, schlesische und flämische Bergleute gruben nach Gold und Silber im damals zu Ungarn gehörenden Erzgebirge. Ihre erfolgreiche Arbeit wurde von den ungarischen Königen geschützt und privilegiert. Die Siedlungen der Deutschen waren damals schon reich und von hoher Kultur. Das bezeugen die Bauten und Kunstwerke in den Kirchen und Rathäusern. In der Abgeschlossenheit von den großen Fremdenverkehrsstraßen verhielten sich die Städte traditionsgetreu. Hier wurde — wie das vielfach im Osten und Südosten feststellbar war — die Volkstracht das äußere Zeichen zur Volkszugehörigkeit, und die verschiedenen Formen und Einzelheiten der Trachten waren ein Stück Volksgeschichte und Eigenart.

Das Zusammenleben mit den Slowaken als Mehrheitsvolk war stets gut, und es kann festgestellt werden, daß die Slowaken ein Nachbarvolk der Deutschen sind, mit denen letztere während der ganzen Geschichte niemals nennenswerte Schwierigkeiten oder Auseinandersetzungen hatten. Die Slowaken verdanken den Deutschen auch die einzige Zeit einer staatlichen Selbständigkeit, was uns aber bereits in die Gegenwart führt.

Die Hohe Tatra und die Karpathen sind wie eine schneebedeckte großartige Kulisse im Hintergrund eines Landes, das in der Geschichte viel durchzumachen hatte. Im Südosten der Hohen Tatra lag die Zips, ein geschlossenes deutsches Sprachgebiet, in dem sich ein pulsierendes Leben auf allen Gebieten bemerkbar machte. Wenn wir von Preßburg, der Hauptstadt des Landes absehen, der Krönungsstadt der ungarischen Könige, wo es 1918 immerhin noch einen rund fünfzigprozentigen deutschen Bevölkerungsanteil gab, war das über das weite Land verstreute deutsche Element in größeren und kleineren Sprachinseln verteilt. Da wollen wir an Kremnitz erinnern, eine im Mongolensturm zerstörten Stadt, die dann von deutschen Bergleuten neu gegründet wurde. Sie hatte als erste ungarische Bergstadt den sogenannten Freibrief erhalten, und dort befand sich die ganzen Jahrhunderte über eine staatliche Münze. Ein groß angelegter Marktplatz verriet die Gründungsart.

Die umliegenden Bauerndörfer verbanden sich stets mit dem Schicksal ihres Mittelpunktes. Die verkehrsbegünstigte wichtige Stadt des Zipser Oberlandes war die stark befestigte Stadt Käsmark, die nicht nur bis in unsere Tage Wall- und Festungsanlagen von imponierenden Ausmaßen, sondern sogar einen Kirchturm mit Schießscharten aufwies. Die Wehrhaftigkeit dieser Siedler war bis in unsere Tage hinein feststellbar. Eine andere Stadt dieses Raumes besaß eine der im Mittelalter berühmten „Schönen Madonnen", es war Pudlein, das schon 1342 das Stadtrecht erhalten hatte. Von den vielen anderen Orten sei noch Leutschau erwähnt, eine Stadt, die in früherer Zeit mit einer dreifachen Mauer gesichert war und deren wuchtiges gotischen Rathaus eine der großartigsten weltlichen Schöpfungen dieser Zeit im Osten war. Als im 16. Jahrhundert ein Großfeuer weite Teile des inneren Stadtkerns vernichtete, bauten die reichen Stadtväter die Stadt noch schöner und großzügiger auf und drangen darauf, daß der geräumige Marktplatz mit Laubengängen nach „deutschem Vorbild" versehen wurde. Auch diese Stadt genoß den Ruhm, eine Königliche Freistadt gewesen zu sein, was im Königreich Ungarn bedeutete, daß sie dem König direkt unterstellt war und Vorrechte besaß, die sie vor den anderen Städten des Landes auszeichneten. Aus dieser Stadt stammt der Bildschnitzer Paul von Leutschau, der ein Schüler von Veit Stoß war, dem berühmten Nürnberger Bildhauer, der unter anderem auch den großartigen Krakauer Altar schuf und heute fälschlich als Pole bezeichnet wird.

Auch dieses Land war von unterschiedlichsten Erinnerungen erfüllt, die es den Menschen schwer machen, einen Mantel des Vergessens darüber zu breiten. Westlich von Preßburg beginnt, wenn wir von der Burgruine Theben hoch über der Donau auf die Auen herunterblicken, die Österreich anzeigen, ein besonderes Erlebnis. Nach Osten schauen wir über die ungarische Tiefebene. Man ist der Pußta nahe und fühlt den lauen Wind, der von dort herüberweht. Im Hintergrund aber stehen die Hochgebirgsgipfel der Hohen Tatra und man beginnt zu ahnen, warum und von wo an man das Land der Karparthen aufzuzeichnen beginnt. Wenn wir vom Heimatboden der rund 140 000 Deutschen der Slowakei sprechen, dann fassen wir damit Menschen zusammen, die in und um Preßburg lebten, die die Zips und die Kremnitzer Sprachinsel ihre Heimat nannten.

Die Zips hatte in früheren Jahrhunderten eine ganz besondere Bedeutung, denn sie war das Tor zum pannonischen Raum und mußte von ganz ausgesuchten und harten Wächtern besiedelt werden. Und das waren die Deutschen, die von den ungarischen Fürsten ausdrücklich hergerufen und mit den erwähnten Sonderrechten versehen worden waren. Man nannte die Einteilung eines Bezirkes damals in Ungarn „Gespannschaft", und die Ge-

Bartfeld: Rathaus und Ägidiuskirche

spannschaft Zips bekam sofort das Recht auf Selbstverwaltung und reiche Zuwendungen aus den Mitteln der Fürsten. Die gigantischen Anlagen der Zipser Burg, wohl eine der größten der damaligen Zeit überhaupt, erinnern heute noch daran, welche Bedeutung dieser Raum für die Sicherheit Mitteleuropas hatte und was die Deutschen schon im frühen Mittelalter zu leisten hatten. Daß dafür auch Rechte erflossen, war selbstverständlich und hätte sicher den Neid der anderen Bewohner des Landes erweckt, wären diese Wohltaten nicht allen zugute gekommen.

Die heute noch erhaltenen Bauten der alten Bergstadt sprechen von einem Wohlstand, der einst von deutschen Bürgern und ihren Helfern begründet wurde, und die Anlagen der deutschen Bauernhöfe weisen ebenfalls auf den Ursprung hin, der nirgends mit Feuer und Schwert erfolgte, sondern mit Pflug und Axt sowie mit den Mitteln friedlicher Pionierarbeit.

Das Burgenland

Alljährlich kommen auch in dieses Gebiet ungezählte Sommergäste, die sich um den seichten Neusiedlersee tummeln, die die Burg Forchenstein aufsuchen, in der alten Reichsstadt Rust, wie sie sich stolz nennt, Aufenthalt nehmen und in Eisenstadt einhalten, wo ihnen neben dem großen Schloß des Fürsten Esterhazy auch die Gedenkstätte des großen Komponisten Joseph Haydn in Erinnerung bleibt. Wenige aber wissen um das Schicksal dieses Grenzlandes, denn wer kümmert sich heute schon darum, was war, und Wunden, die in der Vergangenheit geschlagen wurden und brennen, haben die Angewohnheit, mit der Zeit wieder zu verheilen. Hier war das Deutschtum in einem jahrhundertelangen Dornröschenschlaf versunken, denn Ungarn hatten es glänzend verstanden, in der Zeit ihrer Herrschaft im alten Österreich-Ungarn ihre eigenen Methoden anzuwenden und alle, die auf den Boden ihres weiland Königreiches siedelten, zu Madjaren zu erklären. Ihre Entnationalisierungspolitik war bis 1918 rigoros und rücksichtslos. Für sie gab es nur ein Staatsbewußtsein und damit ein Bekenntnis zu ihrem eigenen Volk und sonst keine wie immer geartete gesellschaftliche Stellung oder sonstige Einfügung in die Gesamtstruktur.

Das Burgenland ist eigentlich nichts anderes als ein eingebürgerter Name für das frühere Deutschwestungarn, das die vier „Gespannschaften", wie man die Verwaltungsgrenzen nannte, Ödenburg, Wieselburg, Eisenburg und Preßburg umfaßte, wobei letztere sofort von der Tschechei 1918 für sich reklamiert und dem neu gebildeten Staat als Hauptstadt der Slowakei eingefügt wurde. Das Burgenland besteht aus einem 35 Kilometer breiten Landstreifen, der sich längs der niederösterreichischen und steirischen Grenze von der Donau bis St. Gotthard an der Raab hinzieht, wobei das Gebiet im Norden den Neusiedler See umschließt. Schon in der Zeit der bayerischen Kolonisation hatten sich hier deutsche Siedler festgesetzt und erhielten schon im 11. Jahrhundert starken Nachschub aus dem Westen, so daß dieses Gebiet weitgehend eingedeutscht wurde. Schon in der Donau-

monarchie gab es zwischen Wien und Budapest um dieses Gebiet Auseinandersetzungen. Es fiel dann allerdings an die Stefanskrone, was ja bei den
national geschlechtslosen Habsburgern dasselbe war. Die ungarische
Reichshälfte hat das Burgenland allerdings niemals zu einer Verwaltungseinheit werden lassen, und 1919 forderte die österreichische Republik bei
ihrer Gründung ebenso wie für alle angrenzenden deutschen Teile das
Selbstbestimmungsrecht. Daß dieses von den Pariser Friedensmachern für
das Burgenland gewährt wurde, war durchaus kein deutschfreundlicher Akt,
sondern ein raffinierter Schachzug. Man wollte schon vom ersten Tag der
Neuordnung an zwischen den beiden großen Verlierern des Donauraumes,
den Ungarn und den Österreichern, also den Madjaren und den Deutschen,
einen Stachel der Feindschaft einsetzen. Selbstverständlich wehrte sich Ungarn mit allen zu Gebote stehenden Mitteln und es entstand ein Zustand
heftiger Zwietracht, denn der ungarische Staat hat nach dem Ersten Weltkrieg etwa die Hälfte seines bisherigen Territoriums verloren, was die na-
tionalstolzen Madjaren auf das schwerste traf.

Sie mußten sich allerdings eingestehen, daß die Slowaken ebenso Selbständigkeit forderten, wie die Kroaten, die vorher zur Stefanskrone gezählt
hatten, und daß auch die großen deutschen Sprachinseln eine Berücksichti-
gung ihrer Eigenart verlangten, sollte das Selbstbestimmungsrecht nicht zu
einem Schlagwort herabsinken. Es war klar, daß Ungarn sich gegen die Ab-
trennung des Burgenlandes wandte, Österreich aber auf dieses ohnehin
stark beschnittene Gebiet nicht verzichten konnte. Es handelt sich um
etwa eine halbe Million Einwohner, von denen mehr als zwei Drittel
deutsch sind, während der Rest madjarische und kroatische Sprachinseln
bildet, wenn wir von den wenigen slowakischen Familien absehen.

Als es dann zur Übergabe kam, wurde ohnedies noch ein Stück Land im
Süden an Südslawien ausgeliefert und ein Stück des Landes mit der Stadt
Wieselburg den Ungarn überlassen, wo auch mehr als die Hälfte Deutsche
lebten. Als es zur Übergabe des Gebietes kommen sollte, veranstalteten die
Budapester Politiker einen Putsch, der mit diplomatischer Unterstützung
der Italiener eine Abstimmung in einem Teil des Gebietes erzwang. Hier
ging es um Ödenburg und um seine Umgebung, wo am 14. Dezember 1921
unter unglaublichsten terroristischen Begleiterscheinungen bei Wahlbeein-
flussungen und Wahlfälschungen die Abstimmungen vor sich gingen und
bei der immerhin, trotz allen Terrors, 35 von 100 für Österreich stimmten.
Österreich mußte auf diesen Teil verzichten und nur etwa $3/5$ der Bevölkerung des Burgenlandes auf einem Gebiet von 4037 Quadratkilometern kam
an Österreich. 75 von 100 der Einwohnerschaft waren Deutsche, 15 von
100 Kroaten und 9 von 100 Madjaren.

Das Burgenland leidet heute noch immer unter dieser neuerlichen Tei-
lung, denn das Ödenburger Gebiet dringt wie ein Keil in das österreichisch
gewordene Burgenland ein und reißt dasselbe buchständlich in zwei Teile.
Wie gesagt, Wunden verheilen. Denn, von allem anderen abgesehen, die
Abstimmung von 1921 ging nicht unblutig vorüber, aber heute hat sich im
Burgenland eine allgemeine Beruhigung vollzogen und auch der Grenzver-

kehr zum benachbarten Ungarn hat sich normalisiert, denn zu allem anderen tragen die Unterschiedlichkeiten der Systeme zu einer Klärung bei. Das Burgenland ist das jüngste österreichische Bundesland, hat sich aber ausgezeichnet in die Familie der übrigen Länder eingefügt und genießt eine weitgehende Betreuung, da die wirtschaftliche Lage nach der Eingliederung an Österreich gelinde gesagt katastrophal war.

Der außerordentlich fruchtbare Boden, der Weinbau und der Fremdenverkehr haben sich nach und nach segensreich ausgewirkt, und die Errichtung kleinerer und mittlerer Industrien haben das ihre dazu getan, daß sich die Lage stabilisierte. Noch immer aber weht aus der ungarischen Tiefebene und den pannonischen Grenzräumen der Wind des Südostens herüber und berührt ein Land, dessen zahlreiche Burgen Bestandteil der Geschichte waren, die unlöslich mit der unseren verbunden ist.

Gedanken vor einer hohen Felsenwand

Mancher erklimmt die karstigen und steilen Klippen, die sich vor uns kleinen Menschen emportürmen, für manchen sind sie unüberwindbar, und die Gipfel bleiben ewige Träume und Sehnsuchtsziel. Unterschiedlich, wie all das, was uns in unserem Lande umgibt, sind auch unsere Freuden an dem zur Heimat gewordenen Land, in dem wir immer wieder Kraft und Erholung suchen. Wir empfinden vieles unbewußt, was uns umgibt und durchdringt, wir haben uns oft schon von dem Ursprung der Dinge entfernt, doch einmal, da empfinden wir wieder mit aller Deutlichkeit all das Große und Schöne, das uns mit unserer Familie, mit unserer Nachbarschaft und somit mit diesem Lande verbindet und was uns in vielen Generationen schon geformt hat.

Die Erde mit ihrem Wurzelwerk, an dem wir immer wieder hängen bleiben, wenn wir uns auch entfernen wollen, der Boden, mit all den ungezählten Pflanzen und Blumen, er greift immer wieder nach uns, und wenn wir versuchen, ihm zu entrinnen, wir kehren immer wieder zurück. Das soll niemand belächeln, denn all die vielen, die sich darüber schon lustig machten, sind eines Tages eines anderen belehrt worden, als sie ferne, irgendwo ganz weit weg, hinter Stacheldraht in Lagern als Gefangene oder Internierte zu halben Menschen gemacht wurden und plötzlich dieses unbändige Gefühl der Sehnsucht spürten, das als Brücke über Hunderte Kilometer sie mit dem fernen Land in Verbindung brachte, das ihnen Heimat war. Sie haben so eine ganz neue Beziehung zu ihrem Land bekommen und reiften trotz Elend und Armut, in die man sie gestoßen hatte, zu ganz neuen Menschen. Und als sie das Glück hatten, alles zu überstehen und wieder daheim zu sein, war mit einem Augenblick ein ganz anderes Verhältnis zwischen ihnen und dem Lande hergestellt, ganz schlicht und ohne Phrase, aber beglückend und fast von religiöser Weihe.

Dem einen sind das die gewaltigen Berge, die fast drohend auf die kleinen Menschen da unten hinunterblicken, die Bergriesen, die wie trotzige

Gesteinsburgen Jahrhunderten widerstanden haben und nicht daran denken, kommenden Zeiten ihre Tribute zu leisten, möge man noch so viele Sessellifte auf ihnen bauen und es ganzen fußkrank gewordenen Generationen ermöglichen, ganz leicht und ohne Beschwerden auf die höchsten Gipfel getragen zu werden. So aber gibt es viele, die in die Berge ziehen, wenn sie mit sich und der Welt ins reine kommen wollen und den köstlichen und würzigen Geruch der Latschen und Kiefern spüren wollen, die glasklare Luft, die aus den Schnee- und Eisregionen kommt, den Fernblick über ungezählte Dörfer und Seen, über Berge und Wälder weit ins Land hinein, das ausgebreitet liegt, wie auf einer riesigen Landkarte, alles zum Greifen nahe und doch unendlich weit und unerreichbar scheinend.

Lange meiden sie andere Menschen, und wenn sie solche hier treffen, dann wissen sie, daß auch diese nicht viele Worte machen wollen, denn hier spricht etwas anderes, die Majestät der Natur, die uns nicht nur durch die erreichte Höhe dem göttlichen Auftrag des Lebens nahebringt. Nicht ohne Grund sagen viele dieser Frauen und Männer, die man da oben dann und wann vorfindet, ihnen käme es so vor, als wären sie in einem großen und feierlichen Gotteshaus, in einem Dom, der sich über uns alle wölbt, ohne daß die meisten das erkennen. So gehen wir weiter des Weges, die einen steigen höher, die anderen bleiben weiter unten zurück, weil nicht alle die gleichen Kräfte, den gleichen Willen und die gleichen Möglichkeiten besitzen. Doch den Versuch sollte jeder unternehmen, jeder sollte versuchen, dem Ziele zuzustreben, auch dann, wenn dieses unerreichbar scheint. Die Anstrengung allein lohnt sich schon.

Andere zieht es mächtig ans Meer, dort, wo das Land endet und nach und nach vom ewigen Wasser umspült wird, das an den Kontinenten nagt und sich immer Stück für Stück von ihnen holt. Diese Menschen vermeinen den Schimmelreiter zu sehen, der über die Deiche reitet, eifrig und seiner Aufgabe bewußt. Sie sehen die von Gischt umsprühten Klippen und erkennen das Symbolhafte in dem ewigen Auf und Ab der Gezeiten von Ebbe und Flut. Ihnen sind nicht die von Fremden übervölkerten Badeorte Stätten der Erholung, sondern einsame Dünen, von wo sie den Gleichklang der Natur ergriffen lauschen können, der im Meeresrauschen erkennbar ist, und der fein rieselnde Sand, den ein sanfter Wind liebevoll auf Steine und Halme legt. Wenn dann ganz weit weg in einer Ferne, die schon die Rundung des Erdballes erkennen läßt, ein Schiff vorbeizieht, dann versinken mit ihm ihre Wünsche, und ein stilles Lebewohl begleitet den Fernen in seine unbekannten Weiten. Nirgends kann man so gut träumen, wie da, wo zu Füßen die Wellen spielen und das Seegras rauscht.

Vielen von uns ist Erholung und Besinnung gegeben, wo das weite und fruchtbare Land mit seinen Feldern und Wiesen, seinen Äckern und Gärten erfüllt ist vom ursprünglichen Leben des Menschen und der Tiere. Hier tummeln sich Pferde, die zu den besten Freunden in der Tierwelt gehören, die der Mensch je hatte, und auf den Weiden stehen die Kühe oft lange wie leblos und betrachten doch genau die Umwelt. Da, wo der Bauer mit seinem Lebensstil heute noch das Dorf prägt, ist gut sein! Möge man es auch

verschandelt haben, wie vieles, möge die Technik auch vieles verändern, die behaglichen Bauernstuben mit ihrem Herrgottswinkel, der dampfende Stall mit seinem quirlenden Leben, sie sind heute Ausdruck jener Fruchtbarkeit, die schon im Absterben begriffen zu sein scheint. Vergessen wir nicht die Düfte eines Obstbaumes, die Atmosphäre eines Weingartens oder das Rauschen satter und erntereifer Felder, darin liegt mehr als Vollzug von Arbeitsgängen, das alles ist Ausdruck eines Lebens, das aus dem Lande kommt, aber nur solange seine Gesetze geachtet und befolgt werden.

Schließlich ist auch das ein Stück Land — und zwar ein ganz besonders wichtiges. Dort nämlich, wo die Hochöfen qualmen, die großen Hallen der Industrie stehen und den Menschen in ein magisches Licht ungezählter Flammen tauchen, der hier Erze und Kohle, nutzbar werden läßt und in ungezählten Fabriken dem Lande eine ganz besondere Note gab. Hier ist erkennbar, daß das Wort des Dichters Bruno Brehm zeitlos ist, das Wort nämlich, daß Heimat Arbeit ist. Und auch diese Heimat ist ein Stück des Landes, dem wir zu eigen sind, dessen Schicksal mit unserem verbunden ist und das uns mit seinem Frühlingswind immer wieder neue Kräfte zuführt und uns an einen neuen Morgen, auch nach schweren und dunklen Nächten, glauben läßt.

Den gewaltigen Bergriesen aber, den Dolomiten als ein Stück unseres geschichtlichen Schicksals, einen kleinen Gruß, denn an ihnen ist schon oft menschliche Kraft zerbrochen, die sich unser bemächtigen wollte und gierig nach unserem Lande griff.

„Up ewig ungedeelt!"

Wir sagen Nord-Schleswig und erinnern uns dabei auch an ein bewegtes Stück deutscher Geschichte. Es war das alte Herzogtum Schleswig, wo im Süden in der Mehrzahl Deutsche und im Norden Dänen lebten, seit 1864 ein Teil des Deutschen Bundes. Mit Holstein vereinigt hatte sich der Begriff „Up ewig ungedeelt" entwickelt. Die Einheit zu bewahren, wurde politisches Ziel in einem Gebiet, in dem erst im 19. Jahrhundert Spannungen zwischen den beiden Volksteilen aufgetreten sind. 1920 fand eine von den Siegermächten angeordnete Abstimmung statt, bei der man eine ganz eigenartige Methode ersann, die es ermöglichte, daß Teile mit deutscher Mehrheit oder großen deutschen Bevölkerungsanteilen durch ein höchst problematisches Verfahren an Dänemark fielen. Im Einzelnen hieß das, daß 41 Gemeinden mit deutscher Mehrheit, darunter die Stadt Tondern, an Dänemark angeschlossen wurden. In der südlichen Zone fiel das Ergebnis so eindeutig aus, daß es bei Deutschland verbleiben „mußte".

Waren dies auch keine sehr zukunftsweisenden Voraussetzungen, so haben sich die Verhältnisse doch einigermaßen im Laufe der Zeit normalisiert und, abgesehen von der Zeit nach dem deutschen Zusammenbruch 1945, ist das Zusammenleben in diesem Grenzraum ein durchaus erträgliches geworden. Während der Zeit nach dem Zweiten Weltkriege ist es zu

Wellen, Wolken und dazwischen Land:
Das Gesicht der Heimat der Friesen und Angeln.

einer Reihe Verbesserungen der Lage für die deutsche Minderheit in Dänemark gekommen und in einer staatlichen Vereinbarung zwischen Kopenhagen und Bonn wurde der fundamentale Satz aufgestellt: „Das Bekenntnis zum deutschen Volkstum und zur deutschen Kultur ist frei und darf von Amts wegen nicht bestritten oder nachgewiesen werden." Daß das Wort „nachgewiesen" unter Umständen ein politischer Verschiebebahnhof sein könnte, hat sich in der Praxis bisher nicht ausgewirkt. Die dänische Regierung hat eine Anzahl deutscher Elementar-Schulen, eine Volkshochschule und ein Gymnasium errichtet und fördert diese Einrichtungen, die von privater Hand getragen werden. Der „Bund der Nordschleswiger" entwickelt eine Reihe kultureller Maßnahmen, die den Fortbestand der Deutschen sicherstellen sollen.

Das alles merkt der bundesdeutsche Ferienreisende kaum, wenn er hier seinen Urlaub verbringt. Er kümmert sich auch um derlei Dinge nicht, im Gegensatz zu anderen Volksangehörigen, die sich geradezu rührend mit ihren Minderheiten im Ausland verbunden fühlen. Wer aber Gelegenheit hatte, jemals am sogenannten Knivberfest teilzunehmen, der erkennt, daß hier bei aller Loyalität dem Staate gegenüber ein festverwurzeltes und überzeugtes Deutschtum vorhanden und am Werke ist.

Wie stets in solchen Bereichen, sind die bodenständigen Deutschen über das Verhalten der Erholungssuchenden aus dem „Reich", wie sie hier immer noch sagen, sehr enttäuscht. Die dumme Frage, wieso der Betreffende so gut deutsch verstehe und sprechen könne, hat auch hier, wie überall bei den Auslandsdeutschen, schon oft Empörung und Verbitterung angerichtet, denn eine derartige Frage stellt den Daseinswillen und die oft sehr schwierige Verhaltensweise dieser Menschen im Auslande stets in Frage und verkennt die wahre Lage.

Man ist mit einer gewissen inneren Anteilnahme dabei, wenn vom „Deutschen Jugendverband in Nordschleswig" gezeigt wird, was an auslandsdeutscher Jugendarbeit geleistet wird und wie diese jungen deutschen Menschen an der Muttersprache und ihrer Volkskultur hängen und für sie arbeiten. Der Däne übt Zurückhaltung und läßt gewähren, doch in der Vertretung der eigenen Sache bleibt er absolut fest und entschlossen. Das erkennen die staunenden Bundesdeutschen, wenn die Dänen an ihren Ferienhäusern jeden Morgen ihre Fahne hochziehen, um sie am Abend wieder einzuholen. Diese Feierlichkeiten und selbstverständliche verhaltene Begeisterung überrascht den in solchen Dingen vielfach steril gewordenen Deutschen aus der Bundesrepublik.

Auch für Deutsche in Dänemark wird verbal der dumme Ausdruck von den „Deutschstämmigen" gebraucht, was diese Menschen — sowie alle Auslandsdeutschen — empört, denn sie haben noch nie etwas von „Dänischstämmigen", „Franzosenstämmigen" oder „Polenstämmigen" gehört, sondern immer nur von Dänen, Franzosen und Polen, und wissen, daß mit dieser Bezeichnung ein erster Schnitt angelegt wird, der sie vom ganzen Volke unterscheiden und trennen soll.

Es ist ein schönes Ferienland, aber auch der Bewohner desselben findet für den Alltag viel Schönes und Beständiges. Vom Meer umspült, den Stürmen der Nord- und Ostsee ausgeliefert, sind seine Küsten vielgestaltig und abwechslungsreich. Die ungezählten Inseln, aus denen der Staat besteht, verleihen dem Land eine besondere Eigenart alter Seefahrertradition, und das fast durchwegs flache Binnenland ist von ausgesprochener Fruchtbarkeit, die sich für alle segensreich auswirkt. Viel Sonne liegt auf diesem Land, das einen unaufdringlichen Wohlstand atmet und dessen Städte von wohltuender Sauberkeit und Pflege sind. In den Hafenstädten herrscht geschäftiges Leben, die Seefahrt und der Fischfang werden groß geschrieben und oft und immer wieder wird man an die nahe Verwandtschaft germanischer Völker erinnert, die sich so auseinanderlebten, wie die Geschichte lehrt.

Man spricht jetzt, Gott sei Dank, wieder mehr von der Heimat und beginnt wieder zu verstehen, warum Menschen auch in fremdnationaler Umgebung an ihrem eigenen Volke hängen und sich dazu bekennen. Es muß möglich sein, Staatstreue und Volkstreue miteinander zu verbinden, guter Bürger des Staates zu sein, in den einen das Schicksal gestellt hat, und dabei gleichzeitig als Angehöriger eines Volkes seine Eigenart zu bewahren. Das hat nichts mit Eigensinn zu tun. Die anderen Völker lehren es uns, wie man so Jahrhunderte überdauern kann und gerade für ein Volk wie das unsere, dessen Angehörige in mehreren Staaten leben, ist und bleibt dies eine notwendige Haltung, die man nicht mit politischen Winkelzügen und um irgendeines vielleicht winkenden Vorteils willen preisgeben kann.

Wer im hohen Norden, in Skagen, stand, wo die Wasser der Nord- und der Ostsee sich vereinen, und diese herbe Landschaft richtig in sich aufgenommen hat, der kann verstehen, warum die Menschen hier so und nicht anders sind und weiß, daß auch sie auf ihre Art und Weise dem Land durch ihre Lebenshaltung dienen. So spüren wir auch hier den Herzschlag eines Landes und empfinden die Wellen und ihr ständiges Aufbrausen und Niedersinken als einen Wink des Schicksals, denn auch unser Leben als einzelne hat solche Wellenberge und Täler und jeder müht sich auf seine Weise, mit diesem ewigen Auf und Ab fertig zu werden.

„Tief drin im Böhmerwald..."

Es ist eine vielfach geheimnisvolle Landschaft, ein Gebiet, wo sich nicht grundlos Hexenglaube und Sagen bis in unsere Zeit erhalten konnten, wo man noch sehr lange die Götter des Wassers und der Fruchtbarkeit verehrte. Ein dichtbewaldeter Höhenzug, der auf der einen Seite Böhmerwald, auf der anderen Seite Bayerischer Wald heißt. Eine Grenze im wirklichen Sinne hat es nie gegeben. Sie verlief nicht einmal über den Kamm. Deutsche lebten da und dort, und wenn nicht die Pascher und ihre aufregenden Erlebnisse gewesen wären und wenn nicht Schiller in seinen „Räubern" hier Vorbilder gefunden hätte, dann wäre dieses Gebiet ganz zu Unrecht lange in der deutschen Bewußtseinsbildung verborgen geblieben. Granit, Gneis und Glimmerschiefer gliedern das Gebiet in den Hohen Böhmerwald und den Niederen, der auch Oberpfälzer Wald heißt. Die Trennung bildet die Verkehrsfurche von Taus-Furth im Wald, doch auch hier ist kaum eine Abgrenzung feststellbar.

Mit 1458 Metern ist der Große Arber die höchste Erhebung und seine Seen sind Wasserreservoire. Aus den Hochmooren und versumpften Wiesen kommt die Moldau, die der Böhmerwäldler liebevoll „Wulda" nennt. Die vielen Erinnerungspunkte und Schönheiten einer Landschaft hat kein Geringerer als der Dichter Adalbert Stifter in seinen Werken darzustellen gewußt. Sie sind insgesamt ein Preislied auf den Wald und seine liebenswerten Menschen, die in ihrer Anspruchslosigkeit sich auf kargem Boden die Wunderwelt einer Heimat schaffen konnten. Die geheimnisvollen, nicht endenwollenden Wälder mit ihren unvergleichlichen Baumriesen sind ein Stück Mystik aus längst vergangenen Zeiten, da hier Kobolde und Zauberer noch ihr Unwesen trieben und der Mensch erst mühsam mit Axt und Pflug sein Stück Land zum Leben erarbeiten mußte.

Der Wald hat bis heute seine geheimnisvolle Kraft nicht eingebüßt. Er breitet sich in ungezählten Schattierungen und Farbreflexen vom tiefen Schwarz über das Smaragdgrün bis zum Leuchten seiner jungen Baumbestände vor uns aus und verklingt wellenförmig an einem Horizont, der zum Greifen nahe zu sein scheint, in Wahrheit aber fast unerreichbar ist. Selten hat man die Heimatliebe der Bewohner so empfunden wie hier, wo sie einem auch in der ärmsten Einschichte genauso entgegenschlug, wie in den Städten mit ihrer beginnenden Industrie. Diese Verbundenheit zum Wald und zum übrigen Stück Land, aus dem man am liebsten nie fort wollte, war von religiöser Inbrunst, und der Herrgott war auch in der ärmlichsten Wohnstube auf seinem Ehrenplatz. Und dann noch eines: Sie waren ohne Überheblichkeit, ohne Überschwang und eitler Selbstgefälligkeit, nicht nur dem Lande verschworen, sondern auch ihrem Volke, und wußten um die Gefahren, die im Wege einer langsamen, systematisch betriebenen Tschechisierung aus Pilsen und Taus auf sie zukam. Sie sangen:

„Du lieber Gott, die Bitt erschallt,
erhalt uns deutsch den Böhmerwald!"

So waren sie, die Böhmerwäldler, und so sind sie auch heute noch, verstreut über alle Teile des deutschen Binnenraumes, und ihre Sehnsucht nach dem Lande ihrer Väter kann von keinem anderen übertroffen werden. Sie waren immer naturverbunden, gutmütig und sehr gastlich. Der Wanderer fand auch im ärmsten Häuschen eine Bleibe und Bewirtung. Etwas derb, aber urwüchsig, stolz auf Bräuche und Sitten, so hat der Böhmerwäldler seine Art bewahrt, und ein besonderer Schlag historischer Freibauern waren die Kühnischen im Böhmerwald, deren Namen auf königliche Vorrechte schließen läßt, die bei der Landerschließung und als Grenzhüter von Bedeutung waren. Der Weg von der Ansiedlung und dem Beginn ihrer Geschichte bis zur Kulturlandschaft von heute war weit. Und doch, neben der Holzverarbeitung und Papierfabrikation, den Grafitgruben, den Glashütten war auch der sich immer weiter ausbreitende Fremdenverkehr von

Bedeutung, während die Goldgewinnung, die hier einst betrieben wurde, schon längst aufgehört hatte.

Hans Watzlik spricht von den verlassenen Schwedenschanzen und deutet damit die Geschichte an, die Adalbert Stifter in seinem „Witiko" in grandioser Art zu deuten verstand. Rosenberg an der Moldau mit dem Stammschloß des Geschlechtes der Rosenberger, Hohenfurt mit seinem berühmten Stift der Zisterzienser, der Passionsspielort Höritz, Oberplan, wo Stifter geboren wurde, Prachatitz mit seiner ehemaligen Literatenschule, Winterberg, Wallern und Neuern, aber vor allem Krummau an der Moldau sind Städte, die sich hier im Laufe der Geschichte entwickelt haben. Die Herren von Rosenberg haben ebenso wie die Witigonen den Reichtum dieser Stadt begründet, die Münzstätte wurde, später ein berühmtes Schloß besaß, das die Fürsten Schwarzenberg bewohnten, denen weite Teile des Böhmerwaldes einmal gehört haben. Hier ist in Wahrheit die weltberühmte Krummauer Madonna um 1400 entstanden, die sich heute im Kunsthistorischen Museum in Wien befindet. Sie wird mit Recht als die lieblichste und zarteste der südböhmischen „schönen Madonnen" bezeichnet, die eine Reihe erlesener Kunstwerke anonymer Künstler sind.

Krummau ist eine der mittelalterlichsten Städte Böhmens und besitzt eine ganze Reihe Bauten von hohem Kunstwert sowohl weltlicher als auch kirchlicher Art, ein Rathaus mit gotischen Lauben und eine Pestsäule, die Meister Matthias Jaeckel geschaffen hat. Eine Sehenswürdigkeit des Böhmerwaldes war der Kubani, ein Gebirgsstück im südlichen Teil, wo von der Schwarzenbergschen Forstverwaltung ein Urwald in seinem ursprünglichen Zustand belassen wurde, der in einem Umfang von 48 Hektar als Naturschutzpark erhalten geblieben ist und der heute eingezäunt nur von Führern begleitet betreten werden darf.

Wie singt der Böhmerwäldler in seinem Heimatlied?

„Es ist schon lange her, daß ich von dort bin fort."

Damit ist wieder ein Teilstück des deutschen Schicksals ausgedrückt.

Residenz, Metropole und Landeshauptstadt

Alexander von Humboldt hat die Stadt unter die sieben schönsten der Welt eingereiht und wir können nur zufrieden sein, daß er sie nicht nach 1945 kennengelernt hat. Damals war das, was den Weltreisenden und Autor so beeindruckt und begeistert hat, durch die Bomben der angeblichen Befreier so zerstört worden und so zerschlagen, daß man annehmen mußte, sie sei für immer in ein ausgebranntes Trümmerfeld verwandelt und dem Untergange preisgegeben. Es gab viele deutsche Städte, die so wie Stuttgart damals fast ohne Leben zu sein schienen, aber nirgends war das Bild so trostlos wie hier, wo eine geradezu paradiesische Landschaft ein rauchendes Trümmerfeld umschloß, in dem alles Leben erloschen schien; wo ungezählte junge Bäume noch über den geborstenen Mauern ihre Blüten ausbreiteten und reife Früchte über mühsam gestampfte Trampelpfade herunterhingen. Die meisten dieser Städte waren einer sinnlosen Zerstörung zum Opfer gefallen, weil der Krieg schon entschieden war, weil nichts mehr veranlaßte, dieses Werk des Hasses fortzusetzen und zu vollenden.

Kennern der damaligen Szene waren die meisten dieser Städte bekannt, sie alle griffen ans Herz, denn das Leid hatte keine Worte mehr, hier aber war es doppelt so schlimm, weil die Natur ihr Leben noch nicht aufgegeben hatte, das für die Menschen zu Ende schien. Und doch, was man nicht für möglich gehalten hätte, in all diesem geborstenen Mauerwerk, den zerschlagenen Brücken und Türmen, einem Wirrwarr von Pfeilern und Trägern begann sich, erst zaghaft und allen Behinderungen der neuen Machthaber zum Trotz, dann aber sehr energisch, neues Leben zu rühren, und es setzte auch hier ein Aufbau ein, wie man ihn nicht für möglich gehalten hätte. Hier lebten nämlich Schwaben, und die Stadt ist immer ihre Metropole gewesen. Hier herrschte nicht nur die heilsame Ruhe, von der es im Liede heißt, Graf Eberhard mit dem Barte, der Württembergs Geliebter war, hätte überall sein Haupt zur Ruhe legen können, weil er der Liebe seiner Untertanen so sicher war.

Nein, die Schwaben sind nicht grundlos die besten deutschen Kolonisten gewesen und nicht nur das Banat trägt ihr Gütezeichen. Ihr Losungswort „Schaffe, schaffe, Häusle baue" entspricht ihrer Lebensauffassung, einem Lebensstil, den nur der begreift, der diesen deutschen Stamm genau kennengelernt hat. Schwaben sind Menschen, die aus innerer Berufung ihre Arbeit verrichten, ihr dienen und leben, leben, um zu arbeiten. Das macht sie nicht arbeitsverbissen und fanatisch. Sie haben ein ganz, ganz weiches Herz und Gemüt, und es ist kein Zufall, daß so viele deutsche Dichter und Sänger unserer Sprache von hierher kommen. Ein Mörike und ein Hölderlin und allen voran Friedrich von Schiller sind Ausdruck des schwäbischen Elementes und seiner inneren Art. Wenn sie aber an einer Arbeit stehen, etwas vor sich haben, was erledigt sein soll, dann kennen sie keine Ablehnung, dann hat die andere Welt aufgehört zu bestehen und dann wird die innere Unruhe nur dadurch gestillt, daß die Arbeit rasch, aber auch gut hinter sich gebracht wird. Das Leben muß zudem sauber sein, für viele Fremde sogar etwas übertrieben, wie dauernd jemand am Putzen und Schrubben ist. Doch, Hand aufs Herz, ist das nicht besser, als wenn wir über das Gegenteil berichten können, ohne im Augenblick Vergleiche anstellen zu müssen!

So entstand ihr „Stugart", wie sie es liebevoll nennen, erneut. Man muß heute nach vierzig Jahren lange herumstreifen, wenn man in der Stadt noch Zeugen und Überreste der grauenvollen Bombennächte finden will. Es ist zunächst die Lage, die dieser Stadt hilft. In einer riesigen Mulde, wie in einer großen Schale, über und über mit Blumen und Weinhängen eingerahmt, eine Stadt, in der man die Blütendüfte der umliegenden Gärten und Höhenzüge noch mitten drin spürt. Ein wogendes Auf und Ab mit begrünten Hügeln, in denen sich die Villen und Häuserzeilen einfügen, ein weiches und fast schon südländisches Klima mit einer Ausweitung und Stärke, die man sonst in diesen Breitengraden nicht kennt. Üppigste

Fruchtbarkeit liegt über dem Land, das sich in dieser großen Stadt mit ganz besonderer Art offenbart. Man muß nur den Schillerplatz gesehen haben, mit seinem großen Denkmal in der Mitte und der Umfriedung durch das ganze Schloß, eine Umrahmung, die in ihrer Geschlossenheit einmalig ist. Da bilden die „Alte Kanzlei", der „Fruchtkasten" und die „Stiftskirche" Schwerpunkte unübertrefflicher Architektonik und es ist kein Wunder, wenn Kenner diesen Platz zu den schönsten der ganzen Welt zählen.

Wo man steht und geht, sieht man auf bewaldete Höhenzüge, die überall den Horizont abschließen, durch Weinberge und Gärten unterbrochen sind und selbst, wenn man den Bahnhof verläßt, ist das erste, was man sieht, die imponierende Höhenlage des Killesberges, der im Frühjahr seinen Blütenduft über die Stadt ausbreitet. Der Schwabe ist nicht so wie die Menschen anderswo, er fällt den Fremden nicht um den Hals, er übt zunächst Zurückhaltung und beobachtet sehr genau. Karl Götz, der Dichter unserer Tage, hat das meisterhaft beschrieben, warum der Fremde sich zunächst „verhalten" muß, dann wird er beurteilt und entsprechend behandelt. Wird er aber für gut befunden, als vollwertig und ebenbürtig betrachtet, dann geht der Schwabe für den anderen durchs Feuer und hält ihn fest.

So gemütsvoll dieser Menschenschlag ist, so herzhaft und innerlich, so groß ist trotzdem sein praktischer Sinn, seine Fähigkeit, real zu denken und zu handeln und in technischen Berufen führend zu sein. Das beweisen seine großen Erfinder und die bedeutende Reihe der weltweit berühmten Industrien, die er betreibt. Die Großstadt hat sich nach ihren Gesetzen entwickelt und besitzt heute eine Reihe bedeutungsvoller kultureller Einrichtungen. Die kleinen gemütlichen Lokale, die Treffpunkte des echten und alten Stuttgarters aber, wo noch richtig geschwäbelt wird, wo das Schöpple in genießerischer Ruhe getrunken wird, die muß man suchen, die findet man nicht auf den ersten Anhieb. Vielleicht ist die Zurückhaltung, von der wir sprachen, ein kleines Schutzschild, das diese Menschen brauchen, denn sonst kämen sie von allen Seiten her, diese „Fremden", und würden sich hier niederlassen und da bleiben — und das geht schließlich auch nicht. So nimmt man von Stuttgart wieder Abschied, war noch rasch in der Wilhelma und am Killesberg und hat auf der Brücke Halt gemacht, die den oberen und den mittleren Schloßgarten teilt, und hat von dem Blütenduft eine Nase voll genommen, hat sich über die Geschlossenheit dieser Metropole gefreut und dann etwas vorgenommen, was man ernsthaft einzuhalten verspricht: Bald wieder zu kommen und dann länger zu bleiben, weil hier wirklich gut sein ist!

Ruf der modernen Technik

Wo immer in unserem Lande solche Produktionsstätten auch stehen, Industrien, Bergwerke und Fabriken, sie prägen das Land, in dem sie stehen, oder auch den Menschen, der hier lebt und arbeitet. Das ist Schicksal und

Stuttgart: Schillerplatz mit Stiftskirche, Fruchtkasten und Schillerdenkmal

Entwicklungsgang, gegen den man sich nicht stellen kann, den man aber auch nicht übersehen darf. Gewiß: Die moderne Technik mit ihren Methoden hat eine umfassende Umstellung hervorgerufen. Die Arbeitsmöglichkeiten und die Anzahl der Menschen, die der Technik dienen, haben ungemein zugenommen, neue Kräfte der Natur wurden zur Arbeitsleistung herangezogen, immer neue Räder begannen sich zu drehen, neue Schornsteine zu rauchen, Fabriken und Werkstätten wuchsen zu ganzen Stadtteilen und sogar Städten zusammen und immer weiterer Boden wurde von all dem verschlungen. Das Land begann sich total zu verändern. Die Maschine wirkte umstürzend auf den Menschen und seine Gesellschaftsordnung und stellte ihn vor gänzlich neue Probleme. Die Frage, ob die Menschen damit glücklicher geworden sind, soll nicht beantwortet werden, der Fortschritt ist unleugbar, die Entseelung des Menschen allerdings auch.

Daß die Zahl der Arbeitslosen angesichts immer neuer technischer Entwicklungen zugenommen hat, wird zwar begründet, hilft aber den Betroffenen wenig. Die hohe technische Begabung der Deutschen hat dazu geführt, daß ihre Zahl unter den Entdeckern, Erfindern und Wegbereitern außerordentlich groß ist. Auch trotz der Zertrümmerung der deutschen Wirtschaft im und nach dem letzten Krieg konnten sich Deutsche in einem unerhörten Wiederaufstieg auf vielen Ebenen wieder führende Positionen erringen. Daß dies vielfach verschwiegen wird, liegt auf einer anderen Ebene. Ebenfalls die Tatsache, daß vor diesem Kriege die führende Rolle der Deutschen noch bedeutend stärker war als danach und man sich darüber auch seine Gedanken machen sollte. Das Land der Deutschen war früher ein Ackerbürgerland, ein Land der Bauern, und wurde in wenigen Generationen zu einem der hochindustrialisiertesten Länder der Erde entwickelt. Eine derartige Umwandlung geht nicht ohne Folgen vor sich und zeigt sich in allem. Es geht aber nicht an, in diesem Zusammenhang nur immer den Erfinder, den Wegbereiter, den Wirtschaftskapitän zu erwähnen. Nicht nur die Erfinder mit ihren Patenten und die emsigen Forscher in den Laboratorien oder stillen Büros haben dies bewirkt. Etwas was viel zu wenig mit Namen genannt wird:

Die Erfindungen und Spezialmaschinen müssen auch von entsprechenden Fachkräften bearbeitet und bedient werden. Um solche Präzisionsarbeiten zu verrichten, die heute in all diesen Fabriken verlangt werden, bedarf es nicht nur eines fleißigen unermüdlichen Menschen, sondern auch eines hervorragenden ausgebildeten Arbeiters. Diese entwickelt zu haben, ist der Hauptgrund für den wirtschaftlichen Wiederaufstieg nach einem verlorenen Krieg in allen Teilen Deutschlands, wo sich der Arbeiter nach der bisherigen Vorstellung zu einem hochentwickelten Spezialisten geformt hat. Er ist der Träger der gesamten Arbeit, weil sein Fachwissen, das früher nur einem ganz kleinen Kreis von Personen zugänglich war, sich auf eine breite Basis der bisherigen Arbeiterschaft übertrug. Diese Entwicklung hat sich in den letzten hundert Jahren vorbereitet und hat die Veränderungen des Industriezeitalters herbeigeführt, der Abschluß und vorläufige Höhepunkt aber erfolgte in unseren Tagen. Haben die ersten Maschinenhallen die Werkstätten früherer Art verdrängt und ungezählte Handwerker brotlos gemacht, so hat die neue Zeit den Techniker und Chemiker, die Facharbeiter und den Planer in eine gemeinsame Reihe gestellt und ein neues Zeitalter begründet.

Immer feiner wurden die Werkzeuge und Geräte, immer leistungsfähiger die Maschinen, und der Mensch war stolz auf diesen Fortschritt. Ob er sich da nicht in einem Teufelskreis befand, das wird erst die ferne Zukunft lehren, denn er half immer leistungsfähigere Maschinen zu bauen und verlor durch seine Arbeit und diese Maschinen, die er selbst schuf, nach und nach immer mehr Arbeitsplätze. Mitten in diese Entwicklung hinein kommt der Anruf an den einzelnen, seine schöpferischen Kräfte zur Bezwingung der Arbeitslosigkeit ebenso einzusetzen, die gegenwärtigen Mißstände zu beseitigen, wie dies beim Aufbau und der Umwandlung des Produktionsganges im Laufe der letzten hundert Jahre mit solchem Erfolg geschehen ist.

Wer wie wir über eine derartig große Zahl geballter Industriezentren verfügt, der weiß, daß die Lösung der anstehenden Probleme lebensnotwendig ist und dies eine der gewaltigen Aufgaben der Zukunft sein wird. Die Neuordnung des Lebens, der Arbeit und der Technik wird große Anstrengungen erfordern, wobei die Beachtung der ökologischen Grundsätze eine bedeutende Rolle spielen wird. Immer aber werden diese Aufgaben nur zu lösen sein, wenn sie einvernehmlich von allen Kreisen und Ständen des Volkes getragen werden und der Staat ihnen die gesetzlichen Grundlagen dafür gibt. Wir haben den Gang in die Zukunft schon vor längerer Zeit angetreten, und es ist auch da später, als wir denken. Der sogenannte Lebenskampf wird zu jeder Zeit mit anderen Mitteln geführt, und unserem Geschlecht ist es aufgetragen, wieder an einer Wende der Entwicklung zu stehen, in der sich alle Zweige des Wirtschaftslebens neu formieren müssen. Bedenken wir aber, daß das Schicksal des einen immer auch das Schicksal des anderen ist und die einzelnen Berufsgruppen und Arbeitsgänge immer zusammenhängen.

Keiner kann ohne den anderen bestehen. In den Werkanlagen, den Handwerksbetrieben und den Bauernhöfen wird auch in Zukunft das Weiterbestehen unseres Volkes entschieden und das Land, dem sie alle letztlich dienen, trägt sie alle nur dann, wenn die Harmonie gewahrt und nicht gestört wird. Das Leben geht weiter, und die Zeit der Postkutsche ist endgültig vorbei, mag man ihr nachtrauern oder sich darüber freuen. Das Land, das uns trägt und seit Jahrtausenden seine Menschen nährt, wird es uns danken, wenn wir uns mehr als bisher um die Voraussetzungen kümmern, die ein Dasein in der Zukunft erträglich und möglich werden lassen.

Das sinnlose Zerstückeln der Landschaft, das mutwillige Zerstören seiner Lebensgrundlagen und die gedankenlose Art, Wälder und Wiesen abzutöten und dem Verderben preiszugeben, kommt auf uns zurück und wird sich eines Tages bitter an uns oder unseren Kindern rächen. Man muß auch da mehr Rücksicht zu nehmen in der Lage sein und dies, solange man nicht dazu gezwungen wird. Dort aber, wo unsere großen Industriewerke ihre

Pfeiler und Türme in den Himmel strecken, in den Hallen der Webereien, den Riesenbetrieben der Gießereien und tief unten in den Bergwerken, schlägt der Rhythmus unserer Zeit, der von uns Einfühlung und Verständnis fordert und den tätigen Versuch, die neue Zeit mit den alten Lebensgrundlagen in Einklang zu bringen, damit der Fortschritt zum Segen der Menschen auch in Zukunft wird.

Wo die Schienen enden

Auch das ist unser Land! Willkürlich gezogene Trennungslinien, die ein Volk auseinanderreißen sollen, willkürlich gezogen und nur der nackten Gewalt gehorchend. Sie trennen uralte Verbindungen, zerreißen natürliche und alte Gemeinschaften von Dorf und Sippe, lassen generationenalte Verbindungen plötzlich zugrunde gehen. Man hat sie gezogen, weil man etwas besser machen wollte, weil man bestrafen wollte, weil man bestrebt war, etwas gut zu machen. Doch man macht nichts gut, wenn man es mit Gewalt und gegen Naturrechte vollzieht. Man begeht etwas Widernatürliches und muß immer daran denken, daß diese mißachtete Natur einmal ihr Recht und der Unterdrückte einmal eine Wiedergutmachung fordert.

Auch das ist unser Land! Da kommen wir aus einem blühenden und sorgsam bestellten Gebiet, aus einer Landschaft, die den Stempel jahrhundertealter Arbeit trägt, an eine Stelle und stehen plötzlich erschrocken still. Es geht nicht weiter. Hier heißt es Halt! Man steht vor Mauern, man steht vor Zäunen und Stacheldraht, man erschrickt darüber, daß Schienen, die angeblich Kontinente verbinden, hier einfach aufhören und nach einigen Metern ein Niemandsland beginnt. Die Welt scheint aufzuhören. Struppiges Gras, Disteln, wildes Unkraut, ein Gewirr von Unfruchtbarkeit, das nur Ausdruck von grenzenlosem Haß sein kann. Die Straßen werden gesperrt und Menschen, die hinüber oder herüber wollen, müssen einhalten und umkehren, das Ziel ihrer heißen Wünsche oft zum Greifen nahe. Irgendein Arm mit einer Waffe hindert einen daran, ein solches Hindernis zu übersteigen. Man steht hilflos vor einem solchen Ausmaß an Feindschaft.

Fragen wir uns derzeit nicht, wer die anderen sind, die solches verursacht haben. Die ein Land teilen und Völker zerreißen. Sehen wir nur das Land, das sorgsam gehegt und gepflegt wurde, das jetzt verfällt und verdirbt. Das Land selbst gibt uns die Antwort, es trägt keine Frucht, es schweigt und selbst das Echo, das sich von den Höhen bricht, hat anderen Klang. Häuser am Rande zerbröckeln, wenn sie nicht zufällig den Bewachern dieses Gewaltsystems als Unterschlupf oder Bunker dienen. Die Schienen, sie haben schon seit einigen hundert Metern einen rostigen Anstrich, sie wurden schon Jahre nicht mehr benutzt. Sie liegen hier derzeit sinnlos herum. Dann aber, wo das Unkraut am höchsten ist, hören sie plötzlich auf und sind einfach nicht mehr da. Was sollen Schienen, wenn kein Gefährt mehr über sie geht? Und doch, als sie noch blank waren, da fuhren noch die Züge hin und

her, da freuten sich die Menschen auf das Ziel ihrer Fahrt. Da trieb sie die Wanderlust in die Ferne. Da warteten liebe Menschen, die sie in die Arme nahmen, und eine alte Frau schaute sehnsüchtig aus einem Fenster, ob der junge Mann nicht bald die Straße vom Bahnhof herkommen wird.

Das ist alles vorbei. Denn so sieht es an vielen Stellen unseres Landes aus. Der Böhmerwald ist jetzt von seinem Bruder, dem Bayerischen Wald, getrennt. Man konnte sie früher nicht einmal unterscheiden. Im Harz stehen Schilder, die deutsches Land hier und deutsches Land drüben unterscheiden und giftige Feindschaft verkünden. Die Elbe hat zwei Ufer, wie eh und je, und doch sind es zwei verschiedene. Über die Mitte des Flusses zu fahren, ist in unserer Zeit ein Problem geworden. Aus Tirol machten sie zwei Tirole, nördlich von Schleswig gibt einem ein Abschnitt zu denken, der sich mit Völkerproblemen befaßt.

Schlimm sind solche Grenzen, denn sie zerreißen, sie zerstückeln und zerstören. Sie zerstören jahrhundertelange Gemeinsamkeiten in einer Zeit, da alles nach Ganzem strebt und das Zerteilen höhnisch belächelt. Sie zerstückeln Landstriche, wo gerade menschliche Gemeinsamkeit über Gegensätze hinauswuchs und wo jetzt Verzweiflung und Hoffnungslosigkeit an der Lebenskraft zehrt, und sie zerreißen Ganzes, Wertbeständiges, dem der Lebenshumus entzogen wird.

Man klagt heute mit Recht über die zunehmenden Verfallserscheinungen des Waldes, der Natur im allgemeinen, wann wird man zu klagen beginnen über das bewußte Zerschlagen eines Landes, dessen Menschen zusammen zu leben gewohnt waren und die jetzt höchstens durch gesetzliche Gnade gelegentlich den Nachbarn, Freund oder Verwandten für kurze Zeit besuchen dürfen, ohne das Recht zu haben, ihm das mitzubringen, was sie schon lange für ihn aufbewahrt haben.

Furchtbar ist es, wenn man so ganz allein eine Stunde in diesem Umkreis zubringt. Allein mit sich, allein mit seinen Gedanken an einem schönen Sommertag, wenn über dem Landstrich die Ruhe einer späten Stunde liegt. Ein fernes Rauschen kommt von weither, ist es aber der Wald hinter oder vor uns, der Wald, den wir kurz vorher durchschritten haben, oder der, den wir nicht betreten dürfen. Die Sonne flimmert über das Gras. Ab und zu wagt sich noch ein verirrter Vogel über das Gelände. Im Buschwerk regt sich irgendein Getier, das nichts von Zonengrenzen, Diktaten und Gebietsverlusten weiß. Die Büschel Unkraut, durch die wir mühsam treten, wehren sich gegen jeden Schritt. Ihnen gehört jetzt das Land. Sie sind die großen Nutznießer dieser menschlichen Tücken, denn nicht den „Anderen" gehört das hier, sondern ihnen, den Vertretern und Repräsentanten jeglichen Verfalls, jeglicher Verkommenheit und jeglichen Rückfalls in eine Vorzeit.

In der Tat: Dem Unkraut und dem allgemeinen Verfall gehören alle diese Landstriche, die man zu Grenzstreifen in unserem Land herabgewürdigt hat. Es gab früher nie so viel brachliegendes Land wie jetzt, nachdem der überhastete Fortschritt darüber hinweggestrichen ist und einfach Ge-

setze mißachtet hat, die die Natur als Frevel und als Sünde gegen sich nicht zuläßt.

Mögen dann die, welche diese Stunde erleben, die sittliche Reife haben und erkennen, was ihre Aufgabe sein wird. Sie werden aber in glücklicheren Tagen gerade diese Elendsbilder der verkarsteten und versteppten deutschen Grenzgebiete als warnendes Beispiel, als unfaßbaren Rückfall und Sünde gegen die Natur ansehen und sie als ewige Warnung für die Zukunft betrachten.

Alte Stadt

Sie konnten und durften nicht mehr länger in der Zerstreuung bleiben, sie mußten seßhaft werden und mehr zusammenrücken. Früher, da legten sie Abstand zwischen sich, denn da herrschten die Gesetze der Natur, die ihnen die Freiheit unendlicher Weiten bot. Da gab es Leuchtfeuer, um sich den Nachbarn gegenüber bemerkbar zu machen, und die Weiten des Raumes wirkten sich in ihrem Wesen aus. Das Leben stand unter diesen Gesetzen, und erst viel später merkten sie, daß sie mit dem Aufgeben dieses Lebens eine Kostbarkeit verloren hatten, für die die Sprache das Wort Freiheit gefunden hatte.

Dann schlossen sie sich enger zusammen und bauten ihre Hütten und Häuser in engste Nähe. Sie fanden zueinander und suchten die Geborgenheit der Nachbarschaft, des Nächsten, der ihnen die Weite des Raumes aber niemals ersetzen konnte. Sie mußten sich schützen gegen die Unbilden der Natur, denen sie jetzt plötzlich viel mehr ausgeliefert zu sein schienen als früher, als sie dem Toben der Elemente ausgesetzt waren. Sie bauten aber auch Gräben und Wälle, Türme und Mauern, Wehranlagen aller Art, denn schon bald erkannten sie, daß ihre Wohnsitze beharrlicher Aufmerksamkeit allerhand anderer sicher zu sein schienen. Sie wehrten sich so gut es ging und schlossen sich noch immer enger zusammen, sie fanden sich, so wie alle Menschen in der Not zueinanderfinden. So bauten sie ihre Häuser und Hütten möglichst eng aneinander und ließen nur enge Zeilen oder Gäßchen dazwischen, um den leider notwendigen Weg nach außen zu finden.

Notzeiten kamen, Feuersbrünste verwandelten die Häuserzeilen in Schutt und Asche. Sie bauten wieder auf. Meistens größer und schöner, wie sie sich einbildeten. Kriege tobten über sie hinweg, Brandschatzungen, Plünderungen, wenn sie bezwungen worden waren, bis sie lernten, sich richtig zu verteidigen und es den anderen schwer machten, über sie und ihre Habe herzufallen. Die großen Herren in den hochragenden Herrensitzen und Burgen wurden auf sie aufmerksam und begannen sie zu beneiden, denn in den engen Gassen und Mauern wuchs trotz allem ein Wohlstand heran, der die Frucht einer neuen Zeit war, die vom Menschen mit Hoffnung, aber auch Zweifel erwartet worden war. In den Städten, klein, aber ungemein behaglich, wuchsen Geschlechter heran, die auch von Hungers-

nöten und Pestepidemien nie ganz ausgerottet werden konnten, das Leben ging weiter, und bald wurde ein Wort allgemein zum Begriff: Das Wort Fortschritt.

Aus dieser Zeit stammen unsere alten und lieben Städte, denen man die Vergangenheit noch anmerkt. Diese dämmrigen und schummrigen Gäßchen, die engen Häuserzeilen mit der Vielfalt ihrer Giebel und Erker und Türmchen, mit all dem Zierrat, den man später als unnötig und überflüssig verworfen und bei Renovierungen einfach überpinselt, abgerissen oder „begradigt" hatte. Die alten Stadttore standen im Wege, man beseitigte sie und merkte gar nicht, daß man damit einer feindlich gewordenen Welt das Eindringen erleichtert hatte. Die Fenster, klein und wie die Haustüren Ausdruck einer Geborgenheit, die es zu sichern galt, wurden ebenso Symbol einer Zeit wie jene Männer, die ausgerüstet mit allerhand spitzigen Stangen und Spießen, Wache hielten und für Ordnung sorgten und mit dem Namen „Spießbürger" in die Geschichte eingingen, womit durchaus nichts Lächerliches oder Abwertendes gemeint war.

Wenn man heute eine solche Stadt betritt und versucht, ihre Geheimnisse zu ergründen, dann muß man sehr behutsam vorgehen. Die Menschen, die in solchen Städten wohnen, haben sich natürlich umgestellt und leisten ihren Tribut an die neue Zeit, wie überall. Sie arbeiten und leben nach neuen Gesichtspunkten, sie sind nicht fleißiger und fauler wie überall, aber oft leuchtet zwischen ihnen etwas von der Vergangenheit auf, die überstanden und überwunden zu haben manche von uns erfreut und nach der sich doch die meisten zurücksehnen.

In diesen winkeligen Gassen, die von der wärmenden Sonne des Südens durchflutet zu sein scheinen, erfüllt sich die Welt der kleinen Leute, inmitten einer immer unruhiger werdenden Zeit, eine wahre Oase der Geruhsamkeit, durchdrungen von jener zeitfernen Romantik, die man heute nicht mehr wahrhaben möchte oder völlig entstellt wiedergibt. Und doch läßt es sich so beglückend träumen. Erinnerungen erwachen und man denkt an seine Kindheitszeit, als man zuletzt dieses wunderbare Gefühl der Geborgenheit empfunden hat, das einem aus jedem dunklen Winkelchen dieser Gassen entgegendämmert. Spitzweg könnte hier eines seiner dünnen Pinselchen verloren haben, und irgendwo träumt ein Wachposten auf einem mit Farnkraut überwucherten Wall vor sich hin, im beglückenden Gefühl, daß ohnedies nichts seine Ruhe stören und die Bürger des Städtchens in Unruhe versetzen wird.

Dieses Gefühl der Geborgenheit verstärkt sich. Etwa dort, wo ein Sonnenstrahl über ein abbröckelndes Barockportal zittert, um sich dann im Dämmern der winkeligen Hinterhöfe zu verlieren, wo man noch so viel Zeit hat, daß man sich nur ganz selten fragen muß, wie spät es ist. Wilder Wein rankt sich empor, ein Hund gähnt zwischen zwei Schlafpausen vor sich hin und lautlos umschleicht eine Katze mit samtener Pfote eine steinerne Brunnenmauer, zwischen der ein klares Wässerchen plätschernd sein Spiel treibt, stundenlang, Tag und Nacht, ohne Unterlaß. Das Treiben auf den Straßen verliert sich im Nebel, wird wie eine Vorahnung des Kommenden und Unausbleiblichen, schemenhaft, wie die hohen Häuser, die man später baute und die ihre klobigen Schatten auf die lieben engen Gassen werfen. Die alten Leute dieser Städte grüßen einander nicht laut, sie wissen alles voneinander, sie brauchen sich nicht viel zu erzählen, weil sie sich nichts zu verheimlichen haben. Sie haben eine geradezu schelmische Art, wie die Menschen des Südens, die dem Fremden zu verstehen geben, daß sie ihn zwar schätzen, ihn aber auch missen können.

Dieses fast heitere Zeitlassen, das man in diesen alten Städten spürt, ist eines der wunderbarsten Relikte aus längst vergangenem, das sie auch mit allen Mitteln der Moderne nicht ausrotten konnten und das sich überall da und dort noch bemerkbar macht, behäbig, selbstbewußt und dann viel Zeit lassend. Das aber ist eine köstliche Gabe, die nur in diesen alten und winkeligen Gassen noch wohnt: Das Geheimnis, sich Zeit lassen zu können, keine Eile zu haben und daher sich immer wieder und immer noch selber zu finden. Wie diese Städte auch heißen mögen, wir kennen nur die berühmtesten mit Namen, sind sie ein Gruß aus der Vergangenheit, den wir uns erhalten sollen und sorgsam hegen und pflegen müßten, weil eben der Mensch nicht nur vom Brot allein lebt.

„ ... ins Land der Franken fahren ... "

Würzburg hat immer wieder begeisterte Verehrer und Freunde gefunden und auch solche, die Vergleichsmaßstäbe anlegen konnten, weil sie als weitgereiste Menschen die Möglichkeit dazu hatten. Das war früher so mit dem alten Würzburg, jener Stadt am Main, die 1945 zu fast 80 Prozent alliierten Bombern zum Opfer fiel. Es gab zwar keinerlei Industrie, vor allem keine Rüstungsfabriken hier, keine Garnisonen und der Krieg war schon so gut wie entschieden, aber dafür gab es ungezählte Spitäler und Lazarette. Was übrig blieb, war eine nahezu zerstörte Stadt, in der sich kaum mehr etwas regte.

Und doch. Das Leben begann wieder. Nicht nur beharrlich und mit einem geradezu fanatischen Aufbauwillen, sondern auch mit jenem köstlichen Charme der alten Stadt, der gleich geblieben war und den auch die schlimmsten Brand- und Sprengbomben nicht beseitigen konnten. Geblieben ist weiter das geradezu paradiesische Klima in seiner lauen Milde und geblieben ist die gottgeschenkte Fruchtbarkeit eines Landstriches, in dem nicht nur köstliches Gemüse, sondern auch wunderbarer Wein gedeiht. Auf den Hängen und Hügeln liegen die Weinberge, um den Main herum gruppiert sich eine Stadt, die von der Festung Marienburg beherrscht wird, und über den Main wölbt sich wieder die Brücke mit ihren Steinfiguren, die Ähnlichkeit mit der Karlsbrücke in Prag hat. Die herrliche Residenz, dieses Meisterwerk Balthasar Neumanns aus Eger, ein lichtdurchflutetes, emporstrebendes, in der Vielfalt seiner Formen wie ein Akkord ausklingendes Bauwerk, das seinesgleichen sucht, gab und gibt der Stadt eine ganz besondere Weihe, sie wird ergänzt und unterstrichen durch die kostbaren

Deckengemälde des Italieners Tiepolo und weitet sich mit Parkanlagen aus, wie sie heute nicht mehr angelegt werden. Schlösser sind hier keine Seltenheit, und schon das nächste, Veitshöchheim, finden wir wenige Kilometer mainabwärts. Ein barockes Formenspiel köstlicher Vollendung, all das überstrahlt von einer Aura Mozartscher Musikalität.

Die Festung selbst erhielt durch den Mespelbrunner Echter die Marienkapelle, die dem Bauwerk eine bestimmende Größenordnung verleiht, und erinnert gleichzeitig daran, daß sich in den Mauern dieser Stadt eine Universität befand und noch befindet. Bevor der Baumeister Neumann, der auch die Festungsarbeiten bewältigte, seine Tätigkeit im Schloß vollbringen konnte, war es der Fürstbischof Schönborn, der die Grundlagen für einen einmaligen Ausbau einer Stadt dieser Größenordnung legte. Kunstsinnig muß er gewesen sein, dieser geistliche Würdenträger, der auch viel von weltlichen Dingen verstanden hatte. Auch das Juliusspital, wo sie, wie in allen größeren Lokalen der Stadt, einen köstlichen Tropfen ausschenken, ist aus dieser Zeit und erinnert an den erwähnten Mespelbrunner, der ein Vorkämpfer der Gegenreformation war.

Vorher aber hat sich hier ein Schicksal abgespielt, das seinesgleichen sucht, weil es zeigt, daß man auch in früherer Zeit mit Künstlern nicht anders umgegangen ist als in unseren Tagen, da man aus politischem Haß einen Knut Hamsun oder einen Erwin Guido Kolbenheyer in Acht und Bann legte.

Da brach im 16. Jahrhundert einer jener Bauernkriege aus, die sich gegen die Unterdrückung durch die Obrigkeit richteten. Die Würzburger, die sich auf die Seite dieser Mannen stellten, wurden dazu noch in die Religionswirren hineingezogen und erregten durch ihre Haltung die Feindschaft des Bischofs und seiner Soldaten. Kein Geringerer als Götz von Berlichingen hat damals die Festung Marienburg belagert, doch ist kurze Zeit später das Bauernheer bei Königshofen an der Tauber aufgerieben und vernichtet worden. Nun aber begann die bischöfliche Rache. Zu den „Unbotmäßigen" gehörte auch ein gewisser Tilmann Riemenschneider, den wir nicht nur im allgemeinen als großartigen Künstler feiern, sondern der der Schöpfer hervorragender Bildwerke und Schnitzaltäre ist und der aus Osterode am Harz in den fränkischen Raum eingewandert war und in Würzburg und Rothenburg ob der Tauber wirkte. Ist es ein Zufall, daß die meisten Bildwerke dieses Mannes in ihren Gesichtern stets einen traurigen oder schmerzlichen Zug tragen? Ist es ein Zufall, daß auch junge Gestalten, die der Meister schnitzte, Falten der Sorge in ihren Gesichtern tragen, wo sonst meist nur Lächeln der Freude zu sehen ist? So wie die übrigen Bürger, es soll sich dabei um mehr als 500 gehandelt haben, ist auch Tilmann Riemenschneider in Würzburg eingesperrt und gefoltert worden.

Um ihn besonders zu strafen, zerquetschte man ihm beide Hände, so daß er fortan sein Werk, das weitgehend dem Herrgott gewidmet war, nicht mehr ausüben konnte. Furchtbare Dinge liegen oft hinter anmutig scheinenden Fassaden verborgen, und das menschliche Grauen hat immer wieder den einzelnen Wehrlosen heimgesucht. Wir aber wollen nach diesem

Kapitel wieder der neuerstandenen Stadt Würzburg unsere Referenz erweisen, die es zunächst einer weitschauenden und umsichtigen Fürsorge verdankt, daß die meisten Kunstwerke das Inferno des Bombenhagels von 1945 überdauerten. Das hat nichts damit zu tun, daß die Würzburger schon unmittelbar nachher mit einem Bienenfleiß sondergleichen die ersten Trümmer beseitigten und eine der ersten Maßnahmen, über die sich damals viele aufregten und empörten, darin bestand, die halbzerstörte Würzburger Residenz einigermaßen zu sichern und damit den späteren Wiederaufbau zu ermöglichen. So hat man viele Einrichtungen wieder herstellen können. Manches ist anders geworden.

Doch erinnert es in allem und jedem an das alte Würzburg und dort, wo es schöner sein will, ist es ein Beitrag der neuen Zeit, die mitunter auch Gutes stiftet und hier das frühere Hochstift Würzburg wieder zu neuem Leben erweckte.

Leipzig und darüber hinaus

Wenn man als Auslandsdeutscher lange Zeit wie hinter einem Vorhang leben und über das „Reich" durch örtliche Entstellungen einen ganz falschen Eindruck bekommen mußte, so gab es doch immer eine Ausnahme, eine Stadt, über die es keine Mißverständnisse und falsche Vorstellungen gab. Das war die Stadt Leipzig, die Stadt, mit der man sich in jedem zweiten deutschen Buch, das man zur Hand nahm, verbunden fühlen konnte. Tatsächlich war Leipzig bis lange nach dem Ersten Weltkrieg die große Stadt des deutschen Buches und sogar Sitz der Deutschen Bücherei als einer Spitzenleistung deutscher Kulturpflege. Denn hier hatte das deutsche Verlagswesen seinen Hauptsitz, hatte der Börsenverein des Deutschen Buchhandels im Jahre 1912 die Deutsche Bücherei gegründet, die alle deutschsprachigen Veröffentlichungen des In- und Auslandes sammelte. Die größten Verlage hatten hier ihren Sitz, und was an Prospekten und Werbungen für das deutsche Buch ins Ausland ging, kam fast immer aus Leipzig.

Doch wir wollen die Bedeutung dieser Stadt nicht einengen, denn es ging nicht nur um den Buchhandel, sondern um das ganze graphische Gewerbe und um die internationale Pelzverarbeitung, die hier kontinentale Bedeutung erlangt hatte. Leipzig ist auch Sitz einer der ältesten Universitäten auf deutschem Kulturboden, die von den Magistern und Scholaren gegründet wurde, als sie durch die Hussitten von Prag im Jahre 1409 vertrieben worden waren. Auch die musikalische Tradition ist zu erwähnen, denn Johann Sebastian Bach, der Thomaskantor, hat Leipzig Ruhm und Ehre bereitet. Die Stadt liegt an einer sehr günstigen Verkehrsstraße und am Schnittpunkt mehrerer Handelswege. Dadurch erreichte sie einen wirtschaftlichen Aufschwung, der seit altersher bedeutungsvoll gewesen ist, und schon im 15. und 16. Jahrhundert erhielt sie jene kaiserliche Messeprivilegien, die den Ruf als Messestadt bis heute begründeten. Dies alles zusammengenommen

bringt eine solche Fülle wirtschaftlicher Kräfte und Impulse mit sich, daß man sich über die Bedeutung und Größe von Leipzig schon in vergangenen Zeiten nicht verwundern kann. Die Stadt stand immer hinter Dresden zurück, und es scheint eine jener Angewohnheiten der Sachsen zu sein, sich im entscheidenden und richtigen Moment bescheiden zu können. Man überließ der Residenzstadt den Glanz der weithin strahlenden Kultur und baute dafür eine Wirtschaftsmacht auf, die sich sehen lassen konnte. Um die Entwicklung zu vervollständigen, hat man dann nach der Gründung des Reiches 1871 am Ufer der Pleiße hier das Reichsgericht gebaut und so eine weitere zentrale Stelle nach Leipzig gebracht.

Wenn wir hier auf die Bedeutung von Handel und Wirtschaft als vordringlich hingewiesen haben, so möchten wir doch über das bereits Gesagte auf dem Gebiete der Kultur noch die alte Kunstakademie, das Gewandhaus und die Thomasmotetten nennen, um allen Seiten gerecht zu werden. Übrigens hat man hier auch die erste Frauenhochschule in Deutschland gegründet und sich in höchstem Maße um die Heranbildung des fachlich geschulten Nachwuchses verdient gemacht. Was hier als Fachkräfte auf dem Buch- und Verlagsgewerbe tätig war, hatte in der ganzen Welt einen guten Ruf und galt lange Zeit als führend in seinem Fach. Heute ist Leipzig mit annähernd 600 000 Einwohnern die größte Stadt Mitteldeutschlands und während der Messezeit mehrmals im Jahre das Ziel ungezählter Besucher, die der Stadt ein eigenes Gepräge verliehen haben. Die Innenstadt ist, gemessen an der Gesamtgröße, von ganz geringen Ausmaßen; um sie herum erstreckt sich die Promenade, dort, wo im Mittelalter die Stadtmauer und die Bastionen verliefen. Das, was dann kommt, sind bereits die modernen Anlagen und Bauten, der weitläufige Augustusplatz mit der Oper, der Universität und den Museen, an die sich die um die Jahrhundertwende nach und nach errichteten großen Messeanlagen anschließen, die ihresgleichen in der Welt suchen. Immer herrschte hier ein betriebsames Leben, und die „munteren Sachsen" werden meist am Leipziger gemessen, der zu den industriell regsamsten Typen überhaupt zählt und Neuerungen und Fortschritte geradezu meisterhaft aufzuspüren vermag.

Das Land, dem er sich verbunden fühlt, ist seit der Mitte des neunzehnten Jahrhunderts vom Agrarland zum hochindustrialisierten Revier Sachsens geworden, zeigt aber nirgends, trotz seiner raschen Entwicklung, Anzeichen eines kulturellen Rückganges. Es hat die Buntheit seiner landschaftlichen Reize bewahrt und versuchte auch in den rasch gewachsenen Großstädten wirtschaftliches Wachstum mit kultureller Aufwärtsentwicklung zu verbinden. Hat auch das Land manchen lieblichen Reiz eingebüßt und gleicht so vielen ähnlich gearteten Landschaften, so sind einzelne Teile auch heute noch Höhepunkte unserer landschaftlichen Vielfalt. Wenn wir nur an die Sächsische Schweiz denken und an die Lieblichkeit der Elbelandschaft, oder das Zittauer Gebirge und das Fichtel- und Erzgebirge. Sachsen hat eine der höchst gelegenen Städte Deutschlands, nämlich Oberwiesenthal mit 900 Metern Höhe, und erreicht bis nach Strehla an seiner nördlichen Grenze mit 90 Metern Seehöhe ein sehr ansehnliches Gefälle. Der Fichtelberg im nördlichen Erzgebirge ist mit 1218 Metern der höchste Berg Sachsens. Die verwirrenden Felsformen des Elbsandsteingebirges führen bis zum Grenzort, dem beliebten Urlaubsgebiet von Bad Schandau. Dies dürfte der schönste Teil des Elbsandsteingebirges sein und ist gleichzeitig die Grenze zu Böhmen.

Man kann feststellen, daß in diesem Raum der Anfang nach dem letzten Krieg besonders schwer war, daß aber der Fleiß und die Beharrlichkeit der Menschen das ihre getan haben, die Wunden so gut und so schnell als nur möglich wieder zu schließen. Heute sind wie überall neue und moderne Anlagen an Stelle der zerstörten entstanden, und neues Leben hat sich aus den Ruinen der letzten Zeit entwickelt. Leipzig bleibt auch in Zukunft ein Gütezeichen.

Bevor wir von Leipzig Abschied nehmen, soll uns noch der Weg nach Chemnitz führen, das die Kommunisten Karl-Marx-Stadt nennen. Hier ist vor allem der Maschinenbau zu Hause, es wurden und werden vor allem Lokomotiven gebaut und auch andere Industrien angesiedelt. Auch hier gingen mit der wirtschaftlichen Entwicklung die großen Förderungen der heimischen Kultur Hand in Hand. In diesem sächsischen Raum liegen große Kräfte vereint, die sich in industrieller Beziehung seit langer Zeit sehr rege und erfolgreich zeigen.

„Es war ein Land..."

Die Dichterin Agnes Miegel hat in ihrem großen lyrischen Epos das Schönste und Ergreifendste ausgedrückt, das ein Mensch im Zusammenhang mit seinem eigenen Land und der unauslöschbaren Liebe zu demselben empfindet. Sie hat mit Worten gemalt und eine zauberhafte Palette für die nachträglichen Visionen gefunden, die sie ihrer Heimat gegenüber empfand, einem Land, aus dem sie menschliche Barbarei vertrieben hatte. Ihre Worte aber sind gleichermaßen Musik, die sich zu einer Melodie erheben und das Unverlierbare und Ewigschöne preisen. Ein Land, das einen solchen Menschen hervorbringt, ist gesegnet, und ein Volk, in dem solche Menschen wirkten, deren Ahnen noch dazu aus dem Salzburgischen — ebenfalls als Opfer einer Vertreibung — kamen besitzt auch im Unglück eine solche Substanz, daß die Zukunft nicht hoffnungslos sein muß.

Hier aus dem Land der kristallenen Seen und der dunklen Wälder kam der große Philosoph, der uns lehrte alles zu tun, um durch unser Wirken stets auch vor dem inneren Gesetzgeber bestehen zu können und jener ebenso bedeutungsvolle Gelehrte, der uns lehrte, die Gesetze der Gestirne zu begreifen und uns als Teile einer Unendlichkeit zu empfinden. Aus Königsberg und dem Umland entwickelte sich jene Toleranz, die jahrhundertelang Geltung hatte, gestaltete Friedrich der Große den Teil eines Staates, der zum Kernstück späterer Entwicklungen werden konnte. Man soll nie übersehen, daß aus diesem Raum neben dem großen Denker Immanuel Kant und dem Gelehrten Kopernikus auch der Philosoph Johann Georg

Hamann kam und dann Herder, der die geistige Neubesinnung der slawischen Völker des Ostens begründete, also ein Deutscher, der zu Beginn des letzten Jahrhunderts den slawischen Völkern das Nationalbewußtsein gelehrt hatte.

Das Land, von dem die daraus Vertriebenen immer wieder sagen, daß es nichts Vergleichbares gäbe, ist ein Stück deutscher Kultur und Geschichte, die nicht zu tilgen ist. Mögen sie auch die vom letzten Krieg verschont gebliebenen Trümmer der letzten Reste deutscher Baukunst beseitigt und fremde Volksangehörige hier gewaltsam angesiedelt haben, möge die Sprache verklungen sein und sie sogar die Gräber beseitigt haben, um die deutschen Inschriften zu tilgen, zwischen dem Kurischen Haff, den masurischen Seen und dem Mündungsdelta der Weichsel haben sich jahrhundertelang deutsche Kräfte entwickelt, die den Weiten des Ostens zugute kamen und ein Stück der deutschen Identität sind.

Schon Tacitus hat in seiner „Germania" in einem eigenen Kapitel die fleißigen und aufbauwilligen germanischen Stämme erwähnt, die uns auch der gotische Geschichtsschreiber Jordanes erneut schildert und preist. Das Zusammenleben mit anderen zur Seßhaftigkeit gezwungenen Volksstämmen war jahrhundertelang ein ausgesprochen gutes, die Weiten des Raumes taten ein Übriges dazu, daß einer auf den anderen angewiesen war und nur der Tüchtige und Fleißige in diesem Klima und seinen Verhältnissen überleben konnte. An den späteren Bodenfunden, die deutsches Leben kündeten, konnte man ebenso nicht achtlos vorbeigehen, wie an den historischen Tatsachen des großen Kolonisationswerkes, die der Deutsche Ritterorden hier vollbracht hat. Seine gewaltigen Burgen sind ein Stück abendländischer Geschichte und Wachfunktion im Nordosten, hinter dessen fernen Nebeln immer wieder neue Gefahren heranwuchsen. Das gewaltige Aufbauwerk des Preußenkönigs Friedrich Wilhelm I. schließt einen jahrhundertealten Ring, der gekennzeichnet war durch Arbeit, unverdrossene Arbeit, deren Früchte noch in unserer Zeit genossen — und dann vertan worden sind.

Das herrliche Königsberg mit seinem Dom und seinen malerischen aber wuchtigen Winkeln, seinen vielfältigen Zeugnissen einer alten Ordensburg, steht noch immer für das ganze Land vor uns. Die Kantorei, das Schloß und die Universität sind weitere Brennpunkte deutscher Kultur des Ostens und sollen für alle anderen sprechen, die in ihren Städten und Dörfern, den Wasserburgen, den einsamen Weilern der ausgedehnten fruchtbaren Ebenen lebten, die inmitten der Wälder ohnegleichen ihre Heimat hatten und für die sie anscheinend für immer Geborgenheit verhieß. Daß es anders kam, ist nicht die Schuld dieser Menschen, denen Treue zur Scholle schon immer eine Selbstverständlichkeit gewesen ist. Viel Geschichtliches hat sich hier ereignet und gab dem Lande die Weihe. Hier hat 1813 General Yorck im preußischen Landtag, der hierher flüchten mußte, den Aufruf zur Befreiung Deutschlands vom französischen Joch erlassen, der das Ende der französischen Vormachtstellung auch in diesem Raume festigte. Hier standen Burgen, deren größte bis in unsere Tage hinein Zeugen der Erschließung und Beherrschung dieses Raumes waren. Hier stand die herrliche Ma-

rienburg, wo sich mönchische Ideen und ritterliche Lebensauffassungen einer Zeit für die Zukunft vereinigten, und von hier wurden immer neue Siedlerströme ins Land gerufen, die die durch Kriege entstandenen Lücken in der Bevölkerung füllten.

Namen wie Rominter Heide, Masuren und Ermland sind Begriffe geworden, die sich mit dem Namen Ostpreußen verbinden. Wer erinnert sich in diesem Zusammenhang nicht an die Heimat der Trakehner, jener wunderbaren Pferderasse, die das Herz jedes Pferdefreundes höher schlagen lassen und die zu den schönsten und kräftigsten Pferderassen zählen. Tiere, bei denen Kraft und Anmut sich ein Stelldichein geben und die hier eine sorgsame Pflege fanden. Wieviele dieser braven Lebensgefährten der Menschen deutschen Vertriebenen und Flüchtlingen bei der Flucht nach dem Westen inmitten eines frostigen Winters in schwerster Stunde das Leben gerettet haben, ist nicht festzustellen, bleibt aber ein Loblied auf diesen besten Freund in der Tierwelt, den der Mensch je gehabt hat.

An sie, die Pferde sei an dieser Stelle ebenso erinnert, wie an die deutschen Soldaten und Matrosen, die mit ihren letzten Schiffen, die ihnen noch zur Verfügung standen, den Abtransport wehrloser Frauen und Kinder ermöglichten und sie vor der roten Flut retteten. Tragödien unserer Zeit von unvorstellbaren Ausmaßen, doch für uns heute überstrahlt vom verpflichtenden Bild vergangener Aufbauleistungen, die heute im Abendhimmel vergoldet erscheinen und die uns die Worte der Dichterin Agnes Miegel nicht nur als Frage deutlich werden lassen, ziehen wie eine regenspendende Wolke über das Land:

„Mutter Ostpreußen! Einsame, am Brückenkopf Deutschlands
Abseits den Schwestern, den sicher geborgenen, wohnend,
Über alles von deinen Kindern Geliebte
Sag, was wissen die andern, Mutter von Dir?"

Die Externsteine im Teutoburger Wald

Dies ist eine der interessantesten Gesteinsgruppen, die es überhaupt gibt. Ein ausgedehntes Gebiet, unweit der Gemeinde Horn im Teutoburger Walde. Felsengebilde, die zur Fantasie reizen müssen, steil emporragend, mit vielfältigen Spiegelungen in einem See. Das alles in Ausmaßen und Gruppierungen, die von gewaltigem Eindruck sind, auch auf den Menschen unserer Tage, der ganz andere Vorstellungen und Maßstäbe hat, als die Menschen vor Jahrhunderten oder Jahrtausenden.

Es ist unschwer sich vorzustellen, daß dieses großartige Panorama die Menschen früherer Zeiten nicht nur zur Bewunderung angeregt hat, sondern ihnen auch ein großes Maß an Ehrfurcht vor den Mächten des Himmels einflößen mußte. Man hat jahrzehntelang Ausgrabungen betrieben und emsige Forschungen. Ganz genau ist man den Dingen nicht mehr auf die Spuren gekommen und das ist vielleicht gut so. Manches muß letzten

Endes unerforscht bleiben, um sagenumsponnen zu werden, und irgendwo verläuft eine Grenze, wo auch die Forschung ihr Ende findet. Hier war auf alle Fälle schon in der Zeit des Tacitus, als noch die Römer ihre Weltmacht ausbreiteten, germanisches Leben, das sich hier einen heiligen Hain errichtet hatte. Die Cherusker haben hier gesiedelt und das war ihr Heiligtum und aus ihren Tagen hat sich der Name „Agistersetine" erhalten, was soviel bedeutet, wie Drachensteine. Die Externsteine waren der gewaltige Hintergrund einer Naturbühne, auf der, nach den Ausgrabungen zu schließen, große Feiern stattgefunden haben, wie Sonnenwende und Freudenfeuer. Diese geweihte Stätte ist indes von keinem Römer betreten worden, als sie nach und nach das germanische Territorium zu erobern suchten. Denn unweit von hier war wahrscheinlich auch die Stelle, an welche Varus von den Germanen, unter Armin, vernichtend geschlagen wurde.

Dann folgten die Germanenstämme, die sich zum Großstamm der Sachsen zusammenschlossen und hier ihr großes Heiligtum aufschlugen. Jetzt werden die Funde schon reichlicher und die Zusammenhänge klarer. In dieser Zeit — etwa bis ins zweite Jahrhundert unserer Zeitrechnung — schuf man die ersten Einrichtungen, die auf kultische Handlungen schließen lassen. Man legte eine kleine Sonnenwarte an, die aus einem kreisrunden Loch bestand, das zur Sonnenwende die ersten Strahlen der aufgehenden Sonne auf eine freigelegte Rückwand in einer Felsenkammer fallen ließ. Hier erhebt sich weiter eine Steinsäule, die das Mittelfeld einer Nische bildet. Dies soll die Weihestätte der sächsischen Stammeshäuptlinge gewesen sein, wo unweit in einer gruftartigen Höhle auch die Toten aufgebahrt wurden. Es ist sogar in unseren Tagen beeindruckend, hier den Sonnenaufgang zu beobachten, der nach der kürzesten Nacht im Jahre so zu erkennen ist wie vor fast zweitausend Jahren. Man konnte durch eifriges Forschen noch eine ganze Reihe anderer Einzelheiten entdecken. So eine doppelte Rune, die als Todesrune bekannt und erst in diesem Jahrhundert freigelegt wurde.

Karl der Große hat unweit dieser Stätte seinen Sieg über die Sachsen errungen und vernichtete das heilige Bildwerk der Sachsen, die Irminsul. Auch sonst muß es bei dieser „Befreiung" sehr hart zugegangen sein, denn es sind heute noch Spuren von gewaltsamen Zerstörungen und Sprengungen festzustellen, jedoch haben glückliche Umstände verursacht, daß das Zerstörungswerk der damaligen Eindringlinge nicht vollendet werden konnte. Später, so wissen wir, hat die katholische Kirche alles getan, um diese Heiligtümer aus der germanischen Zeit zu vernichten, oder aber, wo dies nicht ging, für ihre Zwecke nutzbar zu machen. Ein Paderborner Bischof hat im Jahre 1093 die ganze Felsengruppe und den dazu gehörenden Hain gekauft. Ob der Kauf mit sanftem Druck oder freiwillig erfolgte, kann man nur vermuten.

Später hat man zur Ehre Gottes ein Flachsteinbildwerk geschaffen, das die Kreuzabnahme Christi darstellt und ein Kunstwerk von außergewöhnlichem Wert ist. Das Bild besteht aus drei Teilen und enthält eine ganze Anzahl Figuren, deren Tracht andeutet, daß der oder die Künstler Sachsen gewesen sein müssen. Kein Geringerer als Johann Wolfgang von Goethe hat sich mit diesem Bildwerk befaßt und an Hand einer Zeichnung, die der Bildhauer Chr. Daniel Rauch im Jahre 1823 erstellte, darüber geschrieben. Mönche aus Paderborn haben später den Felsenraum der Externsteine in eine Heilig-Grab-Kapelle umgestaltet, dann haben adelige Grundherren hier ihre Herrschaft ausgeübt und aus der Zeit des Königs Wenzel wird berichtet, daß um 1389 hier eine Maifeier stattgefunden habe. Es vereinigten sich also auch hier noch durch Jahrhunderte germanische mit christlichen Bräuchen, sie müssen sich sogar ergänzt haben und wurden dann nach und nach von religiösem Eiferern immer einseitiger gestaltet. Ganz aber erlosch das Ursprüngliche nie, und von der Bevölkerung des weiteren Umkreises ist dieser Hain immer mit einer ehrfürchtigen Vorstellung der germanischen Frühzeit betrachtet worden.

Im 15. Jahrhundert wurde die Heilig-Grab-Kapelle einem Klausner übertragen, doch muß schon in dieser Zeit ein allgemeiner Zerfall der hier vorhanden gewesenen Einrichtungen stattgefunden haben. Es ist und bleibt Unerforschtes um dieses Naturbild. Jedenfalls gelangte nach der Reformation dieser Raum in den Besitz der Grafen zu Lippe, die die Externsteine vorübergehend sogar zu einer Festung umbauten, dann hier ein Schloß errichteten, bis eine Fürstin zu Beginn des 19. Jahrhunderts den ursprünglichen Zustand weitgehend wiederherstellen ließ. Jetzt begann in der Zeit der Romantik das Interesse weiter Kreise für dieses Stück deutscher Vergangenheit und man forschte fleißig, versuchte Wiederherstellungsarbeiten zu vollführen, und es entstand ein umfangreiches Schrifttum über die Externsteine, das bis heute versucht, hinter all das zu kommen, was diese grandiosen, aber geheimnisvollen Steine beinhalten. Auch die Brüder Grimm beteiligten sich an diesen wissenschaftlichen Aufklärungen und durch Erforschung der Spracheigentümlichkeiten interessierten sie sich mit Nachdruck auch für die Wunderwelt dieser Natur- und Kunstdenkmäler.

Heute sind diese Steine Ziel ungezählter Reisender, die ihr wiederentdecktes Interesse an der Geschichte offenbaren, über die es so viele Meinungen und Gegenmeinungen gibt. In den Externsteinen liegt ein Stück jener historischen Wahrheit vom Ringen der Germanen mit den vordringenden Römern, die aber nie in der Lage waren, das germanische Leben völlig zu unterwerfen. Das Gelände spricht von der germanischen und deutschen Geschichte und bleibt ein Denkmal für sie.

Eine Burg und Schatzkammer zugleich

Es gibt wenige Burgen in der deutschen Kulturgeschichte, die so mit der oft höchst verschlungenen deutschen Geschichte verbunden sind wie die Burgruine Trifels im Pfälzer Bergland. Sie ist auf einem sagenumwobenen Fels entstanden, war eine der Reichsburgen, konnte Geiseln beherbergen wie auch festliche Besuchszeremonien veranstalten und barg zeitweilig die Reichsinsignien der kaiserlichen Macht der Deutschen. Ein Erzbischof von Mainz und der sächsische Graf Wiprecht saßen hier in ritterlicher Haft ebenso wie der Kölner Erzbischof Bruno. Doch vor allem sei an den englischen König Richard I., den wir Löwenherz nennen, erinnert, der von 1193 bis 1194 hier ein saß, und schließlich an den Staufer Heinrich VI., der sich nur durch ein hohes Lösegeld befreien konnte. Hier entstand der Spruch „Wer den Trifels hat, hat das Reich". Von hier aus wurde versucht, den normannischen Thronschatz zu erbeuten und damit auch Teilerfolge zu erzielen, so daß einer der größten Schätze des Abendlandes hier angehäuft wurde.

Großartige kaiserliche Hoflager sind hier abgehalten worden und das Dorf Annweiler zu Füßen der Burg hat an dem Ruhm und wirtschaftlichen Blühen weitgehenden Anteil genommen. Kaiser Friedrich II. hat dem kleinen Ort das Recht einer freien Reichsstadt verliehen, doch nach dem frühen Ende der Stauferherrschaft sank die Bedeutung dieses Raumes. Die Reichsburg im Pfälzer Bergland dämmerte in die „kaiserlose schreckliche Zeit" bis zur Wahl Rudolfs von Habsburg und vollends dann in die Zeit hinein, als sich der politische Schwerpunkt des Reiches immer mehr ostwärts zur Donau hin verlagerte. 1602 ist sie ausgebrannt, ein Blitzschlag fuhr in das Gebäude. Die Bewohner mußten die Burg verlassen, sie wurde von der ganzen Umgebung als Steinbruch ausgebeutet. Dann hörte man lange nichts mehr von ihr. Ihre Glanzzeit war in der Zeit der Hohenstaufen, als Friedrich I. Rotbart, häufig hier seinen Sitz nahm.

Der letzte Salier, Heinrich V., hat auf seinem Sterbebett im Jahre 1125 den Befehl erteilt, die Reichskleinodien, also die Sinnbilder der geistlichen und weltlichen deutschen Kaisermacht, an diesem befestigten Ort in Obhut zu nehmen. Durch diesen Beschluß ist diese Feste zur ranghöchsten Burg im Reiche geworden, bevor sie nach und nach in Schutt und Trümmer versank. Wer es heute unternimmt, von Annweiler — inzwischen ein beliebter Luftkurort in schönster Umgebung — den Aufstieg zu beginnen, der stellt fest, daß drei übereinander gelagerte Felsschichten die Unterlage für die Burg bildeten. Der Aufstieg lohnt! Die Aussicht auf die Höhenzüge des Pfälzer Waldes, die Kegelberge des Wasgaues und die ausgedehnte Rheinebene bringen uns mit diesem ganzen Stück deutschen Landes in Verbindung. Man hat diese Burg in einer Zeit wiederhergestellt, an die heute nicht gerne erinnert wird. 1938 wurde der Entschluß gefaßt, sie als Reichsehrenmal und Weihestätte wieder erstehen zu lassen. Ein Münchner Baumeister hat die Burg in ihrer Kernanlage teils nach vorhandenen Bauresten und in Anlehnung an den Baustil alter Kastelle aus dem Stauferland wieder erstehen lassen. Heute ist das Bundesland Rheinland-Pfalz Besitzer dieser Burg, die alljährlich von Hunderttausenden Menschen aufgesucht wird. Der 32 Meter hohe Turm kann durch eine schmale Wendeltreppe erklommen werden, und dann liegt dieses deutsche Land vor uns und erinnert uns an eine wechselvolle Geschichte, die zu den schwersten der deutschen Volksgeschichte zählt. Wenige andere Teile des deutschen Volksbodens sind so oft von Kriegen heimgesucht, niedergebrannt oder verwüstet worden und wurden wieder neu aufgebaut. Die Erneuerer haben sich stets die alten Formen zum Vorbild genommen und bewahrten so ihren Grundcharakter.

Es gab hier viele Grenzstreitigkeiten und eroberungslüsterne Nachbarn, die sich des Landes bemächtigen wollten, doch stets triumphierte der Lebenswille der Menschen, die sich aus den Trümmern ihr neues Leben aufbauten und damit dem Lande weiter dienten. Selbstverständlich hat sich im Laufe der Jahrhunderte die Sage dieses historischen Punktes angenommen, und die Phantasie kann uns in vielem weiterhelfen, worüber die Geschichtsbücher unserer heutigen Tage meistens schweigen. Nicht zu Unrecht hoffen Menschen, die sich mit diesem Lande verbunden fühlen, daß die neu erstellte Burg mit ihren alten Formen, mit ihrer geschichtsträchtigen Atmosphäre mithilft, daß die Deutschen unserer Tage den ihnen aufgezwungenen Weg der Geschichtslosigkeit verlassen und wieder zu einem Geschichtsbewußtsein zurückfinden.

Viktor von Scheffel, der weitgereiste Dichter und Künder deutscher Geschichte, den zu lesen gerade in der heutigen Zeit mit ihren historischen Verirrungen für uns notwendig wäre, hat diese Burg mehrfach gepriesen und hat sich schon damals in seiner Aussage für die Wiederherstellung eingesetzt, die erst Jahrzehnte später erfolgen sollte. Er hat uns ein Gedicht hinterlassen, in dessen letzter Strophe es heißt:

„Ihr Turm mit der Kapelle Erker,
der einst die Reichskleinodien barg,
des Löwenherzen Richard Kerker,
wächst mächtig auf des Felsens Mark".

Tübingen und sein Ruf

Die schwäbischen Städte haben etwas gemeinsam: In ihnen ruht etwas von der schwäbischen Beschaulichkeit, der frohgemuten und gemütlichen Daseinsfreude, die sich aber mit dem unvermeidlichen Hang des Schwaben nach Tätigkeit und Schaffensfreude vermischt. So gibt es kein Steckenbleiben, sondern trotz des gewohnten Beharrungsvermögens einen Fortschritt, und die Lebensfreude geht nicht auf Kosten anderer Eigenschaften. Wenn der Schwabe aber eine Freizeit genießt und sein Schöpple vor sich stehen hat, dann versinkt die Umwelt um ihn und er weiß sich mit seinesgleichen als Herrn der Welt, den nichts aus der Ruhe bringen kann. Er rackert nicht wenig den lieben langen Tag, doch wenn er Feierabend hat, dann · herrscht Ruhe auf allen Ebenen. Das gibt eine bestimmte Lebensweisheit, die sich im Leben und Lebenlassen nicht erschöpft, sondern sehr kritisch sein kann, ohne dabei zu verletzen.

Viele dieser schwäbischen Städte sind durch einen glücklichen Zufall von großen Bombenschäden des letzten Krieges verschont geblieben, daher findet man sie noch so vor, wie unsere Großeltern sie erlebt haben: Versunken in den Hauch einer schon längst untergegangen geglaubten Welt. Es ist von herrlicher Einprägsamkeit, in solch einer Stadt ziellos herumzugehen und sich an allem satt zu sehen, was es noch gibt, was woanders längst zerschlagen, später fortgeräumt und noch später dann modernst wieder aufgebaut worden ist. Da leben sie noch, die Lebensformen, die uns Spitzweg gezeichnet hat und von denen wir immer glauben, daß sie Fantasieprodukte sein müssen.

So läuft das Leben auch dahin, wie man es von den Alten übernommen hat, und wenn es wirklich einmal eine Änderung, eine Neuerung geben muß, dann erregt man sich ganz furchtbar.

In Tübingen trafen wir noch solche Menschen, denn Tübingen ist eine jener Städte, die vom Bombenterror verschont geblieben sind, wo alles im Stadtkern so blieb, wie es war, eine Stadt mit einer 500 Jahre alten Universität dazu. Und das gibt ihr die besondere Note. Etwa 70 000 Einwohner hat sie und dazu dann zeitweilig noch mehr als 20 000 Studenten. Jüngere und ältere, weiblichen und männlichen Geschlechts, eifrige und faule, fesche und unschön aufgetakelte, Söhne reicher Eltern und solche, denen man es anmerkt, daß sie sich mühsam mit dem kargen Geld der Eltern die Jahre erkaufen müssen. Man hat hier natürlich allerhand neu bauen müssen, denn die Uni mit ihren Anforderungen gab schon manches Problem auf, aber diese großen Zweckbauten wurden in einem umfangreicheren Neubaugebiet zusammengezogen und der ganze Universitätsbereich etwas abgesondert, was für beide gut war. Dadurch ist der Kern der alten Stadt zwischen Österberg und Schloßberg, zwischen dem Neckar und der Ammer, erhalten geblieben. Das war gut so! Wer diesen Teil der Stadt betritt, der erlebt siebenhundertfünfzig Jahre Stadtgeschichte, mit Studentenbuden, wie weiland, als die Studiker Frau Wirtin wegen ihres flotten Lebenswandels zur Verzweiflung brachten. Dort erlebt er Weinschenken und Gastlokale ganz besonderer Art und dann so gekrümmte Gäßchen, daß es sehr vernünftig war, sie zur Fußgängerzone zu erklären, weil ein verkehrsübliches Auto sowieso da nicht vorwärtskommen konnte. Man merkt aber auch heute noch die patriachalische Lebensordnung von einst, wenn man durch die Gassen der Handwerker kommt, die sich von denen der gehobenen Bürger und der Großen ihrer Zeit auch heute noch sichtbar unterscheiden.

Und dann fällt dem Fremden etwas auf, was einmalig ist. Überall und fast an jedem Haus, an jeder Ecke Tafeln mit Namen. Lauter berühmte Leute, die hier studiert und es dann im Leben zu etwas gebracht haben, die als Forscher und Gelehrte, aber auch als Künstler Bedeutung erlangten. Daß sie hier geweilt und studiert, die Grundlagen ihres Wissens und ihres Könnens erlangt haben, daran erinnert man mit sichtlichem Stolz und der Freude eines echten Lokalpatrioten. Und von den vielen ist es vor allem der Dichter Johann Christian Friedrich Hölderlin, der zwar in Lauffen am Neckar geboren wurde, aber hier studiert hat und zeitlebens eine der einprägsamsten Persönlichkeiten des Schwabentums gewesen ist. Tübingen hat ihn geformt, darauf hält man sich etwas zugute. Denn Eingeweihte und solche, die es werden wollen, wissen es, daß der frühverwaiste Knabe der Erziehung seiner Mutter und der Großmutter zunächst anvertraut war und sein geradezu mädchenhaftes Zartgefühl durch eine verhätschelnde Art mancher Frauen dem einzigen Kinde gegenüber sich immer mehr in verwundbare Seelenzartheit und stillen Eigensinn zu verwandeln begann. Einen Aufenthalt in einem Stift in Maulbronn, wo die jungen Menschen wie Soldaten angepackt wurden, erlitt der Junge nur schwer unter der Zucht dieser für ihn völlig fremden Umgebung.

Es war für ihn ein Glück, daß er aus dieser harten Klosterschule anschließend nach Tübingen kam, denn hier fand der dem Hellenentum in gläubiger Verehrung Verfallene nicht nur eine beruhigende Umgebung, sondern auch Freunde und Gesinnungsgenossen. Ludwig Neuffer und Rudolf Manegau, Schwärmer wie er, Hegel und Schelling und sie alle in gemeinsamer Freundschaft verbunden, Wegbereiter eines dichterischen Auftrages, der die deutsche Kultur bestimmte. Als Hölderlin dann später in Jena und Weimar in die große literarische Welt trat und von keinem Geringeren als von Friedrich Schiller anerkannt wurde, verklärten sich seine Jugenderinnerungen, und Tübingen war stets ein Traum für seine immer wunde und leidende Seele.

Und man kann in Tübingen das Schwärmen lernen, in dieser Stadt, wo sich so viel ungebärdete und unreife Kraft zu formen und zu höchster Vollendung und Reife entwickeln konnte, wo wir auch einem Ludwig Uhland an einer Tafel begegnen, Johannes Reuchlin und Hermann Hesse, wo Johann Friedrich Cotta verewigt ist. Hier verbirgt sich für den Suchenden ganz deutlich erkennbar ein bedeutendes Stück deutscher Kulturgeschichte. Das sollen wir bedenken, wenn wir hinter dem unzerstörten Bild dieser alten schwäbischen Stadt, die winkeligen Gassen um den Marktplatz, die Stiftskirche und die giebeligen Häuser, hinaufgehen zum groß angelegten und trutzig ins Land schauenden Renaissanceschloß Hohentübingen und den vielbesungenen Neckar unter uns vorbeiziehen sehen.

Es liegt hier wirklich echte Tradition vor, wo im Jahre 1536 das Tübinger Stift gegründet wurde, das bis in unsere Zeit hinein ein Mittelpunkt des Protestantismus war und wo man sich bemühte, für ein Volk die geistige Elite heranzubilden, das eine solche noch nie so dringend benötigte wie in unseren Tagen. Liebevoll bezeichnet der Tübinger alle jene, denen er irgendwo eine Tafel angebracht hat, die es ihm wert sind, in der Erinnerung fortzuleben, auch dann, wenn sie keine Tübinger waren, als „Stifter". Er hat auch alle Ursache dazu, denn sie haben der Stadt ihrer Ausbildung und Studienzeit alle Ehre gemacht und waren mit ihr zeitlebens verbunden, wo immer sie dann auch das Leben hingestellt hatte.

Ein Haus als kultureller Mittelpunkt

Die Bezeichnung „Deutsches Haus" bezieht sich im allgemeinen auf Gaststätten, die im weiten Lande da und dort immer wieder anzutreffen sind. In bestimmten Abschnitten des Grenzlandes, aber auch im Auslande ist das „Deutsche Haus" weit mehr als eine Gaststätte. Es war und ist heute zum Teil auch Mittelpunkt der Deutschen einer bestimmten Land-

schaft mit Verwaltungsräumen, Bibliotheken, Vereinszimmern und Veranstaltungslokalen. In einzelnen Fällen auch Sitz eines Theaters, stets aber verbunden mit einer Gaststätte, die in solchen Fällen eine ganz bestimmte heimat- und volksbetonte Bedeutung hatte. Das Deutsche Haus war in diesen Fällen kulturelles und politisches Zentrum der Deutschen, entstanden durch Spenden und Opfer aller Größenordnungen und somit Ausdruck einer echten Opferbereitschaft aller Kreise, die sich zur deutschen Kultur dieses Landes bekannten. Alle Deutschen hingen an diesem Haus wie an einem Stück persönlichem Eigentum.

Es gehörte allen und jedem, und alle achteten eifersüchtig darauf, daß es keinen Schaden nahm, daß es stets sauber gehalten und in peinlicher Ordnung war, und jeder Angriff auf dasselbe traf den einzelnen Deutschen persönlich. Ein solches Gemeinschaftsgefühl entwickelt sich nur in der Diaspora und kann in seinen Folgerungen und Ursachen auch nur von dem verstanden werden, der den Alltag dieser Deutschen kennenlernte. So besehen waren die Deutschen Häuser Burgen, die etwas bewahrten, ohne jemanden zu bedrohen und trugen ungemein viel zur Gemeinschaftsbildung, zur Geselligkeit in ernsten und frohen Stunden bei. Je nachdem in welchen wirtschaftlichen Verhältnissen die Deutschen einer bestimmten Landschaft lebten, war auch das Deutsche Haus bescheiden gehalten, aufwendiger oder in manchen Fällen sogar Wohlhabenheit verratend. Die Zahl der Deutschen Häuser kann heute im allgemeinen kaum mehr festgestellt werden, denn der Großteil von ihnen ist der Verfolgung des Deutschtums im Auslande zum Opfer gefallen.

Ihr bloßes Vorhandensein wurde schon in früheren Zeiten unbegreiflicherweise vor allem im Osten als Provokation empfunden, und es genügte die erste beste Gelegenheit, um das Objekt zu enteignen oder sogar als Symbol zu vernichten. Derartige Einrichtungen, die zum Volksvermögen der Auslandsdeutschen zählten, gab es in erster Linie in den Gebieten, die einmal zu Österreich-Ungarn gehörten, weil sich hier das Eigenleben der einzelnen Volksgruppen ausprägen mußte, denn auch die Slawen hatten ihr „Besedny Dum", das die gleiche Funktion auszuüben hatte. Das hätte eigentlich ganz schön nebeneinander Platz gehabt, wenn man sich überlegt, daß keines dem anderen im Wege stand und jedem das Seine bescherte. Wer etwa nach Czernowitz kam, in die Hauptstadt des Buchenlandes, der früheren Bukowina, der war überrascht, in einem Land, das noch kaum 150 Jahre vorher kaum befahrbare Straßen besaß, inmitten einer neuentstandenen Stadt ein für die damalige Zeit großartiges Haus mit einem umfangreichen Theatersaal und bedeutenden kulturellen Einrichtungen zu finden.

Das „Deutsche Haus" in Brünn, wohl das größte und repräsentativste dieser Art, umfaßte einen großen Theatersaal mit entsprechender Bühne, vier oder fünf Vortragsräume, mehrere Kanzleien, in denen die größten Verbände des Landes ihren Sitz hatten, eine umfangreiche Bücherei, ferner ein Kaffeehaus und zwei Gaststättenbetriebe. Es wurde schon unmittelbar nach 1918, als Tschechen die Macht im Lande ergriffen und das vor dem Deutschen Hause befindliche Kaiser-Josefs-Denkmal vernichteten, vom

Straßenmob gestürmt und teilweise zerstört, in den 30er Jahren mehrmals „belagert" und von unwillkommenen Besuchern heimgesucht und 1945 zwangsweise von kriegsgefangenen deutschen Soldaten und deutschen Frauen gewaltsam dem Erdboden gleichgemacht. Das Deutsche Haus in Prag am Graben durfte all die Jahre keine einzige deutsche Aufschrift tragen, sondern nur die Hausnummer „26", weil eine deutsche Firmentafel in der Stadt mit der ältesten deutschen Hochschule nicht geduldet wurde. Deutsche Häuser gab es in Mährisch-Ostrau, in einer ganzen Reihe deutscher Städte in Böhmen, aber vor allem auch dort, wo die Deutschen in der Minderheit waren, wie etwa in Pilsen und Königgrätz und einen Mittelpunkt ihres Eigenlebens brauchten, den sie sich selbst schufen und erhielten.

Wir fanden solche in Siebenbürgen ebenso wie in Südkärnten und in der Südsteiermark, das heißt in jenem Teil dieses Gebietes, das nach dem Ersten Weltkriege bereits an Jugoslawien fiel und ein ganz besonders schweres Schicksal zu erleiden hatte. Wenn wir vor dem Bilde des Deutschen Hauses in Cilli stehen, dann bekommen wir heute noch eine Hochachtung vor diesem Geschlecht, das in diesem Umfeld schon 1906 in der Lage gewesen ist, sich solches zu schaffen, wenn auch vielleicht der Jugendstil der damaligen Zeit, der sich hier ausprägte, manch einem heute nicht mehr passen würde.

Gerade die Untersteiermark, dieses begnadete und fruchtbare Gebiet um Laibach und Cilli, wo das Deutschtum aus tausend Wunden bluten sollte, hatte ein derartiges Kraftzentrum notwendig, denn trotz des in Klagenfurt und Graz organisierten Abwehrkampfes gegen die Eindringlinge aus dem Süden nach dem Ersten Weltkriege, gingen Teile an Jugoslawien verloren, wo den Deutschen in der Folge als Minderheit kein leichtes Los beschieden war. Nach dem Zusammenbruch 1945 war das Gebiet ein Tummelplatz von Partisanen, wurden die Deutschen, sofern sie die Exzesse überlebten, davongejagt, der deutsche Besitz entschädigungslos enteignet. Was hier in den berüchtigten Todeslagern vorsichgegangen ist, läßt sich in kurzen Worten gar nicht schildern und ist ein Stück der deutschen Tragödie, die sich auch über Land und Meer in schicksalhafter Zeit fortsetzte.

Von Ottokar Kernstock, dem Pfarrer von der Festenburg, einem großen Sohn der Untersteiermark, stammt das Gedicht, dessen letzten Strophe wir als Gruß an dieses Land und das Deutsche Haus in Cilli bringen wollen:

„Aber das Große, das Deutsche und Wenden,
einmal geschaffen mit rüstigen Händen.
Heimatbegeistert und brüderlich,
kann kein Wandel der Zeit zerbrechen.
Dankbar wollen wir's künden und sprechen:
Steirischer Süden, Gott segne Dich!"

Nicht nur die Stadt der Lieder

Josef Weinheber, der österreichischste unter den Österreichern, über den die heute maßgebenden Österreicher verdächtig wenig reden, hat in einem seiner schönsten Gedichte dem Lande Worte gewidmet, die am Anfang stehen sollen:
„Land, sei gepriesen, und nie
sterbe die Dankmelodie!"
Wenn von der Hauptstadt dieses Landes zu reden ist, dann meinen wir nicht das honigsüße Bild, das eine Filmindustrie, die Operettenseligkeit und ein Fremdenverkehrskitsch aus Wien gemacht haben, sondern die Stadt als Mittelpunkt und Zentrum eines großen Reiches, wo sich nach und nach im deutschen Umfeld Angehörige der vierzehn Nationen, die dieses Reich umfaßte, niedergelassen haben und so ein Stadtvolk besonderer Prägung geschaffen wurde.

Jahrhundertelang drängte alles nach Wien, um im Bereich der Krone und der Herrscherfamilien bevorzugt werden zu können, verlor vielfach seine Merkmale und schuf einen neuen Typ. Der Wiener schlechthin ist so vielfältig, daß man ihn gar nicht als Einheit schildern kann. Seine vielgestaltigen Temperamente und Unterschiedlichkeiten prägen sich in einer großen Stadt aus, die heute für den kleinen Staat nicht mehr paßt. Was für 50 Millionen recht und billig war, schlottert heute wie ein zu groß gewordener Anzug an einem Körper, der sich aber seiner Geschichte sehr bewußt ist. Die Bauten spiegeln diese Geschichte wider, vor allem die gewaltigen Baugruppen um die Ringstraße und die ungezählten Adelspaläste, die längst zu profanen Zwecken herabgewürdigt wurden. Der Dom, den die Wiener zärtlich „Steffel" nennen, ist zentraler Mittelpunkt einer Stadt und Blickpunkt, wenn man vom Kahlenberg auf die Stadt schaut und erkennt, warum Grillparzer meinte, daß man von dort das Land betrachten müsse, um ihn als Dichter in seiner Aussage dafür zu verstehen. Noch immer bleibt die Hofburg mit ihren wuchtigen, aber fein durchgegliederten Bauteilen der Hauptanziehungspunkt für jeden Fremden, und wenige nur wissen um die Geschichte dieser Stadt und daß sich hier mehr als einmal historische Ereignisse vollzogen haben. So als damals im Dreißigjährigen Kriege die Aufständischen den Kaiser bereits zur Unterschrift drängten, und er, in ihrer Gewalt stehend, dies auch getan hätte, wären nicht just in diesem Augenblick die Dragoner in die Burg eingeritten und hätten dem ganzen Spuk ein Ende bereitet. Der Stadtkern ist der Raum, in dem das alte römische Vindobona stand, und noch in der ersten Babenberger-Zeit hatte die Stadt keine viel größeren Ausmaße. Die Babenberger sind bis heute nicht vergessen, denn sie haben in ihrer dreihundert Jahre währenden Herrschaft das Bild Mitteleuropas zu prägen begonnen, und auch das heutige Wappen der Stadt ist noch das der Babenberger.

Die Habsburger haben dann aus Wien die Reichs-, Haupt- und Residenzstadt gemacht und ließen sie kulturell und wirtschaftlich immer bedeutungsvoller werden. Kaiser Franz Joseph hat 1857 die Stadtmauer beseitigen lassen, und in den nächsten drei Jahrzehnten entstand die Ringstraße, die eine der schönsten ihrer Art auf der Welt ist. Es gibt kaum eine andere Stadt, in der derart viele kirchliche und profane Bauten auf so engem Raum und in einem förmlichen Wettbewerb miteinander stehen, vom künstlerischen Empfinden ihrer Erbauer kündend.

In diesen alten Räumen, Sälen und Portalen liegt heute ein geradezu geheimnisvolles und eindrucksvolles Leben, das sich an den Lärm des vorbeiziehenden Verkehrs nicht hält und den Besucher zur Andacht zwingt und dabei unwillkürlich das Gefühl der Verbundenheit des Menschen mit der Geschichte wachruft. Die Gloriette, Erinnerung an den Siebenjährigen Krieg, die Oper, das Burgtheater, die Karlskirche, das herrliche Schönbrunner Schloß, das Belvedere, die Museen und dann alles überbietend der Heldenplatz sind Erlebnisse. Wir lesen es nochmals, er heißt tatsächlich auch heute noch so und wir mutmaßen wie er heute hieße, wenn er in irgend einer anderen Stadt im deutschen Kulturraum läge. Hier die beiden Reitergestalten vor dem Ehrenmal, wo man der Toten der beiden letzten Kriege still und stilecht gedenkt. Prinz Eugen, diese Verkörperung der alten kaiserlichen Macht und dann Erzherzog Karl, und wir nähern uns auch diesem Standbild und lesen dann die Worte in Erz gegossen: „Dem beharrlichen Kämpfer für Deutschlands Ehre." Hierher muß man kommen, nach Wien, um zu lesen, wie die deutsche Geschichte ihre Zusammenhänge wahrte.

Es stimmt, die große Zeit Wiens ist vorbei, seit man dieses Reich auf die Stadt zugeschnitten hat, mutwillig und haßerfüllt ein großes Reich zerstörte. Damals sang der Dichter, verzichtend, leidgeprüft, als er durch den Schloßpark von Schönbrunn ging und die Vergangenheit suchte:

„Drüben im Kammergarten hantierten Gärtner mit Leiter, Säge und Scher. Hier ging vor Zeiten der Kaiser spazieren, aber der Kaiser ist auch nicht mehr!"

Schönheit kann auch im Resignieren liegen, und der Abgesang einer großen Epoche ist eine Melodie, die unüberhörbar bleibt. Wien als Stadt der Kunst, der großen Maler und Musiker, der Dichter und Sänger aber ist unvergänglich, wie das, was hier auf dem Gebiete der bildenden Kunst geschaffen wurde. Wenn man bedenkt: Ein Jahr nach der vernichtenden Niederlage von Königgrätz 1866 hat man in Wien das heute noch berühmte Opernhaus feierlich eröffnet. Die Walzerseligkeit ist auch ein Ausdruck einer Sehnsucht nach dem inneren Glück, nach träumerischer Liebe und einer Welt, in die man sich zurückziehen kann, wenn die andere traurig, schlecht und unerträglich wird. Das Jubeln der Geigen ist ein Wohllaut des Herzens, der Frohsinn, aber auch tiefstes Leid ausdrücken kann.

Möge man auch in den Außenbezirken nach modernstem Stil Hochhäuser und Bunker, Glaswüsten und Betonklötze bauen, wenn man in die innere Stadt kommt, atmet es nach Kunst, nach menschlicher Leidenschaft, aber auch nach Vornehmheit, die sich selbst Grenzen setzen können und die doch fast nie richtig verstanden werden. Man kann diese Stadt einfach nicht mit Worten malen, da müßte ein Menuett von Mozart erklingen,

eine Sonate von Beethoven, und Vater Haydn müßte sein berühmtes Kaiserquartett anstimmen, in dem wir eine Melodie erkennen, die unser Leitlied wurde. Dann hören wir den Hufschlag der weißen Wunderpferde in der Hofreitschule, den Gläserklang frohgemuter Gäste in den alten Weinschenken und versuchen dankbaren Blickes noch einmal all das einzufangen, was diese Stadt bietet. Doch wir werden klein und bescheiden, weil das gar nicht geht, weil wir erkennen, daß ein Übermaß an Gebotenem in seiner ganzen Schönheit auch über das Fassungsvermögen des einzelnen geht. Nicht grundlos hat der Dichter Weinheber in seinem Lied auf die Stadt geschrieben:

> Liedbeseelt,
> leidvermählt,
> bist du ewig,
> Heimat, auserwählt!

Eine Burg mitten in Böhmen

In der Zeit der Romantiker, aber auch später, wurde die Behauptung aufgestellt, daß die Burg Karlstein südlich von Prag eine Nachbildung der alten Gralsburgen und von ihrem Erbauer Kaiser Karl IV. auch als solche erbaut worden sei. Diese Auffassung stimmt sicher nicht mit der Wirklichkeit überein, wenngleich ihr großartiger Eindruck auf jeden Beschauer eine solche Vermutung zuläßt. Kaiser Karl IV., aus dem Hause der Luxemburger, der Prag zu seiner Residenzstadt erkoren hatte, dort die älteste Hochschule auf deutschem Kulturboden gründete, hat diese Burg errichten lassen, um einen sicheren, aber auch feierlichen Aufbewahrungsort für die deutsche Kaiserkrone und die Insignien des Heiligen Römischen Reiches Deutscher Nation zu erhalten.

Die Grundsteinlegung erfolgte genau am 10. Juni 1348, die Stiftungsurkunde ist im Jahre 1357 ausgestellt worden. Die Reichskleinodien waren die größten Kostbarkeiten der kaiserlichen Macht, die Kaiserkrone geht auf Karl den Großen zurück. Es handelt sich aber nicht nur um die Zeugen der weltlichen Macht des Kaisers, sondern auch um solche, die als Heiligtümer aufzufassen sind, darunter eine Reihe kirchlicher Reliquien. Die Burg ist der besterhaltene Profanbau aus dieser Zeit, da Prag die Hauptstadt des Reiches war und aus der dortigen Hofkanzlei sich die Grundformen der neuhochdeutschen Schriftsprache entwickelten. Die Burg Karlstein war sowohl Wohnbau, als auch sakralen Zwecken bestimmt. Das entspricht dem Wesen dieses Herrschers, den man den „Vater Böhmens" nannte, der die Reliquienverehrung in enger Beziehung mit seinem Herrscheramt erblickte. Dies mag im Zuge der damaligen Zeit begründet sein, doch muß auch seine Sorge betrachtet werden, die Reichskleinodien als größten Schatz des Reiches wirkungsvoll geschützt zu sehen und in gute und sichere Obhut zu geben.

So entstand im Tale der Beraun, einem Flusse in Mittelböhmen, südlich von Prag eine Burg, die sich wesentlich von denen unterscheidet, die damals und später im Reiche gebaut wurden. Die Wehranlagen der Burg fallen allgemein nicht auf und beeinträchtigen das Gesamtbild nicht. Die Repräsentation war vom Anbeginn betont, und der kaiserliche Auftrag sollte durch sie nachdrücklich geäußert werden. Matthias von Arres, den der Kaiser an seinen Hof berufen hatte, der auch am Baubeginn des Prager Doms steht, hat aus Avignon kommend, wo er an der Papstburg mitgearbeitet hatte, vermutlich Vorlagen und Vorstellungen auch von dort mitgebracht und hier der Landschaft und dem zugedachten Zwecke angepaßt.

Den Hauptteil bildet ein sogenannter Wohnturm, der die höchste Stelle der geräumigen Anlage einnimmt, während sich weiter unten mehrere zusammenhängende Gebäude befinden, ein Palas, mehrere Vorburgen, die Burggrafenwohnung, der mächtige Empfangssaal und dann die Marienkirche. Das alles ist harmonisch zu einem einzigen Komplex vereinigt mit ungezählten Türmchen, Palisaden, Erkern und Rundgängen versehen, daß der Eindruck von einer befestigten Burg peinlich vermieden zu sein scheint.

Die Innenräume sind mit einer Pracht sondergleichen ausgestattet. Hier spiegelt sich die weltliche Macht des Kaisers und sein unwahrscheinlicher Reichtum wider, der so zum Ausdruck gebracht werden sollte. Wände und Decken, vor allem seiner Gemächer, sind mit fremdländischem Holz in Kassetten getäfelt, die auf blauem Grund goldene Knöpfe tragen, und glasierte bunte Fliesen sind der Fußbodenbelag. Kunsthandwerk und Malerei haben jahrzehntelang an der Ausgestaltung der Räume gearbeitet und neben — vielfach noch erhaltenen — Fresken eine unübersehbare Reihe von Bildwerken, Skulpturen und Verzierungen aller Art geschaffen, wobei auch die Nebenräume und nicht nur die der Repräsentation geradezu verschwenderisch ausgestattet sind.

Den Höhepunkt aber bildet der sakrale Teil der Burg, der drei kleine Kirchen, eine Kirche mit Kollegiatkapitel und als Kernpunkt die Kreuzkapelle im Hauptturm umfaßt. In der Marienkapelle zeigen Fresken den Kaiser im Kreise seiner Familie. Unweit dieser ist eine kleine Kapelle, die nur vom Kaiser benützt wurde. Edelsteinschmuck, Silberrosetten mit Edelsteinen, aber auch vergoldeter Zierrat geben diesem Teil ein besonderes Gepräge. Er durfte lange Zeit nicht von der Öffentlichkeit betreten oder ihr gezeigt werden. Die höchste Steigerung aber ist die Kreuzkapelle, die sich, wie gesagt, im Hauptturm befindet. Die Decke ahmt den gestirnten Himmel nach. In den Fenstern schimmern Edelsteinfüllungen, die Wände leuchten in echtem Gold und sind ebenfalls mit Edelsteinen überreich verziert. Über dem Altar befindet sich eines der größten Kunstwerke des Landes: Eine Madonna auf Goldgrund, die der Italiener Thomas von Modena geschaffen haben dürfte. Die Kirche besteht aus zwei Teilen, ein kunstvolles Gitter trennt sie, und über dem Altar in einer Nische ruhten die Insignien des Reiches, war des Reiches Kaiserkrone in sicherer Obhut. Der ganze Raum muß wie ein Märchen überirdischer Kraft gewirkt haben, wenn man die vorgesehenen 1300 Kerzen entzündet hatte und der flackernde Schein über den goldenen und silbernen Kunstwerken und den Wandgemälden des Meisters Theodorich lag.

1365 hat die Einweihung der Kreuzkapelle stattgefunden, doch muß noch jahrhundertelang an dem Ausbau und der Ausstattung der Burg gearbeitet worden sein, sogar noch etwa 100 Jahre später wurden Einzelheiten, die eingeplant und entworfen waren, nachgeliefert. Man nennt sie die „Perle der böhmischen Burgen" und findet ihresgleichen kaum im ganzen mitteleuropäischen Kulturraum. Vor allem deshalb nicht, weil es sich hier um keine sogenannte Hochburg handelt, die also aus Sicherheitsgründen in die Höhe gebaut wurde, sondern den Aufgaben zu entsprechen hatte, die wir darstellten, und das größte Heiligtum aufzunehmen hatte, das im Besitze des alten Deutschen Reiches war. Man muß zunächst feststellen, daß gerade durch diesen Bau das große Kunstverständnis und die weltweite Lebensauffassung des Luxemburgers offenbart wird, der immerhin die deutsche und die römische Krone trug und der die Synthese der weltlichen und der geistlichen Macht darstellte. Die Burg war der Lieblingsaufenthalt dieses Kaisers, und heute noch liegt ein Zauber auf diesen gewaltigen und doch so durchgegliederten Mauern und Giebeln. Im Inneren aber liegt der Hauch einer Geschichte gewordenen Unsterblichkeit, die sich über Tiefpunkte der Zeiten ebenso hinwegsetzen kann, wie sie sich durch Höhepunkte nie zu Trugschlüssen verleiten läßt.

Die Burg Karlstein aber ist ein unvergängliches Zeugnis für die untilgbare Verbundenheit Böhmens mit der abendländisch-deutschen Geschichte, der dieses Land ein Teil war und wo die größten Kostbarkeiten in treuer Obhut waren, von denen wir einige heute in der Wiener Hofburg bewundern können.

Noch immer Grenzland Kärnten

Während man uns im allgemeinen einreden will, daß Grenzen im derzeitigen Europa keine Rolle spielen, gibt es im heutigen Österreich ein Land, das durch eine Grenze zerschnitten wird und von dem slawischerseits noch Teile für den südlich gelegenen Staat Jugoslawien ernsthaft reklamiert werden. Die Sache begann 1918, als am 30. Oktober der „Laibacher Nationalrat" die Regierungsgewalt über alle von Slowenen bewohnten Gebiete zu übernehmen begann und behauptete, damit auch verfügungsberechtigt über weite Teile Kärntens zu sein. Kärnten widersetzte sich mit aller Entschiedenheit, trotz der allgemeinen Untergangsstimmung Österreich-Ungarns, dem man bisher noch angehört hatte. Südslawien aber begann mit der Besetzung einer Reihe Südkärntner Orte, entwaffnete die österreichische Grenzpolizei und besetzte weitere Gebiete Kärntens. Dies führte dazu, daß die Besetzung Klagenfurts als angeblich alte slowenische Stadt gefordert wurde, wogegen sich die Kärntner mit aller Leidenschaft zur Wehr setzten.

Im Dezember 1918 war bereits das gesamte Gebiet südlich der Drau, dazu die Stadt Völkermarkt und das Lavantal bis St. Paul, besetzt, wo man sofort mit einer Ausmerzung der deutschen Sprache begann. Darauffolgende internationale Verhandlungen wurden dadurch gestört, daß Südslawien vollendete Tatsachen schaffen wollte, um weitere Gebiete in den neu geschaffenen Staat einzubeziehen. Unterdessen aber hatte sich ein Kärntner Abwehrdienst organisiert, mit dem der Name Steinacker für immer verbunden ist, der mit militärischen Mitteln, die da und dort zur Verfügung standen, den slawischen Einfall zurückwarf und abstoppte. Der Freiheitskampf der Kärntner um ihre Heimat, ihr Volkstum und ihre Sprache hatte die Kräfte geschaffen, die am 10. Oktober 1920 bei der nun endgültig von den Großmächten gestatteten Volksabstimmung die gesamten Pläne Jugoslawiens vereiteln konnten. Trotzdem gingen damals Teile Südkärntens ebenso in den Besitz von Jugoslawien über wie Teile der südlichen Steiermark.

Wäre der Überfall auf das wehrlos scheinende Gebiet geglückt, dann wäre bereits Klagenfurt 1919 von jugoslawischen Milizionären okkupiert worden. 59 % stimmten damals, trotz allen Terrors und aller Gegenmaßnahmen, Einschüchterungen und der übrigen verzweifelten Lage für das fast ausgehungerte Österreich, für den Verbleib, bekannten sich zu einem historisch gewachsenen Kärntner Landesbewußtsein und die Verwurzelung mit Österreich. Bei den Deutschen und Windischen der Abstimmungszone war die Liebe zur Heimat stärker als die Angst vor den angedrohten jugoslawischen Vergeltungsmaßnahmen. Auch nach dem letzten verlorenen Krieg, und da mit besonderem Eifer, wurde der alte Traum, Klagenfurt und Villach zu vereinnahmen, vorangetragen, es gelang an einzelnen Punkten erneut, Kärntner Gebiet zu okkupieren, doch das Hauptziel wurde nicht erreicht. Dazu besaßen die Eindringlinge auch ein viel zu schlechtes internationales Ansehen, was bei der damaligen Lage einiges geheißen haben dürfte. Unterdessen versucht man, mit einer Reihe immer wieder neuer Maßnahmen aus Kärnten und einzelnen Teilen des Landes ein gemischtsprachiges Gebiet zu machen, man entfacht einen Schulkampf, wie in der Zeit vor dem Ersten Weltkrieg, veranlaßt die österreichischen Stellen zu immer neuem Nachgeben und versucht, auch mit wirtschaftlichen Mitteln, alles zu erreichen, um eine langsame Durchdringung des deutschen Volksbodens zu ermöglichen.

Dabei hat Kärnten, dieses anmutige Land, ein solches Schicksal wahrlich nicht verdient. Seine reizvolle Landschaft, in der südländische Fruchtbarkeit sich mit der Atmosphäre der Hochgebirgsmassive Mitteleuropas vereint, wo alljährlich Hunderttausende Menschen Seen und Kurorte von europäischem Rang in Anspruch nehmen, ist schon durch seine Geschichte für ein anderes Schicksal bestimmt. Seine Lieblichkeit und landschaftliche Vielfalt sind ebenso berühmt wie die gigantischen, von Gletschern unterbrochenen Gebirgszüge, die ein großartiges Panorama als Hintergrund dieses Landes bieten. Uraltes Ackerland, über das Bauern über längst versunkene antike Stätten ihren Pflug führen, alte Kultstätten inmitten einer oft herrlichen Wildnis, die im sanften Hauch ihrer Wälder zu versinken scheint und eine Unzahl Kirchen und Klöster, Schlösser und Burgen kün-

den von allen Kunstepochen unserer Menschheit. Archäologen finden hier in Kaiserpfalzen, Römerstraßen, Fliehburgen, alten Tempeln und verfallenen Kastellen immer wieder Kostbarkeiten aus vergangenen Zeiten, und auch der flüchtige Beobachter und Reisende stellt bald fest, was das Land, das nicht grundlos in Klagenfurt, der Hauptstadt, einen Lindwurm als Wahrzeichen verwendet hat, ihm zu bieten hat. Er nimmt sich vor, immer wieder herzukommen, um Neues aufzunehmen und zu lernen. Hier existieren Kunstwerke, die die Völkerscheide dieses Raumes ahnen lassen, an denen Italiener, Franzosen, Ungarn ebenso wie Deutsche ihren Anteil haben und die eine Gemeinsamkeit trotz aller Grenzlandproblematik zum Ausdruck bringen. Es darf nie vergessen werden, daß von hier aus Einbrüche aus dem Osten und Südosten immer wieder abgeriegelt werden mußten und daß die so fruchtbaren Fluren und Äcker mit dem Blute ungezählter Generationen in Abwehrkämpfen getränkt wurden.

Einprägsam in einem Grenzland, dem dies Schicksal wurde, ist das selbstverständliche Festhalten an der Eigenart, am Volkstum und der Heimat, eine innere Haltung, die sich turmhoch über Gegenwartserscheinungen, augenblickliche Vorurteile, Weltanschauungen und Erfolge oder Mißerfolge erhebt. So besehen sind die Kärtner, ohne es zu wollen, beispielhaft für alle jene, die sich erhalten und behaupten müssen und die Verantwortung tragen. Das kommt deutlich an einem Symbol dieses Landes zu Tage, nämlich am Herzogstuhl auf dem Zollfeld, der, aus Römersteinen zusammengefügt, aus zwei Sitzen besteht, von denen der östliche dem Herzog und der westliche dem Pfalzgrafen diente. Hier vereinen sich Geschichte und staatsrechtliche Eigenart mit dem Ringen um Selbständigkeit symbolhaft und erklären, warum gerade hier am 10. Oktober 1920 viele tausend Menschen ihrem Lande die Treue schwuren und bis heute bereit sind, diese Treue zu halten.

Über Südtirol hinaus

Auch das ist das Land in seiner verschiedenartigen Form. Trümmer und Zerstörungen kennzeichnen es. In diesem Falle die Landschaft Friaul, die 1976 von einem schrecklichen Erdbeben heimgesucht wurde und weitgehend in Schutt und Asche sank. Es ist vielfach unbekannt, daß der deutsche Sprachraum nicht an der Salurner Klause endet und auch noch im oberitalienischen Raum, bis in die Gegend von Verona und Padua, links der Etsch, deutsche Sprachinseln aufweist. Eines dieser Gebiete ist das Fersental bei Trient, wo in den fünf überwiegend deutschen Dörfern Gereut, Eichleit, Außerflorutz, Innerflorutz und Palai, heute vereinigt zur Gemeinde Palai, etwa 2000 Deutsche leben, deren Vorfahren als Bergleute und Bauern sich im 13. Jahrhundert hier ansiedelten. Bis zum Ende des Ersten Weltkrieges bestanden hier deutsche Schulen, die sofort nach der Errichtung der italienischen Herrschaft geschlossen wurden.

Deutsche Schulen sind bis heute überhaupt verboten, und auch der Pfarrer darf die Messe nicht in deutscher Sprache halten. Die Trientiner-Tiroler Volkspartei versucht, eine Verbesserung der Lage der Fersentaler zu erreichen. Auch südlich der Burg Fersen hat sich in Lusern eine kleine deutsche Gemeinde mit 850 Einwohnern erhalten. Früher einmal bestand im ganzen Raum von Rovereto bis ins Brandtal hier eine deutsche Sprachinsel, die aber schon lange untergegangen ist. Welche Verluste das Deutschtum hier im Süden zu verzeichnen hatte, geht aus der Tatsache hervor, daß im Gebiete der „Sieben Gemeinden" im Bergland des oberen Brentabogens und in den „13 Gemeinden" nordöstlich von Verona eine große deutsche Besiedlung bestand. Vor etwa hundert Jahren siedelten hier noch 35 000 mehrheitlich deutsche Menschen, und die deutsche Sprache war hier die allgemeine Umgangssprache. Noch um die Jahrhundertwende waren es 8000, von denen man heute nur noch da und dort Reste findet, aber in den Sprachräumen der hiesigen Umgangssprache, in Brauchtum und bei den Hausgeräten sind die Spuren deutscher Vergangenheit nachweisbar.

Hier sei auch auf das Friaul verwiesen, jene sagenhafte, einst ebenfalls zu Österreich-Ungarn gehörende Provinz, die zwar offiziell längst als italienisch deklariert wird, wo man aber in der letzten Zeit gerade deutliche Beweise erhalten hat, daß die kluge Nationalitäten- und Aufbaupolitik des alten österreichischen Kaiserstaates noch in Erinnerung ist und die Zusammenhänge mit dem deutschen Sprachraum nie ganz abgerissen sind. Unterdrückung und Unterwanderung haben hier ein einst blühendes Volkstum zerstört. Das Gebiet zählte weitgehend zu Aquileia, das schon zur Zeit des Kaisers Augustus den Sitz des Oberkommandos für jene Militäroperationen bildete, welche mit der endgültigen Unterwerfung der Alpenländer das Vorrücken der Grenze des Römerreiches an die Donau ermöglichten.

Die besondere Lage von Stadt und Provinz sicherte den Aufschwung zu einem der bedeutendsten Handelszentren der Zeit. Von hier aus wurden Waren in den Norden geliefert, während die Erzeugnisse der Wirtschaft dieser Länder nach Italien gelangten. Das nordische Eisen und Gold, der baltische Bernstein und Bergkristall wurden hier verarbeitet, und Aquileia wurde eine der größten und reichsten Städte Italiens. Es nahm in der römischen Kaiserzeit im großen Verkehr dieselbe Stellung ein, die im Mittelalter Venedig und später Triest innehatten. Aus dieser Tradition heraus legte man vom Süden her alle Mittel an, um nach Ende des Ersten Weltkrieges und dem Auseinanderfallen der Donaumonarchie alte Zustände wieder herzustellen und nahm auf die nunmehr längst bodenständig gewordene Bevölkerung keinerlei Rücksicht. Man sprach nur noch von der alten ladinischen Kolonie und von „einer dauernden Vereinigung mit dem Mutterlande".

Trotz dieser im allgemeinen unerfreulichen Lage der Deutschen befinden sich heute noch nachweisbar außerhalb und südlich der Salurner Klause und Südtirols etwa 6000 Deutsche in Streusiedlungen und kleinen Ortsgemeinschaften, die sich natürlich nach außen hin nicht allzu sehr bemerkbar machen können, aber immer wieder zu erkennen geben, daß sie aus einer gemeinsamen Wurzel mit uns stammen, wenngleich Zeit und Raum sie auch wesentlich anders geformt haben. Die Sprachidiome und Lebensgewohnheiten unterscheiden sie auch heute auffallend von ihrer Umgebung. Sie beherrschen zwar mehrere Sprachen, was in diesem Raume notwendig ist, sind aber bis heute das geblieben, was sie waren. Der schon zur Geschichte gehörende, Jahrhunderte währende Zug der Deutschen nach Süden hat zwar eine Fülle historischer Erinnerungsstätten hinterlassen, führt aber an ungezählten Friedhöfen und verfallenen Denkmälern vorbei, die die Zeugen eines verhängnisvollen Dranges waren, der deutschen Reichspolitik jene Wandlung zu geben, die sich als tragisch erweisen sollte. Was ist nicht an wertvoller deutscher Substanz bei den ungezählten Zügen deutscher Herrscher in den Süden verloren gegangen und was versickerte nicht an kostbarem Blut im heißen Sand des Südens! Nur Mahnmale sprechen heute davon und Historiker wissen Bescheid, daß hier ein Teilstück der deutschen Tragik von der Unvollendung deutscher Volks- und Reichsgeschichte zu suchen ist.

Wie stark die Verbundenheit zwischen Deutschland und Österreich und dem Gebiet von Friaul auch heute noch vorhanden ist, kam bei den spontanen Hilfsmaßnahmen anläßlich des eingangs erwähnten schrecklichen Erdbebens deutlich zum Ausdruck. Bei dem Unglück fanden mehr als 2000 Menschen den Tod und 80 000 wurden obdachlos. Obwohl das Gebiet als erdbebengefährdet bekannt ist, und in der Zeit von 1896 bis 1963 27 Beben registriert wurden, waren die staatlichen Vorsorgeplanungen für eine solche Katastrophe absolut unzureichend. Hilfssendungen des Deutschen Roten Kreuzes, österreichische und deutsche Hilfsgruppen, Freiwilligenverbände aus den benachbarten Gebieten leisteten nicht nur Erste Hilfe, sie beteiligten sich auch an den notwendigen Wiederaufbauarbeiten.

Straßburg

Hier stand vor Zeiten der junge Goethe und suchte den Eindruck zu enträtseln, den dieses Münster in Straßburg mit seiner großartigen Rosette auf ihn machte. Als kleinen Zeitgenossen erwächst uns dieses gewaltige Gotteshaus zu einer majestätischen Größe und zwingt uns klein zu sein, demütig und von Ehrfurcht erfüllt. Wir stehen schweigend und empfinden die Allgewalt der Gotik, die in uns zunächst Lehre Gedanken wach ruft und den Blick magisch himmelwärts zieht. Die Vielfalt einer gottgeklärten Welt wird uns offenbar, die zur Einheit drängt, aus den tausend Formen wird ein Spiel der Vielfalt, die eine große Kraft über uns gebändigt und gestaltet hat. Man müßte jubeln können, wenn die Sonne über das große Rund der Rosette fährt und langsam höher steigt, wo irgendwo über uns die Spitze des Turmes im Blauen des Himmels versinkt. Ruhe und Ausgeglichenheit, schönste Harmonie, glückliches Werk begnadeter Meister, über dem die Jahrhunderte mit ihrem Übermaß an Sorgen und Qualen zunichte werden.

Nicht ganz! Denn die Zacken schmerzen, die versteinerten Blätter sind erstarrt, die spitze Säule kann drohen und aufreißen, die Unrast liegt über dem Übermaß an Formenschönheit und in den hellen Fensternischen lauert ein kalter Wind, der uns ans Herz geht. Schönes und liebliches Land, erfüllt von abendländischer Größe, von mildem Sonnenschein erwärmt und in seiner Fruchtbarkeit zum Symbol geworden, und doch — hier gibt es manches, was den Schmerz der tausend Formen, die Goethe erfüllten, begreiflich werden läßt. Ja, sie haben in Straßburg mit großer Hoffnung ein Werk für die Zukunft geschaffen, ließen nach einem der blutigsten Kriege, nachdem sie Länder zerschlugen und Grenzen versetzten, hier eine Zentrale erstehen, in der alles zum Frieden, zum Ausgleich und zu einer gerechten Zukunft werden sollte.

Und doch, trotz allem! Hier haben die Sieger 1945 das völlige Verbot der deutschen Sprache verfügt, jener Sprache, die nirgends so befruchtend auf die Kultur eines Landes wirkt, wie hier. Alle deutschen Aufschriften in Stadt und Land sind beseitigt worden, man erzeugte ein solches Schuldbewußtsein unter den Deutschen, die immerhin hier 90 % der Gesamtbevölkerung ergaben, daß sie einem Sog sondergleichen erlagen. Man stieß das Deutsche im allgemeinen in den Strudel des Barbarischen und hat den schon totgehofften „Boche" wieder auferstehen lassen. Es waren Umwälzungen, die sich hier vollzogen haben, von denen man im Binnendeutschtum keine Ahnung hatte, die in die Familie hineinspielten und nichts, aber auch gar nichts ausgelassen haben. Mag sein, daß es jetzt besser geworden ist, denn es haben sich Dinge ereignet, die man kaum vorhersehen konnte. Doch durch die rigorosen Maßnahmen der ersten Jahrzehnte nach 1945 ist es so weit gekommen, daß ein oder zwei Generationen die deutsche Sprache weder verstehen, noch lesen oder schreiben konnten.

Das Sprechen der versteinerten Blätter und das Rankenwerk auf dem Münster verweisen auf die verschlungenen Pfade menschlichen Lebens. Doch hoffnungslos ist nichts, was zum Himmel strebt, denn geheime Kräfte kommen aus der Erde und fügen die Kraft des Steines, ohne daß das Bleibende verbürgt ist. Es ist eine Festigung im Bewußtsein der Elsaß-Lothringer festzustellen, die mehrere Ursachen hat, ohne daß wir hier von einer Renaissance sprechen wollen oder dürfen. Die Hinwendung zum Volkstum, die sich auch in Frankreich vollzog, hat zu einer Belebung alter Bräuche geführt, entwickelte neue Formen der Lebensweise, ließ die bäuerliche Vorstellungswelt wieder entstehen, Volkslied, Tracht und Volkstum wurden wieder belebt, wobei eine Wiedereinführung des Regionalismus in ganz Frankreich auch hier eine landschaftliche Selbstbesinnung nach sich zog. Mag sein, daß sich auch hier, wie überall, das Selbstbewußtsein wieder etwas festigte, doch nach wie vor hat es den Anschein, als wollte die Mehrzahl weder das eine noch das andere. Das heißt, weder Deutscher noch Franzose, sondern Elsässer bzw. Lothringer sein. Es ist typisches Grenzlandschicksal, wie an manchen Orten das Volkstum zerrieben wird und wo sich etwas entwickelt, was keinem ganz genügt, aber trotzdem eine Überlebensmöglichkeit bietet. Die Pflege des Dialektes hat da und dort das

Deutsch oder das Platt geprägt. Ob es auf die Dauer ohne Hochdeutsch möglich sein wird, wird die Zukunft zeigen.

Sie gehen täglich an dem erstorbenen Hoffnungsgrün der versteinerten Rosetten, Blätter und Blumen am Münster vorbei, die Herren, die in einer der vielen Europaeinrichtungen in Straßburg ihre Betätigung gefunden haben, trotzdem bedrückt es scheinbar keinen, daß ein Stück abendländischer Kultur, nämlich das bodenständige Deutschtum, noch immer schwer um seinen Besitzstand ringt und daß die Sprache, die weite Teile der hiesigen Volksseele geprägt hat, daran ist, unterzugehen.

Was uns hier im Spiel der tausend Formen dieses Münsters immer wieder erfüllt, sind die Rätsel, die auf einem so lieblichen Land liegen können, die wie unerträglich schwere Wolken auf ihm lasten und trotz allen Schauens das vermißte Glück deuten. In dieser zu Frankreich gehörenden Grenzregion aber schlägt ein Herz, das sich von seiner Geschichte nicht lösen kann, und Berge und Wälder sind ebenso wie die vielen kleinen und großen mittelalterlichen Städte eine Vielgestalt dieses Rätsels. Vor der großen Rosette stehend, empfinden wir dieses Rätsel doppel schwer, obwohl aus der Stein gewordenen Vielfalt künstlerischer Aussage die klare und kühle Wahrheit wird, daß das Land immer das Bleibende ist und die Menschen in ihrer Verirrung zwar Veränderungen vornehmen können, dem Lande schaden oder ihm nützen können, aber eines als ewiges Rätsel bleibt: Nämlich die Vielfalt und Einheit einer Gott geklärten Welt, die aus dem Land erwächst, wenn künstlerische Hochleistungen das göttliche Spiel in tausend Formen gliedern und dadurch eine Einheit schaffen, die noch immer diesem Lande fehlt. Hoffen wir, daß das erstorbene Hoffnungsgrün der steinernen Blumen um die Rosette nicht das Symbol ist und daß die Ruhe des reinen Himmels, die über dem bunten Land liegt, die Menschen auch hier zu ihrer letzten Reife werden läßt, damit sie Diener ihres Landes werden können.

Kleine Stadt

Kleine Städte gibt es viele, sogar Hunderte im ganzen deutschen Kulturkreis. Viele davon haben sich zu Verwaltungszentren ihres Umkreises entwickelt und sind im Laufe der letzten Zeit zu einer überregionalen Bedeutung gekommen. Trotzdem wird immer davon gesprochen, daß in solchen kleinen Städten „nichts los" sei, daß man sich dort langweilen müsse und daß der Gute-Nacht-Gruß der Füchse gerade hier deutlich zu hören sei. Das stimmt überhaupt nicht!

Nehmen wir eine Stadt zum Beispiel, die unmittelbar vor dem Bayerichen Wald gelegen ist, die sich an einer alten Handelsstraße von Regensburg nach Böhmen befindet und wo schon um das Jahr 1000 eine eigene Münzstätte war, die Silberdenare und Oboli prägte, zu einer Zeit also, als Städte wie Nürnberg und München noch gar nicht existierten. Gemeint ist hier die Stadt Cham, die dem Salzhandel nach Böhmen wesentliches für ihren Auftrieb verdankt und die sich im Laufe der Geschichte glanzvoller,

aber auch trauriger Ereignisse bewußt ist. Cham war früher einmal, bevor es den Wittelsbachern gehörte, reichsunmittelbar. Hier versammelten sich 1348 nach dem Tode König Ludwigs IV. die Herzöge, Markgrafen und Bischöfe und wollten dem Böhmenkönig einen Gegenkaiser entgegenstellen, ein Vorgang, der sehr widersprüchlich ausgelegt wird, aber es Kaiser Karl IV. ermöglichte, Prag zum Mittelpunkt des Reiches zu machen. Eine Urkunde aus dem 14. Jahrhundert bestätigt Cham die Zollfreiheit und macht es zu einer der bedeutungsvollsten Handelsstädte Bayerns. Die Hussitenkriege wüteten auch hier, Brände und Verwüstungen, schreckliche Plünderungen mit allen Folgen kamen wiederholt über das Gebiet und die Stadt, und heute noch werden in dieser Gegend der „Further Drachenstich" und das Spiel „Trenck der Pandur" zur Erinnerung an diese Zeiten als Festspiele aufgeführt. Auch der Dreißigjährige Krieg und das, was sich in der Folgezeit ereignete, deutet nicht gerade auf friedliche Entwicklung hin.

Übrigens: Trenck der Pandur hat mit seinen Kroaten ein wenig kaiserliches Spiel getrieben. Er hat aber kurz vor seinem Ende eine Stiftung von 1000 Gulden als Buße für die gebrandschatzten Chamer Armen hinterlassen, eine Stiftung, die bis 1840 in Wien bestand und wo sich die Armen aus Cham kurioserweise ihre Unterstützung einholen konnten. Es gibt unendlich viel von der Geschichte dieser Stadt zu berichten, staunenswert viel, vor allem deshalb, weil zwei hervorragende Heimatforscher den Sinn für die Vergangenheit durch ihre Aufzeichnungen geweckt haben: Johann Brunner und Dr. Hans Muggenthaler. Zu den bekanntesten Persönlichkeiten dieser Geschichte zählt der 1722 hier geborene Nikolaus Graf von Luckner, den König Ludwig XVI. von Frankreich zum Marschall ernannt und der als Kommandant der Rheinarmee einen höchst interessanten, wenn auch zweifelhaften Ruf erworben hat. Er hat die Heere des Kaisers und der übrigen Reichsfürsten in mehreren Schlachten geschlagen und der Komponist der Marseillaise widmete ihm, weil er als Retter Frankreichs galt, dieses Revolutionslied, das zur französischen Nationalhymne wurde. Später verweigerte man ihm sein Ruhegeld. Er reiste nach Frankreich, um seine Ansprüche durchzusetzen und wurde dort auf Veranlassung Robespierres kurzerhand enthauptet, was dem sozialen Empfinden für Altersversorgung in der guten alten Zeit keine besondere Ehre macht.

Die Stadt hat den Ersten Weltkrieg verhältnismäßig gut überstanden, es gab „nur" sechs Tote. Im Zweiten Weltkrieg waren es rund 500, darunter 63 bei einem völlig überflüssigen Bombenangriff schon ganz am Ende. Die wirtschaftliche Lage der Stadt und des Umfeldes hat sich anfänglich wegen der Grenznähe nach 1945 außerordentlich verschlechtert. Es ist nicht immer ein gutes Schicksal, Grenzland zu sein. Die Chamer haben dies wiederholt in ihrer Geschichte und auch jetzt kennen gelernt. Sie waren in der Zeit der Vertreibung der Deutschen aus dem Osten einer der Hauptpunkte, über den die Ströme der unglücklichen Vertriebenen hinweggingen. Langsam aber haben sich die Verhältnisse gebessert und der sprichwörtliche Bürgerfleiß bewährte sich wieder. Das ist auch der Grund, warum wir diese Stadt als Beispiel für viele andere anführen, um darzustellen, welchen

Kern unser Volk in ihnen und ihren Bewohnern hat. Wer ein Volk zerstören will, der zerstört sein Bauerntum und dann die mittelgroßen und kleinen Städte, in denen noch die behäbige Bodenverbundenheit selbstverständlich ist und wo die Traditionspflege keine Faxerei einer modernen Folklore wurde. Hier liegt zudem der Gesundbrunnen, aus dem sich jedes Volk und seine Substanz zu erneuern vermag.

Manchmal streicht der Wind — der böhmische Wind — über die Hänge des Bayerischen Waldes herunter, die die Stadt von fast allen Seiten wie ein breiter Ring umgeben und bringt die Würze und den Atem der herrlichen Waldungen bis vom Arber und Osser herüber. Dann rauscht das Korn auf den Feldern und ist noch auf dem Marktplatz zu vernehmen, wo das Köpplhaus als eines der letzten Zeugen vergangener Jahrhunderte in unsere Tage hineinragt. Der Wald mit seinen geheimnisvollen Welten, die uns Adalbert Stifter zu deuten verstand, ist hier immer wieder zu spüren und das in einer Atmosphäre, die den Menschen bedächtig, aber nicht träge, in sich gekehrt und doch nicht schweigsam werden läßt.

Das Leben geht weiter. Die Grenze hat in unserer Zeit neue Formen geschaffen. Sie sind aber ebenso vergänglich wie alles, was von Menschenhand ist. Und das ist tröstlich. Was gerade hier besonders fühlbar wird, ist die Tatsache, daß man sich der Natur noch verbundener fühlt als anderswo. Bleiben aber wird die wärmende Sonne, die nirgends so empfunden wird wie am Saum der Wälder, beim Aufwachen nach erquickendem Schlaf und bleiben wird der alljährlich wiederkehrende Schnee, der Stadt und Land nirgends so lange wie hier in seine weißen Polster legt, und der Frost, der hier klirrend und von großer Dauer in seiner Härte sein kann. Bis dann die vielen Wasserspeier an den alten Häusern und Giebeln zu tropfen anfangen, von überall das Wasser zur Erde fließt und rinnt und sich die Vorboten des Frühlings ankündigen. Werden und Vergehen, ewiger Wandel der Gezeiten und des Lebens, wo sind sie so eng mit dem Einzelmenschen verbunden wie da, wo jeder den anderen kennt und wo auch heute noch keiner den anderen anlügen muß, weil jeder alles vom anderen weiß. Solche Dinge aber, mögen sie verkannt oder erkannt werden, sie bürgen für Bestand und Dauer, sie sind beruhigend und tröstend im Wirrsal einer Zeit.

Ist es nicht schön in einer Stadt und doch auf dem Lande zu wohnen? Die Natur noch unmittelbar zu empfinden und immer daran gemahnt zu werden, daß man zu ihr gehört und sie nie von einem läßt. Vielleicht muß man, um das zu erkennen, erst alt werden!

Von Thüringen und seinem Land

Wir befinden uns zwar in einem Teil jenes Zerrbildes deutscher Kleinstaaterei, das durch lange Zeit Grund für Spott und Hohn in der ganzen Welt war, wo aber vielfach ganz gewaltige künstlerische Leistungen weit über den Durchschnitt hinausragten. Auf diesen kleinen und kleinsten Fürstenhöfen wußte man zu leben und ließ andere leben. Auf wessen Kosten das alles ging, das wissen wir unterdessen genau. Doch Bestehendes bleibt, und wer von Thüringen redet, der wird immer daran erinnert, daß auf einem Fürstenhof unser großer Goethe seiner Vollendung als Dichter entgegenstreben durfte und daß in all den vielen kleinen Fürstenhöfen immer wieder künstlerische Leistungen vollbracht wurden, die heute noch zum Kunstbesitz unseres Volkes zählen. Nicht weit von Ilmenau hat Goethe eines der schönsten Gedichte, die es in deutscher Sprache gibt, geschrieben. Diese Verse von 1783 sind heute noch auf einer Bretterwand eines kleinen Häuschens zu lesen:

„Über allen Gipfeln ist Ruh',
in allen Wipfeln spürest du
kaum einen Hauch.
Die Vöglein schweigen im Walde,
warte nur balde
ruhest du auch".

Wer Thüringen kennenlernen will, der muß dieses Land erwandern, man kann es nicht durch Lehrbücher in sich aufnehmen, man sollte sich auch nicht zu sehr auf die bloßen Erzählungen und Schilderungen anderer verlassen. Man muß das Land erleben. Es lebt in seinen Wiesen und Dörfern hier ebenso wie von den vielen kleinen Residenzen, von den Höhen seiner Waldberge und dann von der wohltuenden fruchtbaren Weite seiner Ebenen. Und dazwischen immer wieder die Ergebnisse einer Kulturgeschichte, die in seltener Fruchtbarkeit sich hier auf kleine und engste Räume vereinigte.

Von der Schönheit dieses Landes zu plaudern, heißt zunächst festzustellen, daß Thüringen nichts Überwältigendes und Großes zu bieten hat, keinen breiten und gewaltigen Fluß, der seine Wasser in ein entferntes Meer zu führen hat, es gibt keine großen Städte, es gibt kein Gebirge mit hohen Bergen. Also alles Mittelmaß? Oh nein. Thüringen will als Land der Mitte verstanden sein, als Oase des Ausgleiches zwischen den Höhen und Tiefen und als Insel inmitten immer stärkeren Flutens der Begierden und Temperamente. Schon die Namen seiner Flüsse, meist müßte man sie in Verkleinerungsform nennen: Elster, Saale, Ila, Unstrut, Werra, Ilz und Rodach sind Ausdruck dieser Eigenschaft. Sie teilen das Land nicht, sie fügen sich wunderbar ein und gehören einfach dazu, wie die kleingefügten Rathäuser, die trotz ihrer Unauffälligkeit durch ihren reichen Schmuck über die anderen Häuser hinauswachsen, und die Schlösser, die sich nach außen hin möglichst schlicht geben. Ob im reichen Erfurt oder betriebsamen Jena, man hat nirgends den Eindruck, daß hier Weltbetriebe der modernen Zeit am Werke sind. Es läuft alles, zwar unablässig, aber unauffällig.

Auch die Burgen, die, soweit sie das Schicksal tragen, Ruinen geworden sind, versinken langsam im Kleide der umliegenden Wälder und blicken nicht trotzig auf die Menschen im Tale herunter. Über allem liegt ein Rauschen, das von den Wäldern kommt und sich in der Luft festgehalten zu haben scheint. Waren wir nicht schon einmal da? So fragten wir uns in Eisenach, als wir zum ersten Male herkamen, weil uns das alles so ungemein

vertraut erschien. Und das ist das Geheimnis dieses Landes der grünen Mitte, daß es jedem von uns aus dem Herzen gewachsen zu sein scheint und wir immer wieder glauben: „Hier mußt du schon einmal gewesen sein".

Da versinkt dann Vergangenes und mischt sich mit der Gegenwart. Hier greift der Harz herein und von der anderen Seite die Rhön, und immer wieder erleben wir die Beschaulichkeit in diesen ungezählten kleinen Orten. Es ist keine Übertreibung irgendeines Prospektes aus einem Reisebüro, wenn behauptet wird, daß Reisen durch Thüringen, Wanderungen durch dieses Land zu den großen und bleibenden Erlebnissen deutscher Landschaft zählen und zu dem Eindrucksvollsten gehören, was das deutsche Land zu bieten hat. Hier gibt es noch die einsamen Wanderpfade, die stillen Schänken am Wegesrand, die einsamen Unterkunftshäuser und die beschaulichen Winkel. Es gibt aber auch die vielen wunderbaren Blickpunkte, wo man einhalten muß und nur ganz still und ohne jedes laute Wort schauen soll. Sehen, wie wunderbar die Natur sein kann, wenn der Mensch sie werden läßt, wie sie will und ihr nicht ins Handwerk pfuscht. Das ist die deutsche Landschaft, von der uns nicht nur jugendliche Schwärmer ungezählte Gedichte und Lieder schenkten, von der jedes Studentenliederbuch überreiche Auswahl kennt da hat uns in seinen stillen Stunden Goethe erzählt, als er die Vielfalt und Weite des Thüringer Beckens erlebte und dem Rieseln der Bäche und Rinnsale lauschte:

„Wo der Ilme Bach bescheiden
schlängelnd sich zu Tale gießt,
überdeckt von Busch und Weiden
halb versteckt sich selbst genießt..."

Hier liegt ein Stück Thüringer Wahrheit versteckt: Diese geruhsame Urtümlichkeit, die trotz der ganzen Technik unserer Zeit noch einen so großen Freiraum für die Besinnung an sich selbst zuläßt, daß man noch immer die Ruhe spürt, die über allen Wipfeln liegt. So erleben wir immer wieder aufs Neue dieses maßvolle, ausgewogene, immer wieder das Herz bewegende Gartenland, in dem so viele Große lebten und wirkten, wo sich so viel Geschichte vollzogen hat und das trotzdem immer Mitte geblieben ist, nicht nur räumlich. Einen Johann Sebastian Bach müßten wir geziemende Referenz machen, dem Thomaskantor, der aus Eisenach stammt, und dann nochmals an die Wartburg denken, wo bekanntlich einmal das große Sängerfest stattfand, das in einer der schönsten Opern fortlebt, die uns Richard Wagner schenkte. Dabei kommen wir zu einer Feststellung, die wir einem Schlesier verdanken, dem Musikwissenschaftler Oskar Paul. Er stellte fest, daß der Thüringer mehr als andere deutsche Stämme die Begabung besitze, über sein Volkslied hinauszuwachsen und bis in die höchsten Sphären er Musik vorzustoßen. So erlebten wir es hier, daß in nahezu jedem Ort Thüringens, und sei er noch so klein, ein Musikfest im Jahre stattfindet, man auch heute noch viel mehr als in anderen Landschaften die Volksmusik pflegt, daß der Hausmusik in allen Kreisen ein breiter Raum gewidmet wird und das Musizieren auch in größerer Gemeinschaft noch immer nicht von den Mitteln der mechanischen Tonwiedergabe verdrängt werden konnte.

Zum Schluß aber kehren wir wieder nach Weimar zurück, wo wir in anderem Zusammenhang schon waren, und stehen vor dem Denkmal der beiden Dichterfürsten, die gemeinsam den Lorbeerkranz halten und mit dieser Geste des Bildhauers Ernst Rietschel zum Ausdruck bringen, daß Gemeinsamkeit die Voraussetzung für jeden Lohn und Erfolg ist.

Ein Tor besonderer Art

Berlin, die Stadt der ungezählten Kunstwerke Schlüters und der vielen anderen, ist eigentlich aus zwei Schwestergemeinden entstanden, aus Kölln und Berlin, und wurde erstmalig unter Kurfürst Friedrich II. Residenz. Der Baubeginn des Schlosses 1442 ist eigentlich der Beginn der Geschichte Berlins als Residenzstadt. Die Preußischen Fürsten haben die Stadt zu dem gemacht, was sie wurde, und man merkte ihr diese Epoche immer an. Ihr schnelles Wachstum war die Ursache dafür, daß bald immer mehr Menschen aus allen Teilen des deutschen Sprachraums hier Fuß faßten und die Stadt bald einen überörtlichen Charakter bekam. Noch zu unserer Zeit sagt man, daß jeder zweite Berliner ein Schlesier sei und als Reichshauptstadt hat Berlin seine Einwohnerzahl zwischen 1871 und 1890 von 900 000 auf 1,9 Millionen verdoppelt. Dieser rasche Aufstieg wäre nicht ohne Folgen geblieben, hätte nicht in den Jahrzehnten vorher eine gewaltige kulturelle Aufbauleistung in jeglicher Beziehung stattgefunden, die die notwendige Substanz für die Stadt und ihre Menschen geboten hätte.

Berlin war immer eine Reise wert. Der Berliner war ein Menschenschlag, der es dem Fremden leicht machte, heimisch zu werden. Sein offenherziges Wesen, sein schalkhafter Humor und seine Schlagfertigkeit sind Eigenschaften, die es ermöglichten, mit ihm schnell Kontakt zu finden. Das war früher so und ist es bis heute geblieben. Es gab Zeiten, da waren andere deutsche Städte bekannter, aber immer war dieses Berlin ein Stück deutscher Geschichte und der gemeinsamen Kultur. Die Stadt wurde vielleicht überstürzt ausgebaut, das blieb nicht ohne Folgen. Es gab zu viele Ansammlungen von armen Menschen in Großbauten, die für ihre Zeit Sensationen waren. Es gab aber immer ein großes Maß schönster und beispielgebender Kulturleistungen, die vor allem vom preußischen Adel und dem Königshaus weitgehend gefördert und erhalten wurden. Die Berliner genossen alles mit einer Spur von Wohlbehagen und offenem Scherz. Sie hatten immer das Herz auf der Zunge. Wenn ihnen etwas nicht paßte, schwiegen sie niemals und mußten auch oft deshalb zur Kasse gebeten werden. Aber sie waren von einer herzerfrischenden Offenherzigkeit und nahmen nie ein Blatt vor den Mund. Der Berliner war niemals ein Kriecher und paßte bestimmt nicht ganz zum höfischen Umfeld mit seiner Noblesse und getrimmter Feierlichkeit. Die großen Militärparaden nahm er zur Kenntnis und bestaunte alles, was er da zu sehen bekam. Er war auch etwas stolz auf all das, was sie ihm da boten. Doch wenn er gefragt wurde, dann sagte er mit herzhafter Offenheit seine Meinung zu all dem zeitbedingten Pomp seiner Tage. Die festlichen und sonstigen Großereignisse, die seinerzeit immer wieder hier stattfanden und weit über den örtlichen Rahmen hinausgingen, da sie eine Großstadt repräsentierten, waren ihm oft eine Nummer zu groß, doch er ließ sie gewähren mit einem ganz ausgeprägten Gerechtigkeitssinn, weil er wußte, daß auch er in irgendeiner Weise an dem Erfolg Anteil haben könnte. Daß auch die Mißerfolge sich auf ihn in ihrer ganzen Härte und Größenordnung entladen würden, das erkannte er wahrscheinlich nicht schon 1848, sondern erst hundert Jahre später.

Da begann nach einer Zeit des großen Aufstieges und bedeutender Machtentfaltung die Zeit der Bombennächte, da fiel in Schutt und Trümmer, was Jahrhunderte gebaut hatten, und Kunstwerke um die die halbe Welt einmal Berlin beneidet hatte, wurden ein Raub der Flammen. Dann kam die Teilung mit ihrer raffinierten und brutalen Art, die die Stadt plötzlich zerlegte und durch eine böse Mauer teilte. Berliner gab es jetzt zweierlei, so meinten die anderen und verhielten sich auch so. Mochten sie aber da und dort mit ihren neuen Thesen ihr Tun begründen, er sagte sich insgeheim, denn jetzt auf einmal dürfen viele Berliner gar nicht mehr sagen, was sie denken: Berlin bleibt Berlin! Und da haben sie recht. Diese Stadt hat sich schon so oft aus ganz schlechten Lagen erhoben und wieder aus den schlimmsten Rückschlägen hochgerappelt und findet auch in Zukunft deshalb wieder zu sich zurück, weil die Berliner da sind. Andere würden an dem zugrunde gehen, was die Sieger seit 1945 mit diesen Menschen getrieben haben. Die Berliner aber verstehen es, mit jeder Situation auf ihre Art fertigzuwerden und sie werden auch das überwinden, was man jetzt um sie legte und ausbreitete. Sie sind heute etwas wortkarger, die alten Berliner. Ihre Reden sprudeln nicht mehr so wie eh und je, aber das ist notwendig geworden. Und dann, sie haben gelernt, an die Wandelbarkeit der Zeit zu glauben, und wissen, daß die Berliner Luft etwas ist, was sich immer wieder regeneriert.

Wenn sie früher gewohnt waren, daß der Fremde das Brandenburger Tor mit seiner reichen Geschichte bestaunte und durch die Linden ging, seine Kunststätten besuchte und die herrlichen Repräsentativbauten wie Wunder einer fernen Welt besah, so weiß er, daß die Fremden, meist ohnedies nicht sehr am Schicksal anderer interessiert, jetzt zur Mauer gehen, die die Stadt drakonisch in zwei Hälften teilt, um zu sehen, was es da Neues gibt und höchstens zu fragen, ob es weit sei nach Spandau, wo es angeblich etwas gäbe, was man nicht glauben könne. Der Berliner gibt seine Auskünfte so, daß der Fremde sich seine Meinung bilden kann.

Auch über den Befragten, der, wie seit Zeiten, jedem Gast zu verstehen gibt, daß er kommen und gehen könne, und es nur von seinem Benehmen abhinge, ob dies bald oder später sein solle. Er ist sich gleich geblieben, der Berliner. Er weiß, daß er nur so bestehen kann, und die vielen Sprüchemacher, die so tun, als ob sein Schicksal ihnen unter die Haut ginge und die

nur der Sensation halber herkamen, lassen ihn völlig kalt. Er liebt seine Stadt ungeteilt und ohne Mauer, er liebt seine herrlichen Ausflugsgebiete, wo der Frühling so ist wie immer, und liebt seine „Weiße", wie stets, seine Geselligkeit, kurz seinen Alltag, den ihm bisher keiner nehmen konnte und den ihm auch in Zukunft keiner nehmen wird.

„Berlin ist eine Reise wert" sagen sie in den Fremdenbüros. Ja, das stimmt. Aber nur für Menschen, die ihren Weg mit Bedacht nehmen, die Ruinen als das erkennen, was sie sind, und die einsehen, daß hinter Großstadtmauern und dem vielen fremdländischen Zubehör, das sie gerade in unseren Tagen hierher verpflanzt haben, ein Stück Heimat, deutsche Heimat steckt, die allen gehört. Dieses Berlin kann man nicht in einem Tagesausflug erkennen und begreifen, man muß sich dafür wesentlich mehr Zeit nehmen, als der heutige Mensch sie im allgemeinen hat.

Vom Wein

Er hat es nicht leicht gehabt, zu uns zu finden, und er hat lange Zeit gebraucht, bis er seinen Weg zu uns genommen hat, der Wein. Er ist von Asien gekommen, von den Ufern des Kaspischen Meeres, dann über das Mittelmeer, Griechenland und Italien, von Hispanien und Gallien, bis er dann endlich auf vielen Umwegen und nach Überwindung mancher Schwierigkeiten in Deutschland gelandet ist. Da gab es römische Legionäre und christliche Mönche, die den Rebstock irgendwie eingeschleppt hatten und ihn auf den sonnigen Hängen der Gebirge am Rhein, an der Mosel oder an der Ahr pflanzten. Dann haben andere ein übriges dazu getan und haben am Neckar und anderen mitteldeutschen Gegenden Rebstöcke gepflanzt, und es gab sogar in Schlesien ein Grünberg, wo lange Zeit ein guter Tropfen gedieh. Dann erst, als sich nach Süden und donauabwärts, dem Zug der Nibelungen folgend, die Verbindungen erschlossen, stellte man fest, daß köstlicher Wein an den neuen Rebenhängen bis ins Ungarische hinein gedieh. Dann wurde der Weinbau in Deutschland lange Zeit zu einem Gütezeichen und schloß auch die südlichen Teile des deutschen Kulturraumes mit ein. Karl der Große selbst hat dafür gesorgt, daß aus Burgund und seinen Weinbergen der Wein nach Rüdesheim und Heilbronn verpflanzt wurde. Später waren es die Ritter, die aus ihren Kreuzzügen ungarischen, griechischen und spanischen Wein mitbrachten und damit die Geschmacksrichtungen veränderten und bestimmten. Fachleute haben nachgewiesen, daß im 16. Jahrhundert der Rheinwein wieder südwärts bis nach Malaga und den Kanarischen Inseln verpflanzt wurde.

„Bei Römern und Hellenen errang der Wein den Sieg", so heißt es in einem alten Studentenliede und weiter dann: „germanisch Bier war ihnen nicht heilig und antik!" Trotzdem der Biertrinker ein ganz anderer Mensch ist, hat er sich damit abgefunden, daß im Lande, wo der germanische Durst mit Gerstensaft gestillt wurde, der Wein zu einem ganz besonderen Getränk heranwuchs. Wein kann man nicht in sich hineinschütten oder gießen und damit seinen großen Durst löschen. Wein muß man behaglich in sich aufnehmen und förmlich inhalieren. Den Wein muß man zunächst genüßlich einatmen, die sogenannte Blume auf sich wirken lassen und dann langsam, am besten mit halbgeschlossenen Augen, in kleinen Zügen über der Zunge zergehen lassen. Der Wiener sagt, man muß den Wein beißen und will damit zum Ausdruck bringen, daß man jeden Tropfen gesondert in sich aufnehmen soll. Und er hat Erfahrung damit, denn in seiner nächsten Nähe wachsen ganz berühmte Reben.

Was gibt nicht die Schlingpflanze der Weinrebe einer Weinberglandschaft für ein besonderes Gepräge, wenn sie an Spalieren und Pfählen langsam, ganz langsam heranreift. Zweierlei ist da notwendig. Da muß die Glut der Sonnenhitze tage- und wochenlang in gleichmäßiger Stärke auf die Erde herunter scheinen und die Beeren ganz langsam und ja nicht zu schnell zum Reifen bringen. Aber der Winzer hat das ganze Jahr über die mühselige Arbeit, den Boden zu lockern, ihn zu düngen, nährstoffhaltig werden zu lassen, den Rebenschnitt im Frühjahr zu vollführen, die Rebenäste zurückzuschneiden, damit sie nicht zu wildern beginnen und dann die Tragreben mit Weidenruten oder mit Bast an den Draht der Spaliere oder Pfähle zu befestigen und die vielen Feinde oder Krankheiten des Weines, bis zur schlimmen Reblaus, zu bekämpfen.

Da muß der Regen zur richtigen Zeit einsetzen und die Sonne muß die Regentropfen wieder mit entsprechender Schnelligkeit aufsaugen. Es müssen also ungezählte Vorgänge und Entwicklungen sorgsam aufeinander abgestimmt sein, damit dann im Oktober die allgemeine Lese, und fast schon im Winter die Spätlese einsetzen kann. Es gibt viele Sorten, vom Riesling bis zum Silvaner, vom Traminer bis zum Burgunder. Sie alle haben ihre Liebhaber. Dann hinter den Butzenscheiben im Lokal, wo sich auf altdeutschen Stühlen und hinter eichernen Tischen die Weintrinker versammeln, wird mit jedem Schluck nicht nur ein Loblied auf Gott Bacchus gesungen, sondern auch das Land gepriesen, dem solches köstliche Naß entsprungen ist. Ob an der Mosel oder in der Wachau, ob im Burgenland oder in Südtirol, im Rheingau oder im Fränkischen, der Wein prägt überall nicht nur das Land, sondern auch seine dort wohnenden Menschen.

Man kann viele Blumen in der Natur bewundern und es gibt deren ungezählte, die uns schon viel Freude bereitet haben. Die Blume eines guten Weines aber, das eigentümliche Bukett, das jeder Sorte zu eigen ist, zählt zu den schönsten Gaben, die die Natur dem Menschen zu schenken vermochte. Wer ist nicht schon, geradezu voll Andacht, vor einem dieser Riesenfässer gestanden, in dem der Wein in ruhender Haltung bewahrt wurde, um sich langsam in dieser Lage zu klären, bis er endgültig reif geworden und in kleinere Fässer oder Flaschen umgefüllt, dann seinen Weg zu den durstigen Kehlen gefunden hat. Man kann nicht alle Sorten mit Namen kennen, eines aber weiß man: Der Wein veredelt auch den Menschen, macht ihn lebensfroh und beglückt. Es gibt nirgends so viele fröhliche und dem Leben zugewandte Menschen wie in Weingegenden. Wenn die sogenannte Gemütlichkeit in weiten Gegenden der Welt ausgestorben ist, gedeiht sie noch am besten und schönsten in diesen Weinorten und Lokalen, wo die Menschen in friedlicher Gemeinschaft sich zusammensetzen, um nach einigen Schlucken aus ihrem Pokal plötzlich zu erkennen, daß alle Hast der Welt, alles Jagen nach Erfolg und Ruhm verblaßt neben einer Stunde der Harmonie, die einem ein guter Wein in seiner großen Fülle zu schenken vermag.

Natürlich muß der Mensch selbst gewisse Grenzen setzen und darf nicht vergessen, daß ein gewisses Mittelmaß im Genuß erst den wahren Segen bereitet, aber das gilt schließlich für alles im Leben. Der alte Mensch sieht in „jedem vollen Glase, tief auf dem Grunde" irgend etwas, was sein Leben einst beglückte, der andere muß gar nicht leichtsinnig sein, wenn er den Sinn des Liedes erkennt, „es wird ein Wein sein und wir werden nimmer sein!", und der Junge spürt ein Feuer, das ihn beflügelt und hoffentlich im Leben nie verlassen wird.

Wer denkt da beim frohen Umtrunk noch an die Mühen und harten Stunden, die der Wein dem Winzer und dem Küfer vorhergebracht hat, jeder freut sich nur an dem, was schon allein symbolhaft im Wein uns dargeboten wird. Eine köstliche Gabe, die uns das Land vermittelt, eine Gabe der Schöpfung, die neben dem Brot zu dem edelsten zählt, was auf der Erde gedeiht. Etwas, was vor Jahrhunderten sogar von den Religionen der alten Völker als heiliger Begriff aufgenommen wurde, und was uns in dem Wunsche vereinen kann, den wir jedem Gutgesinnten darbringen, wenn wir schlicht und einfach sagen: „Wohl bekomms!"

Gestern Festung, heute Schloß

Hier ist Johann Bernhard Fischer von Erlach geboren, der Baumeister, dem wir die Karlskirche in Wien verdanken, diesen wunderbaren Kuppelbau mit den zwei Seitentürmen. Aber auch in anderen Städten des alten Kaiserreiches hat er Bauten errichtet, Salzburg mitgeprägt und wurde Österreichs erster großer Barockbaumeister. Während wir aber eine ganze Reihe Städte anführen können, die zum alten Österreich zählten, oder noch zum heutigen gezählt werden können, in denen er wirkte, finden wir in seiner Heimatstadt verhältnismäßig wenige Spuren seines genialen Schaffens. Wir sind in Graz, der Stadt an der Mur, der Hauptstadt der grünen Mark, der Hauptstadt der Steiermark.

Sie hat sich eine Burg gebaut, die niemals eingenommen werden konnte, obwohl Türken und später die Franzosen sie einnehmen wollten, aber an dem harten Verteidigungswillen der Bewohner und den so vorsorglich ausgebauten Wehranlagen mit den unterschiedlichsten Befestigungen scheiterten. Das gibt es ganz selten, denn fast alle Burgen und Stadtbefestigungen sind schon in der Geschichte gestürmt und erobert worden und steigerten den Zorn der Angreifer, der sich dann nach dem Fall der Festung an den wehrlosen Bewohnern austobte. Doch diejenigen, die solchem Ansturm

　　　　　　　　　　　　Typisches Weinbaugebiet

standhielten, die sich erfolgreich zur Wehr gesetzt hatten, waren zeitlebens des Lobes voll für ihre Mauern, die ihr Leben geschützt hatten. Besonders den Franzosen muß das damals recht unangenehm gewesen sein, denn ihnen lag schon mehr als so eine einzelne Stadt zu Füßen, aber die schon im 15. Jahrhundert angelegten Festungsmauern hielten und hielten und die Franzosen mußten abziehen! Die Grazer haben später ihre Festungsanlagen gesprengt, als die moderne Technik eine andere Zeit andeutete und andere Methoden des Angriffs und der Verteidigung begannen.

Der erste Eindruck, den man hier hat, ist der, sich in einer südländischen Stadt zu befinden. Auch die Menschen, die uns begegnen, sind, vor allem im Temperament, erkennbar südländisch und die Anlage der Stadt mit ihren altertümlichen Gassen und Plätzen ist von flutender Sonne erfüllt, die über die Fassaden streicht, über die Erker einen dünnen Schleier legt und die alten Giebelhäuser mit ihren Stuckverzierungen magisch aufleuchten läßt. Dann sind wir auf dem Schloßberg, der ehemaligen Burg, die sich über die Stadt erhebt, mit einem schön angelegten Park, mit allen Reizen südländischer Gartenbaukunst. Wir stehen da oben und unter uns und um uns ist ein Land, das einen tief atmen läßt im Glück, daß es so etwas überhaupt gibt. Wälder kennzeichnen den Horizont, das Band der Mur schlingt sich wie ein grüner Streifen um die Stadt und verliert sich irgendwo in der Unendlichkeit. Hügel und Berge, in denen sie nach Erzen und Kohle schürfen, kleine Ortschaften und verstreut liegende Meierhöfe und Landsitze bilden ein Panorama von geruhsamer Lebenshaltung, die sich vom modernen Umtreiben noch nicht ganz niederhalten ließ. Irgendwo dort in der Ferne muß der Waldbauernbub herumgelaufen sein, als er noch nicht bekannt war, der spätere Lehrer und Volkserzieher Peter Rosegger, der all das in sich aufgenommen und idealisiert an uns weitergegeben hat. Seien wir ihm dankbar dafür, seine munteren und doch so verantwortungsvoll klingenden Worte sind Seelenbalsam in der Zeit des allgemeinen Zerfalls und der allgemeinen Formlosigkeit. Dies in einem Land, das ebenfalls durch eine Grenze unnatürlich zerschnitten wurde und wo der südliche Teil erbarmungsloser Slawisierung zum Opfer fiel.

Friedrich II. hat den Dom und die Burg bauen lassen, man schrieb 1440, und dieser deutsche Kaiser ist es gewesen, der Graz zu seinem Sitz machte, so daß die Stadt Residenzstadt wurde. Die Habsburger machten die schon erwähnte Burg, wo wir jetzt stehen, zur Hauptfestung Innerösterreichs. Die Stadt wurde dann Residenzstadt des gleichen Innerösterreich, das in dieser Zeit die Steiermark, Kärnten, Krain, Istrien und Triest vereinigte. Erst als Erzherzog Ferdinand Kaiser wurde, erfolgte die Übersiedlung der Herrscherfamilie nach Wien. Johannes Keppler hat an einer der Grazer Schulen gelehrt, wo 1526 die Universität gegründet wurde und wo man in unseren Tagen Graz gerne als eine der beliebtesten Pensionistenstädte Österreichs bezeichnete. Hier konnten angeblich, ähnlich wie in Troppau, Militärpensionisten und hohe Staatsbeamte ihr Ruhegehalt mit Anstand und Würde verzehren. Das gab der Stadt dann auch eine bestimmte Note und verlieh ihr jene Ruhe, die von Menschen ausgeht, die schon alles erlebt

Graz: Blick vom Schloßberg auf die Dächer der Stadt

haben, denen man nichts Neues erzählen kann und deren einzige Sorge jene Erscheinungen sind, die den früher oder später unweigerlich auftretenden Vater Hein ankündigen.

Nachdem wir uns vom Uhrturm getrennt haben, der überall in der Stadt zu sehen ist und dem es gedankt werden muß, daß hier jeder jederzeit weiß, wieviel es geschlagen hat, stehen wir vor dem Landhaus mit seinem berühmten Arkadenhof. Hier war der Kanzlei- und Tagungsort der steirischen Landstände, und sein Erbauer, ein Italiener, hat im Stile seiner Heimat der oberitalienischen Renaissance dieses Juwel eines Verwaltungsbaues errichtet, dem eine ganze Reihe reicher Bürger und Adeliger in der Stadt beim Bau ihres Domizils nacheifern wollten. Dieser Nachahmungstrieb hat der Altstadt ein solch geschlossenes Bild verliehen. Bis in die Tage, da sie gegen Ende des vorigen Jahrhunderts das Hauptgebäude der Universität schufen, haben sie den Einfluß der italienischen Renaissance beibehalten und sich an ihr erfreut.

Die Liesel, so nennen die Grazer mit einem lobenden Seufzer die Glocke des Turmes auf dem Schloßberg, die eine der größten Glocken Österreichs ist, schlägt auch für uns und mahnt uns, den Rundgang zu beenden. Auch wir wissen, was es geschlagen hat und stehen zum Abschied im Landeszeughaus, das in vier Stockwerken Waffen aus dem 15. bis 16. Jahrhundert enthält und zwar in solcher Anzahl, daß man damit 30 000 Mann ausrüsten könnte. Hier lebt noch einmal die bewegte Geschichte auf, die sich zwar nie wiederholt, aber die Menschen immer wieder zwingt, von vorne anzufangen, was vielleicht ungewollt ein Erziehungsmittel ist, dem wir den Fortschritt verdanken. Südlich der Stadt kommen dann Orte, die wir noch aus der Zeit in Erinnerung haben, da auch hier versucht wurde, deutsches Gebiet umzufälschen und deutsche Menschen Freiwild wurden. Wir kommen nach Leibnitz, Radkersburg und im Westen nach Schladming und — dann halten uns Grenzbalken zurück, weiterzugehen, obwohl wir noch einige der Orte besuchen wollten, die so wie Cilli jenseits der heutigen Grenzpfähle liegen. Doch jetzt heißt es unerbittlich halt. Sie sind Ausland, diese Städte, und das Deutschtum dieses Grenzraumes ist nahezu ausgerottet. Es war ein Italiener, der in einem anderen Zusammenhang gesagt hat: „Vorläufige Grenze bis daher!"

Die Wartburg und ihr Land

Hier in Thüringen, wo im Herzen Europas sich eine Landschaft eröffnet, die zu den schönsten des deutschen Landes zählt, stehen wir vor einer Burg, die eigentlich die Burg Deutschlands ist. Hier fließen Geschichte und Romantik ineinander, und über die dunklen Rücken der angrenzenden Wälder ragt diese Burg auch heute noch fast unbeschädigt vom letzten Kriege mit ihren Giebeln und Türmen empor. Sie wurde durch eine Reihe von Zufälligkeiten Mittelpunkt geschichtlicher Ereignisse, Symbol einer

deutschen Burg schlechthin. Immer wieder wurde sie besungen und gepriesen und war lange Zeit Wohnsitz deutscher Dichter, die hier schon Werke schufen, als andere Völker kaum noch die Seßhaftigkeit erlangt hatten.

Sie ist als sogenannte Warte entstanden, die Ludwig von Schauenburg zur Zeit Kaiser Heinrichs IV. errichten ließ und hatte zunächst nur die Aufgabe, ein bewehrter Stützpunkt zu sein. Landgraf Hermann verlegte seinen Wohnsitz hierhin und begann den alten Wehrbau umzugestalten und auszubauen. Sein Verdienst war, daß er bereits gegen Ende des 12. Jahrhunderts das Haus zum Mittelpunkt jener fahrenden Sänger und Dichter gemacht hatte, denen er Gastrecht und Bleibe bot. Hier finden wir Wolfram von Eschenbach und Walther von der Vogelweide, neben vielen anderen, deren Lieder und Gesänge zu den schönsten dieser anbrechenden Kulturepoche gezählt werden. Nach dem Tode dieses Fürsten hört man längere Zeit nichts von der Burg, sein Nachfolger galt als geizig und wenig gastfreundlich. Seine Gattin war die ungarische Königstochter Elisabeth, die später heiliggesprochen wurde. Die Burg wurde zwar erweitert, aber in der Folge war eine lange Zeitspanne nichts von ihr zu hören.

Bis dann 1521 der als vogelfrei erklärte „Junker Jörg" auf der Burg Asyl fand und in einer förmlichen Rekordzeit von zehn Wochen die lateinische Bibel ins Deutsche übersetzte und damit den Grundstein zur gemeinsamen deutschen Hochsprache legte. Eine geschichtliche Großtat, die vollbracht wurde von Martin Luther, der dazu weder ein Wörterbuch besaß noch sonstige Unterlagen oder Kommentare des Neuen Testamentes, mit dem er sich auseinandersetzte. Man muß sich darüber hinaus vorstellen, was in diesem, von allen gehetzten und ständig von Verfolgern Bedrohten vorgegangen sein muß. Wir stehen hier tatsächlich vor einer menschlichen Großtat, die volle Bewunderung verdient und die zu einem Markstein der endgültigen Volkwerdung der Deutschen geworden ist.

Danach wurde es wieder still um die Wartburg. Viel Blut mußte fließen. Deutschland, soweit es das noch gab, zerfleischte sich gegenseitig, und Kriege tobten in einem Land, das immer mehr den fürstlichen Interessen zu dienen hatte. Bis dann 300 Jahre später, als die Vormachtstellung Frankreichs im Zerfallen war und die deutschen Fürsten, selbstherrlich und nur auf sich bedacht, ihre letzten Positionen zu erhalten suchten, die Wartburg wieder Schauplatz eines Ereignisses wurde. Die Deutsche Burschenschaft, als Trägerin eines neuen Bekenntnisses und Anrufes der Jugend an ihre Zeit, traf sich hier. Unter dem bis heute geltenden Prinzip derselben von „Ehre", „Freiheit", „Vaterland" unter dem Zeichen Schwarz, Rot, Gold wurde sie zum Inbegriff des neuen Gedankens, der sich bald über das ganze Land auszubreiten vermochte und seinen Weg ging. Im Anfang wütend bekämpft und verfolgt, als Ausdruck bösester Verworfenheit hingestellt, wurde diese Jugend von der ewigen Reaktion in unserem Volke lange Zeit in Acht und Bann getan. Der damalige Herzog von Weimar aber blieb ihr Beschützer und konnte manch Böses verhindern. Diese Studenten des Wartburgfestes haben viel dazu beigetragen, daß 1848 zum ersten Male der Einigungsgedanke der Deutschen greifbare Formen annahm und

Schwarz-Rot-Gold zum sichtbaren Zeichen eines werdenden deutschen Reiches wurde.

Goethe hat stimmungsvoll diese Landschaft geschildert, die kein hohes Gebirge kennt, doch dafür ungezählte grüne und waldbedeckte Hügel, zwischen denen sich ungezählte Rinnsale, Bäche und Flüsse den Weg suchen, inmitten einer Vielfalt grüner Auen und Felder. Dort, wo ungezählte kleine Städte liegen, in denen hinter Butzenscheiben und Weinlaub die Zeit stehen geblieben zu sein scheint, läßt sich in beschaulicher Ruhe so herrlich das Gastrecht genießen. Das Leben ist auch hier nicht stehen geblieben und der Fortschritt hat seine Tribute gefordert, das Land aber blieb und formte immer wieder aufs neue seine Menschen und schenkte ihnen den Boden, auf dem sie sich einrichten konnten. Hier gibt es sogar Wein. Wenn seine Reben auch etwas säuerlich sind, in den berühmten Orten, wie Meiningen, Eisenach, Gera oder Greiz wird er aber gerne getrunken. Vom Rennsteig müßte berichtet werden, wenn wir dieses Land durchstreifen. Dieser breite und unergründliche grüne Saum von Wäldern, in einer Ausdehnung von einhundertsiebzig Kilometern Natur, ist eine Wunderwelt, deren Sagen zu den schönsten zählen, die wir besitzen.

Doch zurück zur Wartburg, sie wurde 1860 renoviert. Man hat dabei der Fantasie freien Lauf gelassen, und das bedauert die Forschung. Denn seit diesem Zeitpunkt sind einige Einzelheiten der Burg so verändert, daß sie dem historischen Bilde von einst nicht mehr ganz entsprechen. Auch in den folgenden Jahrzehnten hat man alles getan, um die Burg zu erhalten und vor dem Verfall zu bewahren. Sie bleibt auch in unserer Zeit mit ihren neuen Problemen das, was sie einst war: Ein geschichtsträchtiger Punkt, den wir in unserer Bewußtseinsbildung erhalten müssen. Das umso mehr, als Deutschland und seine Kultur größer sind als die einzelnen Teile, in die man es heute zerschlagen hat.

Und das muß man hier vor allem bedenken, wo wir immer wieder vor Zeugen einer historisch bedeutsamen Vergangenheit stehen und man durchaus nicht nur auf den Kyffhäuser zurückgreifen muß. Denken wir nur etwa an das kleine Meiningen, das einmal Hauptstadt eines Herzogtums Sachsen-Meiningen war und auch heute nicht mehr als 24 000 Einwohner zählt. Und doch, das Theater dieses Städtchens, die berühmten „Meininger", waren jene deutsche Theatergruppe, die die deutsche Schauspielkunst in der Zeit von 1874 bis 1890 zu einer unerhörten Blüte führten. Im Städtchen Sondershausen erlangten die Loh-Konzerte Weltberühmtheit, die ein Fürst eingerichtet, organisiert und jeweils auch dirigiert hatte. Neben dem Orchester hatte er auch seine Musikschule errichtet, die sich weitgehend des größten Ansehens erfreute. Als durch die Revolution 1918 die deutschen Fürsten abgesetzt wurden, gab es hier einen Zwischenfall so ganz am Rande der großen Ereignisse und doch von geradezu zwingender menschlicher Größe. Die Bewohner von Schwarzburg-Sondershausen trauerten darüber, daß auch ihr Landesherr zurücktreten mußte. Sie wollten ihn nicht verlieren. Deshalb wollte man ihn zum Präsidenten wählen und hatte schon alles eingeleitet, um diesen einmaligen Vorgang durchzuführen. Er zeigte jedoch politischen Weitblick und — verzichtete! Die Welt kennt viele derartige Schicksale. Hier sind sie auf engstem Raum und das in einem engen Umfeld und unter einer Burg vereinigt, die nicht grundlos als die Burg in deutschen Landen gepriesen wird.

Im Lande deiner Spuren

Es gibt ein Fernweh, das Generationen alt ist und eine Eigenschaft der Deutschen zu sein scheint. Der Drang in der Ferne und die Sehnsucht nach dem Unerreichbaren, dem Unendlichen. Goethe war es, der seine Iphigenie das Land der Griechen mit der Seele suchen ließ, und Sven Hedin, der große Freund der Deutschen aus Schweden, hat schon vor mehr als einer Generation zu erklären versucht, warum er diesem Drang in die Ferne nachgegeben hat. Durch die moderne Technik und den heutigen Verkehr ist die Welt kleiner geworden und daher scheinen sich die Perspektiven verändert zu haben.

Früher war es der Wanderbursch, der „mit dem Stab in der Hand" die Welt kennen gelernt haben mußte, bevor er sein Handwerk ausüben durfte. Die Welt, sie war damals allerdings viel kleiner als heute, und wenn es zu Beginn dieses Jahrhunderts eine Bewegung im Entstehen gab, die sich „Wandervogel" nannte, dann erleben wir hier ein Wiederaufkommen des menschlichen Versuches, die Natur wieder zu erleben, zu ihr zurückzufinden und mit ihr sich von allem Modefirlefanz zu lösen und natürlich und naturverbunden zu werden. Der natürliche Trieb in die Weite hat aber nicht unbedingt in ferne Welten und Erdteile führen müssen, sondern wandte sich zunächst dem eigenen Lande zu, das man kennenlernen wollte, dem man die Schönheiten und Eigenarten abzugewinnen suchte und das auf diese Weise zum Erlebnis werden sollte.

Um zur Heimat, zum Lande zurückzufinden, bedarf es keiner großen Reisegesellschaft und keines Fremdenführers, die muß man sich selbst still und nicht übersturzt erwandern. Dazu aber braucht man Zeit, und die nimmt sich heute kein Mensch mehr. Doch nur der versteht ein Land, seine Gesetze und die zur Heimat gewordenen Verbindungen, der sich sorgsam mit allen Einzelheiten und dem oft hintergründigen und verborgenen Geheimnissen vertraut gemacht hat.

Ob wir am Strande des Meeres stehen und mit ehrfürchtigem Staunen dem Spiele der Wogen zusehen oder dem Plätschern der Wellen in ihrer nie endenden Folge lauschen, einen Sonnenuntergang erleben, der sich nach und nach im Wechselspiel seiner Farben über dem Meeresspiegel ausbreitet oder vor einer Gipfelwand stehen, die vor uns zum Himmel emporzuragen scheint, das Land hat seine eigenen Gesetze in jedem Fall. Die aber müssen wir erkennen und beachten. Hier im Hochgebirge, wo harter Stein zwischen den Latschen droht, wo die Lawine ihre Gefahr bringt, die den Menschen immer wieder überrascht, und wo der Wind ganz andere Formen annimmt, als unten im fruchtbaren und friedlichen Tal. Das alles sind vorerst Geheimnisse, die nach und nach wenigstens zum Teil gelöst werden können, wenn sie auch für viele Menschen immer unergründlich bleiben. Wenn uns Trümmertäler von gigantischen Ausmaßen umgeben, wenn wir klein, winzig klein, angesichts der himmelhoch aufragenden Felsenbrocken scheinen, dann erkennen wir unsere eigene Unzulänglichkeit und ermessen, daß es nur ein Überleben gibt, wenn Mensch und Natur zu einer Einheit werden, und das kann er nur erreichen, wenn er sich mit ihr beschäftigt, sie zu ergründen sucht, ihre Rätsel löst, sich ihr anpaßt und unterwirft.

Hier beginnt in solchen Momenten unser Blut zu rauschen, ein Druck löst sich von unserer Brust und in uns beginnt es in ungezählten Melodien zu singen, die wir noch niemals hörten. So erwacht dann die Liebe zu diesem unterschiedlichen Land und die Freude darüber, daß es uns vergönnt ist, in einem Lande zu leben, wo all das, vom Brausen der Meeresküste bis zum Gipfeltoben der Dolomiten und Alpenberge, zu Hause ist. Wo neben fruchtbaren grünenden Feldern, Wiesen und Heiden das Rauschen der unübersehbaren Wälder noch zu hören ist und uns mahnt, mit diesem Köstlichen, das uns anvertraut ist, pfleglich umzugehen. Ein Land, dem die Wunderwelt solcher Seen eigen ist wie hier, das in seinen historisch gewordenen Flußläufen gleichzeitig die große Heldensage seiner Ahnen begreift und in den Alpenpässen die Spuren sucht, die einst deutsche Herrscher hinterließen, als sie vergeblich ihrem Glück im sonnigen Süden nachzugehen suchten.

Und dann die Menschen in diesem Land. Ganz unterschiedlich von ihm geformt. Die Leute an der See, die Menschen, die Sturm und Wetter auf den Meeren trotzten, denen man die rauhe Seeluft anmerkt und die doch so still vergnügt sein können, so dankbar für das Stück Leben, das ihnen hier belassen ist, inmitten der Urkraft von Elementen, denen man, im Grunde genommen, nicht gewachsen ist. Merkwürdig, die Menschen im Gebirge, in der Einsamkeit der Bergeshöhen gleichen ihnen, zwar nicht in der Mundart und manchem Äußeren, doch in dieser stillen und in sich gekehrten Art, die dankbare Fröhlichkeit ausstrahlt und von der Größe der Gefahr weiß, die sie tagein, tagaus umgibt. Man sieht, wie das Land die Menschen prägt, und die Spuren, die sie hinterlassen, gleichen sich auch.

Dann aber in der Tiefe unten, dort, wo die fruchtbaren Felder sind, wo Wiesen und Gärten bestellt werden, finden wir die anderen, auch sie sind von ihrem Land geprägt, aber sie sind weniger Träumer als die von Meer oder Gebirge. Hier hat sich nach Jahrhunderten unmenschlicher Untertanenverhältnisse etwas ausgeprägt und entwickelt, was wie eine Trägerschaft wirkt und Hüter zugleich ist. Hüter des Landes, das sie bestellen, verantwortlich für das, was es hervorbringt. Zum Unterschied von den Städtern mit ihren fluktuierenden Element, der ständigen Unruhe, die das Schöpferische bedroht und doch die großen Leistungen schuf, die aus dem Lande kommen, dem Fortschritt und damit leider dem Abwenden von vielem, das gut und behütenswert war. Anders wieder der Bergmann, der noch immer, wie in alten Tagen, in die Grube fährt, tief unten Erze oder Kohle schürft, und dem das Licht des Tages und die Sonne viel mehr bedeuten, als jenem, der sie zum Überfluß genießen kann. Die Arbeiter der Werkshallen und Fabriken, vor den Spindeln und Drehbänken, vor oder hinter modernsten Maschinen der Elektronik langsam zu wissenschaftlichen Mitarbeitern des Fortschritts geworden, sie alle sind ein Stück des Landes, die irgendwie einmal in der weichen Muttererde versinken, die über die Härten des Lebens und der Schönheit des Landes ihren Weg gehen, ob sie nun wissen, wer „Des Knaben Wunderhorn" geschrieben und was die Romantik war; sie leben sie, meist ohne es zu wissen, denn es ist eine uralte Weisheit, daß der Mensch mit seinem Herzen denkt. Dies ist unser Schicksal und wir mögen uns dagegen wehren oder nicht, mit unserem Herzen erleben wir die Welt, und das Herz sagt uns Dinge, die der Verstand schon oft vergessen oder verwirkt hat. Wehren wir uns nicht gegen dieses Stück Schicksal, das uns auch zu einem Bekenntnis zwingt und nicht losläßt.

Das Elbflorenz

Man hat diese Stadt nicht grundlos so genannt und sie verdient nach ihrem grauenhaften Schicksal von 1945 diesen Ehrentitel noch immer, oder besser gesagt, wieder. Dresden hat erst zu Anfang des 13. Jahrhunderts an Bedeutung gewonnen und war bis dahin eine Fischersiedlung an der Elbe. Allerdings schon von eh und je von einem ausgezeichneten Klima begünstigt, entwickelte sich der Ort, dank großzügiger Fürsorge der Albertinischen Linie des Hauses Wettin, zu einer Residenzstadt und zur späteren Landeshauptstadt von Sachsen. Hier wurde jahrhundertelang systematisch am Aufbau und an der künstlerischen Gestaltung gewirkt und es war August der Starke, der dieser Entwicklung die Krone aufsetzte und über sie die glanzvolle Fülle des überreichen Barock ergoß. Was damals an feinst durchgliederten Bauten entstand, an Kirchen und Palästen, an Gärten und Gewölben, vor allem aber an Terrassen und Kunstschätzen, das ist kaum zu schildern. Die Stadt hat den Ehrentitel verdient, und ihr Stadtbild, das sich wunderbar in den Fluten des dahinziehenden Stromes wiederspiegelte, war in seiner Wirkung einmalig.

Was hier jahrhundertelang harmonisch entwickelt wurde, gab aber der Stadt auch eine Atmosphäre, wie sie nur ganz wenige Städte des Kontinentes besitzen, und das Spiel der Steine schien sich mit den schönsten Melodien der großen Komponisten dieser Zeit zu vereinigen. Man kommt unwillkürlich ins Schwärmen, wenn man von Dresden berichtet, wenn man an Schloß und Marstall erinnert, an das japanische Palais, die Hofkirche, die Brühlsche Terrasse, vor allem den Zwinger und seine Anlagen. Daniel Pöppelmann hat durch den Bau dieses herrlichen Gebäudes den Stil für eine neuartige Darstellung festlicher Freude und künstlerischer Beschwingtheit gefunden. Er ist eigentlich die Ursache für den Ehrentitel, den man der Stadt gab, und seine Elbebrücke war nur der Abschluß einer vielseitigen

Tätigkeit, von der man den Zwinger immer wieder nennen wird. August III. berief eine Vielzahl bedeutender Künstler seiner Zeit ins Land, beschäftigte sie und entlohnte sie reichlich. So den Grafen Brühl, der die nach ihm genannte Terrasse als Abschluß einer vierhundert Meter langen Gartenanlage schuf, die man sogar lobend die „Pforte Europas" genannt hat. Zwischendurch immer wieder gepflegte und im besten Zustand gehaltene Einzelteile eines riesigen künstlerisch vollendeten Mosaiks, dem übrigens kein geringerer als Herder den Namen vom deutschen Florenz gegeben hat. Denken wir dann noch an die ungezählten Kunstwerke, die die Museen und Sammlungen der Stadt bargen, etwa Raffaels berühmte „Sixtinische Madonna", dann beginnt sich das Bild langsam abzurunden, ohne daß Worte jemals das wiedergeben könnten, was hier offen und verborgen seit Jahrhunderten gesammelt vorlag.

Das war die Stadt, die Festlichkeiten und fürstliche Freuden veranstalten konnte, die den Resonanzboden für all den Prunk bilden durfte, den ein Zeitalter des Barocks ersann und der über die sonstigen Notzeiten dieser Epoche hinwegsehen lassen sollte. Schon allein die Brücken, die sich hier mit einem geradezu heiteren und leichtsinnigen Schwung über die Fluten der Elbe spannten, waren ein Erlebnis, wenn man von ihnen aus das abendlich beleuchtete Bild vor sich sah, das sich meilenweit am Ufer dahinzog. Es lag ein Zauber, aber auch eine Magie über dieser Stadt und das, was die Geschichte in der Vergangenheit ihr vielfach ersparte, das hat ihr die Gegenwart überreich mit aller Grausamkeit der menschlichen Vernichtungswut beschert. Doch halten wir noch ein. Hier durfte ein Richard Wagner wirken, hier erfolgten seine Triumphe, aber auch die Ursache für seine Flucht, zudem ein Steckbrief ihn getrieben hatte. Letzter Abgesang einer Stadt und fast förmlich zu nennende Abschied einer Epoche die Tatsache, daß hier in Dresden die Erstaufführung des „Rosenkavaliers" von Richard Strauß in der Hofoper von einst erfolgte.

Es ist bestimmt so, daß von mancher Stadt das Bild erhalten bleibt, von der anderen eine Melodie oder auch der Geruch. Das Bild ist das Äußere, das entzücken kann, das begeistert, die Melodie greift ans Herz und Gemüt, der Geruch, der aus den Blütenkelchen, dem Schilf an den Ufern und dem Hauch der unsterblichen Bauwerke kommt, die einem entgegenblicken, der ist in der Lage, den Willen des Menschen zu entfachen. Alle drei zusammen aber bilden die Erinnerung, die über Kommen und Vergehen triumphiert und von den ewigen Werten Kunde gibt, die über menschliche Verkommenheit sich hinwegzusetzen vermag. Caspar David Friedrich und Ludwig Richter malten und zeichneten das Bild, ungezählte Dichter haben es beschworen, doch so rein und schön, wie in der Erinnerung das Bild dieser Stadt weiterlebt, hat sich keine andere deutsche Stadt erhalten können. Es sind die vielen geistigen Kräfte der Menschen dieses Landes, die hintergründig da auch eine Rolle spielen. Die Sachsen, die man oft so mißverstanden hat und die doch so unendlich urban, so lebenslustig und dabei betriebsam und grundsatztreu sind und deren tiefstes Geheimnis wahrscheinlich in dieser Landschaft liegt, in die sie hineingeboren wurden,

wo uralte geschichtliche Kräfte miteinander rangen, künstlerische Kräfte zu Spitzenleistungen emporwachsen konnten und doch die Demut einer friedvollen, wälderreichen und fruchtbaren Heimat sie umgaben. Trotz aller Betriebsamkeit und einer hoch entwickelten Wirtschaft, die tatsächlich Spitzenleistungen der industriellen Entfaltung erzielen konnten, haben sie aber auch bewiesen, daß sie Schicksal tragen können, daran nicht zerbrechen, sondern innerlich gestärkt wieder hochkommen.

Denn — und das fällt nicht leicht bei solchen Betrachtungen anzuschließen, der Stadt wiederfuhr ein furchtbares Geschick, das so groß war, daß der damals größte lebende deutsche Dichter, Gerhart Hauptmann, meinte, das Weinen angesichts dieser Freveltat verlernt zu haben. Heinrich Zillich widmete den Müttern von Dresden eines seiner erschütterndsten Gedichte, und Erich Kästner schrieb: „Die Stadt Dresden gibt es nicht mehr. Sie ist, bis auf einige Reste vom Erdboden verschwunden. Der Zweite Weltkrieg hat sie in einer einzigen Nacht und mit einer einzigen Handbewegung, weggewischt." Ja, damals in der Nacht auf den Aschermittwoch 1945 wurde Dresden durch pausenlose Fliegerangriffe binnen knapp zwei Stunden in Schutt und Asche gelegt. Dabei war der Krieg schon fast entschieden und die Stadt mit hunderttausend Ostflüchtlingen bis zum Bersten überfüllt. Furchtbares hat sich dort ereignet, die menschliche Sprache kann die Worte nicht finden, um das Grauen zu schildern. Schlimm auch, daß man mit der Zahl der Toten ein frevelhaftes und zusätzlich noch verbrecherisches Spiel getrieben hat.

Nach Jahren der Trümmer und der Hoffnungslosigkeit hat der Wiederaufbau begonnen, der Zwinger und anderes steht wieder, es liegt wieder ein Hauch der Unsterblichkeit über der Stadt. Ob das alte Dresden, diese Ansammlung von musischer Vollendung und Gefühlswärme, wieder erstehen kann, muß die Zukunft zeigen.

Das badische Potsdam

Stadtchronisten behaupten, daß Karlsruhe im wahrsten Sinne drei Mal gegründet worden sei. Sie beweisen es auch, wenn sie von der Großstadt zwischen Schwarzwald und Rhein sprechen und berichten davon, daß am 17. Juni 1715 unter Pauken- und Hörnerklang der Grundstein zum achteckigen Schloßturm gelegt wurde, nachdem man am 28. Januar begonnen hatte, den Hardtwald an der für „Carolsruhe" vorgesehenen Stelle zu roden. Einem lebensfrohen Markgrafen von Baden-Durlach ist es also zu danken, daß dieses Schloß entstanden ist, um das sich nach und nach Lieferanten, Bedienstete, Gewerbetreibende hier ansiedelten, was zur Gründung der Stadt führte. Einer der bekanntesten schwäbischen Forscher, Wilhelm Ludwig Weckerli, schrieb: „Die Nähe Straßburgs hat eine gewisse Verflüssigung in die Manieren und die Lebensart der Einwohner gebracht, die sich von dem griesgrämigen Charakter vieler Schwaben entfernt".

Karlsruhe: Marktplatz mit Pyramide

Schon zu Beginn des neunzehnten Jahrhunderts hat diese Stadt, die uns auch heute durch die großzügige Anlage und lineare Aufteilung auffällt, den Fortschritt zu spüren bekommen. Hier wurde auch eine der ältesten technischen Hochschulen gegründet und sind die Voraussetzungen für den Rheinhafen geschaffen worden. Die Stadtväter, vor allem aber die Angehörigen des Fürstenhauses, versuchten einem Nachholbedarf Genüge zu tun. Dem Großmut Napoleons verdankt Karlsruhe den Aufstieg zur badisch-großherzoglichen Residenz mit einer Einwohnerzahl von etwa 17 000 Köpfen. Trotzdem vermerken die Chronisten, daß in dieser Duodez-Hauptstadt immer noch Nachtwächter und Postkutschen verkehren. Als Straßenbeleuchtung gab es Petroleumbrenner, die aber nur von Oktober bis April, und da lediglich in besonders dunklen Nächten, zu leuchten hatten. Bis ins zwanzigste Jahrhundert ist der behäbige Stil erhalten geblieben. Wir erleben hier eine typische Hof-, Beamten- und Garnisonsatmosphäre, wo sich alles dem fürstlichen Hof und dem Militär unterzuordnen hatte. Was aber hier gebaut wurde, war solide und hatte Bestand, und wir haben es heute mit einer Stadt ganz eigenartiger Prägung zu tun. Karlsruhe wurde im neunzehnten Jahrhundert in der ganzen Welt dadurch bekannt, daß im Ansbacher Schloßpark jener Kaspar Hauser ermordet wurde, von dem es hieß, er sei der badische Kronprinz und wäre entführt und umgebracht worden, um das Erbrecht einem anderen Nachfolger zu sichern. „Die Stadt ist nicht zu sehr eine entstandene und gewachsene, sondern eine gesetzte Stadt", schrieb einer, der sich hier gut auskannte und der vieles von dieser heute mehr als eine Viertelmillion Einwohner zählenden Metropole wußte.

Die Fächerstraßen atmen eine bewußte Anlage und den Bauwillen von Menschen, die nicht gerade arm gewesen sein können. Die Humanitas ist hier ebenso zu Hause wie der Anschluß an die Tradition, und eine vielseitige Betätigung kennzeichnet die Stadt, die eigentlich eine Tulpe im Stadtwappen tragen müßte. Die war nämlich die Lieblingsblume des erwähnten Markgrafen, der „zu dero künftigen Ruhe und Gemütsergötzung" das Schloß in das Waldgebiet der Rheinebene bauen ließ. Die ausstrahlenden Alleen ins Waldgebiet preist der Dichter Kleist und sagt: „Klar und lichtvoll wie eine Regel, als ob ein geordneter Verstand uns anspräche". Es hat gar nicht lange gedauert, da war das klassizistische Karlsruhe entstanden, das uns heute noch, unbeschadet der Bombenangriffe des letzten Krieges, erhalten geblieben ist. Friedrich Weinbrenner, der süddeutsche Schinkel, wie sie ihn nannten, ist der Schöpfer dieses klassizistischen Karlsruhe. An ihn erinnert vor allem der großräumige Marktplatz, in dessen Mitte sich eine Pyramide befindet, in deren Inneren der Stadtgründer Karl Wilhelm begraben ist.

In dieser Stadt hat nicht nur der adelige Forstmeister Freiherr Drais seine hölzerne Laufmaschine erfunden und vorgeführt, aus der sich das Fahrrad entwickelt hat, sondern hier hat auch der fromme Dichter Johann Peter Hebel gelebt und gewirkt und am Rondellplatz steht vor dem markgräflichen Palais auch heute noch die Verfassungssäule von 1826. Karlsruhe ist die badischste aller badischen Städte, wenngleich auch andere auf eine lange Rechtstradition zurückblicken können und, wie Mannheim oder Heidelberg, dem Kurpfälzischen verhaftet sind. Aber Karlsruhe, die Stadt, die nach fürstlichem Willen entstanden ist, sich die Gunst politischer Ereignisse nutzbar machen konnte, hatte später sogar eine sehr ernste Funktion, gleichzeitig Klammer des alemannisch-katholischen Oberlandes und des fränkisch-evangelischen Unterlandes zu werden. Aufgeklärte und fortschrittliche Menschen, die es hier immer gab, sorgten für einen Ausgleich und konnten ein geistiges Zentrum bilden, nachdem hier in der Zeit des Absolutismus gar kein absoluter Herrscher die Macht hatte, sondern einer, der freiwillig die Folter abgeschafft hatte und die Leibeigenschaft aufhob.

Die hiesigen Markgräfinnen haben zu den geistig fortschrittlichsten im damaligen deutschen Kulturraum gezählt und auch für die Kunst war dieses Karlsruhe schon bald nach seiner ersten Entfaltung, nämlich im vorigen Jahrhundert, ein guter Resonanzboden. So sagte Johannes Brahms im Zusammenhang mit der führend gewordenen Musikstadt Karlsruhe: „Ein anständiger Mensch müsse schon des klassischen Repertoires wegen alljährlich einige Monate in ihr leben". Hauptstadt des Großherzogtums Baden ist diese Stadt einmal gewesen und konnte beruhigt ihr weiteres Schicksal seinem aufstrebenden Bürgertum anheimstellen. Die Bürger haben nicht nur die Stadt ausgebaut, sondern gründeten Industr/eviere am Rhein und brauchten keine fürstliche Gnade mehr.

Die Stadt liegt in ein reiches Stück Erde voll Anmut und liebenswerter Vielfältigkeit eingebettet, macht einen ungemein sauberen und gepflegten Eindruck und hat auch die Folgen des letzten Krieges in verhältnismäßig schnellem Tempo wieder beseitigt, und wenn man nicht gerade vor dem Basler Torturm steht, der ein Zeuge der Gründerzeit ist, sondern die Karlsruher Mittelachse vom Schloßplatz zum Stadtgarten betrachtet, dann erkennt man, im Herzland des Oberrheins eine der wenigen Städte vor sich zu haben, die geplant angelegt worden sind.

Reichsfrei und Mittelpunkt

Im Jahre 1985 konnte Augsburg das Fest seines 2000jährigen Bestehens feiern und tat dies mit dem stolzen Bewußtsein einer reichen und glanzvollen Vergangenheit. Dieses Ereignis ist auch fast einmalig und kann zu Freude Anlaß geben. Allerdings nur für Menschen, denen an der Geschichte gelegen ist und die dies nicht als bloße Sentimentalität alter Leute abtun. Ein schon von den keltischen Vindelikern angelegter Stützpunkt, von den Römern nach einem Sieg über die Kelten zu einem Kastell im Jahre 15 v. Chr. angelegt, bekam vom römischen Kaiser Augustus den Namen Augusta Vindelicorum. So soll es begonnen haben und von da an erfolgte die Eroberung weiter Teile der Ländereien an der Donau. Das Lechfeld ist nicht weit, und da hat bekanntlich Otto der Große 955 die Ungarn geschlagen, die aus Welteroberungsgründen soweit vorgedrungen waren.

Die Stadt, die später Freie Reichsstadt wurde, blühte nachher auf, denn dieses Ereignis war von historischer Bedeutung und veränderte das Kräfteverhältnis inmitten einer recht wirren Zeit. Die Stadt begann nicht nur einen herrlichen Dom zu bauen und konnte sich zu dessen Fertigstellung lange Jahrhunderte Zeit nehmen, es entstanden eine Reihe wunderbarer Bürgerhäuser. Bischöfe und der Adel wetteiferten mit Herrscherhäusern an der Ausgestaltung ihres berühmt gewordenen Gemeinwesens, wozu noch hinzu kam, daß das Bürgertum dieser Stadt von einem Reichtum war, der für diese Zeit sagenhaft gewesen ist und sich am Aufbau ebenfalls rege beteiligte. Es ist eigentlich ein Wunder, daß diese Stadt nicht auch „Goldene Stadt" genannt wurde, denn hier herrschte ein Glanz und ein Aufwand an Schönheit, der seinesgleichen suchte.

Unter den Bürgern waren es zwei Handelsherren, deren Geschlechter in ihrem Wirken weit bis in den Osten zu verfolgen sind und die unermeßliche Reichtümer sammeln konnten. Es waren dies die Handelsherren der Fugger und der Welser. Von den Fuggern wird berichtet, daß sie als Weber und Tuchmacher begannen und damit Handelsbeziehungen schufen, die ihnen eine führende Stellung im europäischen Wirtschaftsleben verhießen. Wie nicht anders zu erwarten war, wurden die Herrscher auf diese Geschlechter aufmerksam und benützten sie bei der ständigen Ebbe in den kaiserlichen Kassen als Geldquelle, so vor allem jenen Jakob Fugger, der im Zeitalter der Wende vom 15. zum 16. Jahrhundert wirkte. Von diesem Manne spricht auch heute noch sichtbar die Fuggerei, ursprünglich eine Siedlung für Arme, die man als erste Sozialsiedlung der Welt bezeichnen darf. Die Fugger und ihre Sippe erwarben im weitesten Umfeld reichen Besitz, den sie lange Zeit verwalteten. Bis in die Karpaten reichten ihre Stützpunkte, sie besaßen Silberbergwerke in Tirol und hatten einen weit verstreuten Grundbesitz und zahlreiche Schlösser und Niederlassungen. Es gab Zeiten, da ging ohne sie im Handel Mitteleuropas nichts und dementsprechend waren Einfluß und Machtstellung.

Die Familie der Welser war wieder durch anderes berühmt geworden. Sie waren Seefahrer und erwarben weite überseeische Besitzungen. So gehörte ein Teil mancher Länder der westlichen Welt, was den Handel betrifft, ihnen, und ihre Schiffe waren weltberühmt. Die reiche Welsertochter Philippine heiratete sogar einen Habsburger, doch wurden ihre Söhne nach kaiserlichem Urteil nicht als erbberechtigt anerkannt. So streng waren da die Bräuche, doch hat der wirtschaftliche Segen, der da wieder einmal zusammen gekommen war, dem Hause Habsburg durchaus gut getan.

Als nach dem Tode des letzten Ritters, Kaiser Maximilian, ein französischer Kandidat Franz I. von Valois zur Kaiserwürde anstand, war es Jakob Fugger, der ungeheure Geldmittel zur Verfügung stellte, um Kaiser Karl V. an die Spitze des Reiches zu bringen. Mit Geld war eben auch damals vieles machbar! Aber großzügig, wie diese alten Kaufherren waren, verbrannte Jakob Fugger den Schuldschein Karls V., als dieser Kaiser geworden war und fühlte sich fortan seiner Sache sicher.

Was aber Augsburg inmitten dieses Umfeldes so berühmt gemacht hat

Augsburger Rathaus mit Augustusbrunnen

und ihm seinen dauernden Glanz verlieh, das waren die großen Künstler, die Herrscher, Bischöfe und reiche Kaufherrn heranholten und hier wirken ließen. Hans Holbein d. Ä, Hans Burgmair, Jörg Breu schufen hier, Burghard von Engelberg und Degner sind Namen, die durch ihr künstlerisches Wirken den Ausbau der Stadt betrieben, künstlerische Akzente setzten und den Reichtum einer Zeit verkörperten. Die Krönung aber all dessen, was uns aus diesen Tagen erhalten geblieben ist, das sind die Werke von Elias Holl, den sich die Stadtväter als Stadtbaumeister herangeholt hatten. Er schuf ihnen zunächst mehrere Stadttore, das Zeughaus und andere Zweckbauten, dann aber als sein Meisterwerk das Rathaus und den Perlachturm. Das Rathaus mit seinem herrlichen Goldenen Ratssaal stellt ein Wunderwerk deutscher Baukunst dar und man hat nicht ganz zu Unrecht diesen Prachtbau mit seinen fünf Stockwerken als die Kathedrale der Bürgerschaft bezeichnet. Tatsächlich kommt mit diesem Bauwerk der ganze Reichtum, das Selbstbewußtsein und das Kunstverständnis des deutschen Bürgertums in vergangenen Epochen zum Ausdruck.

Dazu noch das Schätzler Palais in der Maximilianstraße im reinsten Rokoko, die vielen Brunnen und Plastiken und die kunstvoll erhaltenen Fassaden und Giebel an ungezählten Häuserfronten, eine einzige Sammlung vollendeter Kunstwerke aus vielen Epochen. Als auch diese deutsche Stadt Ziel von Bombenangriffen auf die Zivilbevölkerung wurde, sanken viele der schönsten Werke in Trümmer, auch der Prachtbau des Rathauses brannte völlig aus, und der Goldene Saal wurde ein Raub der Flammen. Man ließ ihn lange als ausgebrannten Rohbau stehen, obwohl das Haus schön längst wieder hergestellt war. Er war Anklage und Anruf zugleich. Nun haben ihn die Augsburger wieder hergestellt, ein Meisterstück der Renovierkunst und Ausdruck der ungebrochenen Lebenskraft eines Volkes, das langsam wieder zu sich selbst zurück findet. Meister Holl aber, dieses unglückliche Opfer der Glaubenskriege in Deutschland, mußte zerbrechen an der Intoleranz seiner Zeit, über die er uns eines der schönsten Zeugnisse gerade dieser Epoche überliefert hat.

Man spricht nicht zu Unrecht vom „Schatzkästlein", wenn man von Augsburg spricht!

Vor einem auslandsdeutschen Bauernhaus

Steht oder stand dieser Bauernhof irgendwo in Bessarabien, in der Batschka, in Siebenbürgen oder irgendwo hinter Wilna? Erntete sein Besitzer irgendwo in den Weiten des Moldaulandes oder noch weiter im fernen Sibirien? Das spielt heute keine Rolle mehr für viele Menschen, die unsere Sprache sprechen, denn sie leben nur der Gegenwart. Ohne Wissen um die Vergangenheit sehen sie nicht in die Zukunft. Aus diesem Grunde denken wir jetzt an die einst von Deutschen besiedelten Gebiete, an weite Räume, die von Fürsten und Bischöfen einst beherrscht waren, die deutsche Bauern ins Land riefen. Es waren nicht immer selbstlose Gründe, die zur Ansiedlung dieser Menschen führten, doch die Tatsache entscheidet, daß durch Jahrhunderte deutsche Bauern Wälder roden mußten, wo kein Mensch außer ihnen lebte. Sie gründeten Dörfer und Städte und machten das Land urbar. Das Große daran aber ist, daß sie, diese ungezählten Bauern und Handwerker, die am Anfang dieser Entwicklung standen, niemanden verdrängt und keinen bedrängt haben, sondern gerufen wurden, um hier mit Pflug und Axt ein Gesetz zu vollziehen, das ihre Handlung rechtfertigte, bis zum heutigen Tag.

Die Arbeitsleistung dieser Menschen zur Erhaltung ihres Lebens und zur Erfüllung ihrer Aufgabe entwickelte eine ungeheure einheitbildende Kraft, die bis in unsere Tage hinein sichtbar ist. Man muß nur solche kleine Gemeinden im fernen Osten oder Südosten gekannt haben, diese Menschen in ihrer bescheiden gebliebenen Lebenshaltung und ihrer oft wortkargen, aber ungemein gewinnenden Art. Gastfreundschaft war stets großgeschrieben, und das in einer Weise, die oft für den Fremden bestürzend wirkte. Sie waren alle fromm und glaubten an ihren Herrgott; dazu zwang sie das Leben, oft in der Einsamkeit auch das Letzte vom Einzelnen fordernd. Sie hielten an ihrer Religion fest, die oft identisch mit ihrem Volkstum war. Sitte und Brauchtum zu pflegen und davon nicht abzugehen war eine Selbstverständlichkeit. Sie entwickelten Tugenden, die man sonst nur ganz selten in einem Menschen gebündelt findet. Sie waren auch bei der schwersten Arbeit fleißig und unverdrossen. Über ihren Nächsten ließen sie nichts kommen und achteten die Gesetze der Nachbarschaft und Gemeinschaft, wie dies nur ganz selten zu finden ist. Sie wußten sich aber auch durch eine gewisse Schläue und oftmalige Verschlagenheit durch die schlimmsten Situationen erfolgreich zu schlagen, was erfrischend wirkte. Tüchtig in jeder Arbeit, die sie oft gar nicht erlernt hatten, war jeder von ihnen dort ein Meister, wo man ihn hingestellt hatte.

Als man in der Zeit der Habsburger die sogenannte Militärgrenze gegen den Südosten errichtete, um damit die immer wieder anrennenden Gegner besser abwehren zu können, holte man viele ihrer Vorfahren. Das waren dann Bauern, aber gleichzeitig Krieger. Denn Bauer zu sein, bedeutete dort auch Soldat zu sein. Und sie wußten sich zu wehren, daß die Kaiserin in Wien und ihr großer Sohn und Nachfolger nicht aus dem Staunen herauskamen. Sie verteidigten Europa aber nicht nur mit der Waffe. Nein, sie bauten einen breiten Gürtel fruchtbarer Getreide und Gartengebiete, legten Sümpfe trocken und schlugen durch die von ihnen bereits erforschten Wälder Schneisen und Straßen. Dazu taten sie etwas, was man heute auch kaum mehr weiß. Der Gürtel, den sie dem damaligen Europa vorlagerten, wurde auch zu einem Gesundheitsring, zu einem „Cordon sanitär", durch den Unbefugte nicht hindurch gelangten, und fortan erlosch die Pest in Europa.

Wir finden auf der Welt nirgends so viele Kirchenburgen wie in diesen Ländern. Mögen sie heute entweiht werden, möge man ihren Zweck verkehren: Als man sie baute, war die Kirche die Zuflucht in Stunden der größten Gefahr und sie ließ alle herein, die sich zu wehren bereit waren. So bauten sie nach und nach feste Mauern und Wälle um die Kirche. Als nach langer Zeit des Schweigens, in der man diese Sprachinseln und Auslandsvolksgruppen im deutschen Volke schon fast vergessen hatte, deutsche Soldaten im Ersten Weltkrieg in diese Gegenden kamen, waren sie überrascht, mitten in slawischer Umgebung schmucke deutsche Dörfer zu finden, die den Charakter der Heimat durch Jahrhunderte erhalten hatten, wo Menschen lebten, die deutsch sprachen und sich stolz als Deutsche zu erkennen gaben. Mehr als einer dieser deutschen Soldaten hat diese Begegnung geschildert und zugegeben, daß er nicht nur sprachlos, sondern beschämt war, als er all das feststellte, was sich jahrhundertelang in seiner Ursprünglichkeit erhalten hatte und lebensfroh und zuversichtlich geblieben war. An ihnen, diesen ungezählten und ungenannten Bauern im Osten und Südosten, ist es nicht gelegen, daß all das zu Ende ging, und sie tragen, weiß Gott, keine Schuld daran. Dort aber, wo noch immer solche leben, jetzt ganz weit im östlichen Teil des riesigen Rußlandreiches, haben sie unter ganz neuen Voraussetzungen ähnliches erreicht und sind im Innersten das geblieben, was sie waren, und erregen damit erneut Achtung auf der einen und Neid auf der anderen Seite.

Denn der Lohn ist nicht ausgeblieben für diese Generationen umspannende Arbeit im Zeichen einer innigen und geradezu unheimlichen Verbundenheit zu ihrem Land, das ihnen sehr schnell Heimat geworden war. Da lag ein Stück geradezu religiöser Hingabe in dem, was Generationen lang geschehen ist. Nur ganz Ungebildete und Ungute werden ihre Verwunderung ausgedrückt haben, daß sich hier manches Merkmal der neuen Umgebung auf sie ausprägte, daß ihre Sprache im Laufe der Jahrhunderte fremde Worte aufgenommen hatte, daß sich unter dem Druck der neuen Herren die Namen oft änderten und daß sich sonstige Äußerlichkeiten bemerkbar machten. Doch Jahrhunderte als Deutscher zu überdauern, wenn man oft keine deutsche Schule für die Kinder hatte, seine Art zu bewahren, wenn jeder Kontakt zum eigenen Mutterland verloren ging, und unter diesen Umständen sein Bekenntnis nicht geändert zu haben, das spricht von einer inneren Kraft von erstaunlicher Größe.

Vielleicht war das alles nur möglich, weil hier haushälterische Fähigkeiten entwickelt wurden, die zu einer Lebenswirklichkeit führten, die uns verloren ging. So, wie sich aus der Ferne die Bilder verändern und Wunsch und Wirklichkeit sich vermengen, wächst die innere Kraft des Menschen mit dem Moment, da er auf sich allein gestellt ist, anderen Beispiel geben soll. Die nach ihm Kommenden, die das Volk, aus dem er stammt, beurteilen, bilden eine Aura von Lebensmut und Lebenskraft, die in ihren Ausmaßen unerklärlich ist.

In diesen Häusern und Höfen, fern der deutschen Heimat, lag ein Stück unserer Stärke, aber auch ein Stück Hoffnung für unsere Zukunft. Vergessen wir dies niemals!

Alte Häuserzeilen und Giebel

Man glaubt, aus einem Traum erwacht zu sein oder gerade ein Märchen aus der Zeit unserer Großmütter erlebt zu haben. Dann aber besinnen wir uns und halten ein. Die Stadt, in der wir uns befinden, muß man gar nicht nennen, es ist eine jener, bei deren Anblick man Zeit und Raum vergißt, und die unzähligen Bindungen empfindet, die auch der moderne Mensch zu seiner Vergangenheit hat. Hier, angesichts dieser Häuserzeilen, die aus einer jahrhundertealten Erfahrung ein Straßenbild ergeben, das in aller Unterschiedlichkeit trotzdem ein geschlossenes Bild darstellt, erkennen wir wieder einmal den Wert alles Beständigen.

Sie stehen wie aus der Spielzeugschachtel vor uns aufgebaut und leben trotzdem wundervoll und beglückend. Wenn Menschen so etwas bauten und Generationen lang sich darin wohlfühlten und ihrem Leben nachgingen, dann kann man daraus schließen, daß diese Form ihrem Wesen entsprach. Und das ist das Schöne dabei. Auch diese Menschen in solchen Städten sind voll ausgeprägter Individualität, sie zeigen es auch und zwar sehr deutlich, obwohl die Stadt, in der sie sich einrichten mußten, ihnen nur ganz wenig Raum belassen hat. Aber in diesem haben sie sich eingerichtet und ihn nach ihrem eigenen Geschmack, jeder für sich anders, gestaltet. An ganz kleinen Unterschieden erkennt man dies oft, die diese Häuser noch heute aufweisen. Sie wirken nicht protzig oder aufwendig, denn diese Menschen hatten keinen besonderen Reichtum zu bieten. Sie wirken aber auch beileibe nicht ärmlich, denn man hatte etwas erreicht, trotz der Pest und der vielen Brandschatzungen und Rückschläge. Man war nicht immer reich, wie man das jetzt nennt, aber war man es nicht doch, wenn man mit so viel fröhlicher Phantasie diese Häuserfronten schuf, jeder für sich, nach einem gemeinsamen Plan und Auftrag und doch der eigenen Auffassung entsprechend, dem eigenen Geschmack gehorchend und peinlich darauf bedacht zu zeigen, daß man wer war, aber nicht ganz der gleiche, wie der Nachbar oder die anderen in dieser Straße.

Wir freuen uns darüber, daß manche Städte anscheinend aus ihrem Dornröschenschlaf niemals erwacht sind, auch dann, wenn der pulsende Verkehr der neuen Zeit durch die Hauptstraße dröhnt und rattert und einen Umweg um diese Bauten machen muß. So haben die Bürger dieser alten deutschen Städte, die durch glückliche Fügung ihren Charakter behalten haben, die verschiedensten Stilarten der Jahrhunderte durchprobieren können, haben nicht immer nur Schönes aufgestellt, dann aber Höchstleistungen erreicht und nachher aus irgendwelchen Gründen der Unvernunft wieder manches vernichtet, was ihnen plötzlich nicht mehr gefiel oder den jeweiligen Herrschenden nicht in ihr Konzept paßte. So bildete sich das unterschiedliche räumliche Nebeneinander verschiedener Stile, nicht immer harmonisch, aber Ausdruck einer geschichtlichen Entwicklung, die es ja gerade uns Deutschen nicht immer leicht gemacht hat.

Die Erlebnisse der letzten Jahrzehnte, vor allem die Veränderungen durch diese beiden letzten Kriege mit ihren Folgen, haben uns vielfach bescheidener gemacht, als unsere Eltern waren, obwohl diese viel mehr aus dem vollen Schöpfen konnten. Wir sind heute dankbar geworden für jedes erhaltengebliebene Stück alter Kunstfassade, freuen uns über noch vorhandene alte Häuserfronten und Reste von Kirchen aus vergangener Zeit, wie uns jedes Marterl freut, das inmitten einer Trümmerwüste Bestand hatte, und das stehengebliebene Bismarckdenkmal in Heilbronn, umgeben von Schutt und Asche, war mehr als Symbol. Vieles ist zur Ruine geworden, aber auch vieles zugrunde gegangen, was des Erhaltes nicht wert war, was keinesfalls eine Ausrede sein darf und den Meuchelmord an unseren Städten nie entschuldigen wird. Doch wir verdanken darüber hinaus einer oberflächlichen und ungekonnten Wiederherstellungswut alles Alten heute manche Ruine, an der sich nur noch wilder Wein über scheußliche Gipsfassaden rankt, mit denen man — auch oft auf königlichen Wunsch — Altes und Ehrwürdiges rasch „erneuerte" und damit den Mangel an Geschichtsbewußtsein und gutem Geschmack verraten hat. Man ist in diesen Tagen geradezu beglückt, wenn man eine solche Oase vorfindet, in der man das Gefühl hat, daß hier das Prinzip des Dichterwortes vorgelebt wurde: „Hier bin ich Mensch, hier darf ich's sein".

Mag sein, daß manche so etwas mit einer wegwerfenden Geste abtun und einem einreden wollen, daß sich hier ein Museum bis in unsere Tage hinein erhalten hat. Lassen wir sie reden, denn aus solchem Denken konnte nichts Neues und nichts Gutes kommen. Freuen wir uns an allen Zeugen dieser Art, wie wir dies in Einbeck gefunden haben und hüten wir alle solche Zeugen als Kleinode.

Solchen Städten darf man nicht nur mit dem Photoapparat oder dem Bildwerfer begegnen, und über die bloße Inventarisierung muß auch unsere eigene Persönlichkeit sie begreifen und in uns aufnehmen. Das aber gilt nicht nur für diese entzückende Gasse einer Stadt, von der die Mehrzahl der Menschen wahrscheinlich nur weiß, daß von dort eines der ältesten, wenn nicht das älteste Bier kommt. Es ist nicht zu bestreiten, daß wir in einer Zeit leben, in der der geistige Verfall und die moralische Zersetzung überwunden sind und alles nach dem Bewahren des Guten und Echten drängt. Wir erleben es auf allen Gebieten. Das Volk kehrt zu den wahren Werten der Kunst zurück und gestaltet Ausstellungen dieser Art zu wahren Demonstrationen, das Volkslied erklingt wieder, wenn auch oft noch unklar und nicht von Schlacken befreit.

Man findet wieder zu den alten Burgen und Domen als Zeugen deutscher Vergangenheit zurück, und es beginnt ein Suchen nach den Werken der deutschen Klassiker und ihrer volksverbundenen Nachfolger. So wie man wieder darauf sieht, daß Architektur und Landschaft harmonisch zusammenklingen, bekommen Straßen und Gäßchen der Art, wie hier, eine neue Bedeutung. Nicht nur als Objekte des Fremdenverkehrs und einer damit zusammenhängenden Großindustrie, sondern auch als neuer Mittelpunkt auf dem Wege zur Selbstfindung. Das ist ein Vorgang, der ganz still und ohne jegliches Aufsehen vor sich gehen muß. Kein Triumphgeheul dabei und kein allzufrühes Frohlocken, höchstens ein dankbares Empfinden, das

man hat, wenn man plötzlich erkennt, daß man einer schweren Krankheit
entronnen ist und sich auf dem Wege der Besserung befindet.

Solche Häuserfronten können eine heilende Wirkung auf uns ausüben,
denn wir erkennen, daß es keine Glorifizierung sein muß, wenn man Vergangenes am Leben erhält und für das Schöne Dank empfindet.

Alte Gastlichkeit

Man merkt ihnen schon von außen an, wie behaglich es hier sein muß,
einige Stunden Platz nehmen zu können, auszuruhen und sich mit den
Gaben des Hauses bedienen zu lassen. Diese alten Gaststätten, Wirtshäu-
ser, Schenken und wie man sie auch nennen möge und wie unterschiedlich
in den verschiedenen deutschen Landschaften sie auch sein mögen. Sie tragen den Charakter ihrer Gebiete, sind in Stadt und Land unterschiedlich
in dem, was sie zu bieten haben, besitzen aber in jedem Fall eine Tradition,
die man nicht übersehen darf. Mit den Gasthäusern muß man rechnen,
wenn man als Fremder in eine Stadt kommt, wenn man ausruhen, essen
will, sich einen guten Tropfen zu Gemüte führen möchte oder aber auch
noch dazu Näheres über Dinge erfahren will, die einem fremd sind.

Die Gastfreundschaft ist ein Begriff, der nicht mit der Gaststätte
schlechthin zusammenhängen muß. Sie zu üben, war Germanenpflicht in
alter Vorzeit, und wer sie verletzte, hatte schwere Strafen zu gewärtigen, sie
wurde in Ehren gehalten, und wer als Fremder hier Gast war, der war in
einer Freistatt und vor Verfolgern sicher. Man bewirtete den Fremden, der
gerne diese Wohltaten in Anspruch nahm, denn zwischen zwei solchen Sta-
tionen lag eine längere Zeit als heute mit unseren Verkehrsmitteln moderner Tage. Deshalb waren solche Stunden, eben weil sie seltener waren, viel
gesuchter und ausgekosteter, bedeuteten nicht nur Erholung, sondern
Neuigkeitenvermittlung, nach der man lechzte, und bildeten jeweils einen
Höhepunkt auf einer lange währenden Fahrt. Man hatte damals ja mehr
Zeit als heute, man mußte sich diese gönnen, tat man es nicht, dann fügte
man sich selbst einen Schaden zu. Übrigens, die Menschen hatten auch
deshalb so viel Zeit, weil niemand drängte, niemand einem zuvorkommen
wollte, denn auch der andere hatte Zeit. Daß dies einmal anders werden
sollte und anders kommen mußte, das ahnte man nicht und hätte sich auch
entsprechend dagegen verwahrt.

Da gab es in den Klöstern eine ausgeprägte Gastfreundschaft, die dem
Worte Gottes entsprach, da entstanden die Hospize, und im Mittelalter
gab es dann die Tavernen, in denen man Erholung und Atzung fand. Im
Norden war dies anders als im Süden, und in Rom hat einmal einer ein Hospiz mit einem großen Heim errichtet und übergab dieses den Brüdern
vom Heiligen Geist. Später hat manche Stadt dies nachgeahmt, und so finden wir stets in der unmittelbaren Nähe der Stadttore ein sogenanntes
Heiliggeistspital, um Pilger und Wanderer aufzunehmen, und die Erbauer

und Erhalter waren nicht nur kirchliche Stellen, sondern Gemeinden, Bürger oder weltliche Einrichtungen. Drei Formen sind da entstanden, die wohl unterschieden sein wollten: das Hospiz, die Herberge und das Wirtshaus.

Mit Beginn des 15. Jahrhunderts entwickelten sich dann die deutschen Gasthäuser, über die es vor allem in Süddeutschland genaue Schilderungen gibt. Es wird darin berichtet, wie die Art des Bedienens war, wie und was es zu essen und zu trinken gab und wie die Wirtsstube ausgesehen hat, was sie enthielt und welcher Aufwand in unterschiedlichen Zeiten bei der Verabreichung von Speisen und Getränken getrieben wurde. Lange war ein besonderes Gedeck unbekannt, man kannte nur das gemeinsame Essen zu einer bestimmten Zeit. Behaglichkeit und Gemütlichkeit wird von Anfang an groß geschrieben. Wo sie nicht vorhanden war, dort nützten auch die besten Speisen nichts, und Speisekarten hat es schon gegeben, als noch die Postkutschen mühsam die schmalen Straßen über das Kopfsteinpflaster herauffuhren.

In den Hansestädten haben sich im 13. Jahrhundert schon die Ratskeller herangebildet, sie waren nicht nur wegen ihres umfangreichen Gedecks und der Vielfalt der Speisen und Getränke berühmt, sondern wegen der echten Eßkultur, die angewendet wurde; sie wollten ein Schmuckstück der Ratsherren für sich und die Fremden sein. Die Geselligkeit, die sich da entwickelte, war ein Stück Kulturgeschichte. Viel hat dazu der Wein beigetragen und natürlich das Bier, das bei uns die Mönche zu brauen begonnen hatten und zu einem der begehrtesten Getränke werden ließen. Der „Anker" in Saalfelden in Thüringen soll die erste deutsche Fürstenherberge gewesen sein, was aber vom „Riesen" in Miltenberg am Main bestritten wird. Die „Äpfelkammer" in Zürich ist eines der ältesten Weinhäuser, hier hatte Gottfried Keller verkehrt.

Nicht nur der Fremde, der Wanderer oder Reisende war froh, eine solche gastliche Stätte zu finden. Die seßhaften Bürger hatten seit eh und je Lust und Freude daran empfunden, zu bestimmten Stunden in der Arbeit einzuhalten und sich zu einem Schoppen oder Krug zusammenzusetzen. Der Stammtisch war entstanden und damit ein Zentrum in jeder, auch der kleinsten Gemeinde. Verachtet diese Einrichtung nicht! Viele Menschen brauchen sie nicht. Doch den meisten ist sie Anregung, Ausprägung eines Gemeinsamkeitssinnes und Ablenkung vom Alltag. Da saßen sie beisammen, die Meister, und streng abgetrennt dann das andere Volk, das sich den Besuch leisten konnte, und Nichtstuer wurden da nie geduldet. Sogar für eine Auslese wurde da gesorgt.

Für Studenten waren diese Stätten stets ein beliebter Mittelpunkt. Hier waren sie unter sich. Hier hielten sie bald ihre Kneipen nach genauem Ritual ab. Hier erklangen die Lieder vom Vaterland, von der Liebe und der Fröhlichkeit. Uralte Gaststätten, wenn man sie heute betritt, riecht es zunächst nach einem Putz- oder Waschmittel, und man muß eine Weile warten, bis man den Ruch der alten Zeiten in sich aufnehmen kann. Der Wein ist immer noch köstlich, und wenn man das erste Glas getrunken hat,

dann öffnen sich unsere Poren und die Steine und Holzverkleidungen beginnen zu uns zu sprechen und heißen uns willkommen. Sie erzählen uns mehr als die freundliche Wirtin, deren „filia hospitalis" heute kaum mehr sichtbar ist, und der Wirt mit „roter Nase" scheint auch keine Tochter mehr zu haben, die eine schöne Erinnerung zu werden verspricht.

Es kann unwahrscheinliche Behaglichkeit in diesen dicken Mauern geben, wärmende Geborgenheit und eine Luft, die dazu auffordert, etwas vom Angebot der Speisen anzunehmen und dazu einen tiefen Schluck zu tun. In ihm aber liegt Erinnern an Dinge, die jeder einmal hatte und die jeden einmal bewegten und erfüllten. Erst die Aufforderung zum Zahlen beendet unseren kurzen Aufenthalt in der Vergangenheit dieses kleinen Ortes, wo die Gemütlichkeit und Behäbigkeit den kurzen Versuch machten, sich in unsere heutige, schnellebige Zeit hinüber zu retten.

Ein Wasserschloß und seine Menschen

Beim Besuche Norddeutschlands erreichen wir ein Schloß, das aus der Zeit der Renaissance stammt, von den Herzögen von Schleswig-Holstein-Sonderburg-Glücksburg errichtet wurde und zu den seltenen erhaltenen Wasserschlössern zählt. Die vier zusammenhängenden Namen dieses deutschen Herrschergeschlechtes verraten uns im nachhinein noch eindringlich, wie schwer es die deutsche Staatsbildung hatte, zu einem einigermaßen erträglichen Ziele zu kommen. Davon merkt man heute fast nichts, wenn man von der Flensburger Förde, kommt und feststellt, daß hier, vom Städtchen Glücksburg durch Buchenwälder getrennt, das herzogliche Schloß aus dem 16. Jahrhundert steht, das eine der eindrucksvollsten Wasserburgen ist.

Im Gegensatz zu den Burgen, die weit zurück am Anfang unserer Seßhaftigkeit entstanden und für die man zu Beginn Holz für die Wehranlagen verwendete, sind diese Schlösser in hohem Maße mit Luxus ausgestattet gewesen. Sie entstanden etwa vom Beginn des 17. Jahrhunderts an durch den reich gewordenen Adel, durch kirchliche Würdenträger und in seltenen Fällen durch die Fürstenhäuser. Vieles an ihnen war kunstgeschichtlich von größter Bedeutung, denn Geld und Arbeitskräfte durften keine Rolle spielen, kein Mensch dachte an die Schicksale, die mit Errichtung dieser Bauten verbunden waren, als sie in der Geschichte ihrer Länder eine Rolle zu spielen begannen. Schlösser dieser Art gaben namhaften Künstlern jahrelang die Möglichkeit ihres heute noch bestaunten Wirkens, sie bargen Kunstsammlungen, Bibliotheken und Gemäldegalerien und sind, wo sie nicht Kriegen oder anderen Verwüstungen zum Opfer gefallen sind, auch heute noch Anziehungspunkte für den Fremden.

Der Besucher sollte dabei aber nicht verabsäumen, den besichtigten Bau auch in die Geschichte des jeweiligen Landes zu stellen, denn nur so kann er die Funktion erkennen, die mit dessen Errichtung und Ausstattung verbunden war. So, wie hier dieses seltsam in der herben norddeutschen Land-

schaft stehende und raumbeherrschende Schloß, unnahbar und doch einladend und für seine Entwicklung sprechend, die dieser Raum im Laufe seiner Geschichte nehmen mußte.

Früher hat der Orden der Zisterzienser hier ein Kloster betrieben, das nach der Reformation verweltlicht wurde und in den Besitz des Herzogs Johannes d. J. von Sonderburg gelangte, der an Stelle des Klosters ein Wasserschloß in einer Bauzeit von fünf Jahren errichten ließ. Der Name Glücksburg soll damit zusammenhängen, daß sein Erbauer als friedfertiger Mensch den Frieden und die Ruhe als Glück pries und damit diesen Begriff auf sein neues herrschaftliches Heim übertragen wollte. Man vergesse nicht, daß hier tatsächlich Glück im Spiele war. Es machte dadurch seinem Namen Ehre, als es die Wiege der Königshäuser von Dänemark, Norwegen und Griechenland wurde, und der Ort selbst, der sich hier unweit des Schlosses langsam entwickelte, wurde ein Heilbad und hat schon vielen Menschen Gesundheit — also auch Glück gebracht.

Das Holsteiner Herrschergeschlecht soll niemals ein Freund großspuriger Repräsentationen gewesen sein und hat danach auch dieses Schloß nicht aufwendig errichten lassen, obwohl seine Gestaltung gediegen und künstlerisch eindrucksvoll ausgefallen ist. Auch im Innern sind wir über die Gediegenheit überrascht, die einem in allen Teilen entgegenblickt, eine vornehme, aber einfache Raumteilung und Ausstattung, mehrmals unterbrochen von alten Gemälden historischer Darstellungen, mit etwas Stuck und Fresken, die erst vor kurzem wieder entdeckt worden sind. Die Geschichte des deutschen Nordens ist nicht frei von schweren Erschütterungen, und noch im letzten Jahrhundert gingen kriegerische Ereignisse über das Land. Dies wirkt sich auch im ganzen Stil und der Aussage aus, die unschwer zu entnehmen ist. Einige Ausnahmen, und dazu gehört auch der „Herzogsalon", sind zu verzeichnen. Hier wird ein großes Bild der fränkischen Prinzessin Adelheid von Hohenlohe-Langenburg gezeigt, die die Mutter der letzten deutschen Kaiserin war. Auch der „Kaisersalon" ist dazuzurechnen, der einige Erinnerungsstücke aus der neueren Reichsgeschichte enthält und prunkvoll eingerichtet ist.

Man vermißt mit Freuden die Feierlichkeit und hoheitsvolle Verstaubtheit, die sonst solchen Schlössern zu eigen ist: Hier herrscht eine geradezu behagliche Atmosphäre, obwohl Könige hier ihre Sommerresidenz aufgeschlagen hatten und Königinwitwen hier lebten. So besehen ist dieses Wasserschloß etwas durchaus Originelles, das nicht nur den Reiz eines deutschen Landes widerspiegelt, sondern sich von seinen vielen anderen Geschwistern unterscheidet. Das Wasser, das es umspült, plätschert friedlich an seinen Mauern und läßt die weißen und klaren Flächen scharf und deutlich aufleuchten, und alles wirkt so rein wie die Linien des Horizontes, wenn nicht Nebelbänke und Stürme über ihn hinweggehen. Da rauschen die Buchen- und Eichenwälder und umschließen kleine Seen, da gibt es einen Naturstrand mit endlosen Wanderwegen, einen Naturlehrpfad und eine sehr korrekte Pflege der Natur, die es den Menschen dankt, daß sie sich wenigstens hier ihrer so annehmen.

Wir sind in einem Land, das nicht nur meerumschlungen, wie es im Liede heißt, ist, sondern wo das „Upp ewig ungedeelt" Ausdruck einer geschichtlichen Entwicklung war, die manches von dem im kleinen vorweg genommen hat, was unserem Volke später im großen zustoßen sollte. Im Dänischen Krieg und nach der Erstürmung der Düppeler Schanzen im Jahre 1865 mußte Dänemark die damaligen drei Herzogtümer Schleswig-Holstein und Lauenburg abtreten und Preußen und Österreich übernahmen die Verwaltung. Das ging bekanntlich auch nicht lange gut und nach der Schlacht bei Königgrätz übertrug Kaiser Franz Joseph I. seine Rechte der Mitverwaltung notgedrungen an Preußen. Nach dem Ersten Weltkrieg fielen Teile des Landes — das so wieder einmal geteilt wurde — an Dänemark, darunter Städte mit großem deutschen Bevölkerungsanteil wie Tondern, Hoyer, Sonderburg und Apenrade. Auch das Ende des Zweiten Weltkrieges brachte wieder eine neuerliche Korrektur der bestehenden Grenzziehung.

Die beliebten Bäder der Ostsee- und Nordseeküste, die Holsteinische Schweiz, sind vielen Touristen ein Begriff, die Seenlandschaft bei Eutin, bei Plön ebenso. Von Schleswig und den anderen Städten des Landes, von seinem gewaltigen Hafen in Kiel haben auch schon viele gerne Notiz genommen. Doch sollten wir alle viel mehr Anteil nehmen, was hier an Geschichtsunterlagen durch die ungezählten Ausgrabungsorte und Fundstätten erhalten geblieben ist, denn da sind historische Nachweise geführt, die die Existenz unseres Volkes auch in diesen Räumen rechtfertigen und darüber hinaus wertvolle Einblicke in die Besiedlungsgeschichte bis über die Germanenzeit hinaus bieten.

Das Nymphenburger Schloß

Man wird es mir nicht verübeln, daß ich von dieser Stadt weder Hofbräuhaus noch das Oktoberfest, das stets im September stattfindet, noch den Leberkäs, der kein Käse ist, schildere, sondern auf einen Namen ausweiche, der etwas selten Graziles und künstlerisch Vollendetes ist und doch ursächlich mit München zusammenhängt, nämlich das Schloß Nymphenburg. Dieser Name deutet nicht nur auf einen Stadtteil der heimlichen Hauptstadt Deutschlands hin, er ist Inbegriff einer der edelsten Porzellanarten mit kunstgeschichtlicher Tradition und selten filigraner Ausführung und Standort eines Schlosses, das als Sommerresidenz von einer jungen bayerischen Kurfürstin unweit der Hauptstadt gewählt wurde. Es war anfänglich tatsächlich nur ein Gartenschloß, wurde dann aber erweitert, immer vergrößert, seine Gartenanlagen ausgestattet und immer mehr veredelt, und wurde so eines der größten und bedeutendsten Barockschlösser, die wir in Deutschland haben.

Seine Parkanlagen zählen zum Schönsten, was in dieser Art in Europa je geschaffen wurde. Wir stehen vor dem Gartenschlößchen, der Amalienburg, und sind vom unsagbaren Zauber einer Atmosphäre gefangen, die

Licht und Farbe ineinander tauchen läßt, durch Skulpturen besonderes Leben erhält und wo Wasser kühnste Höhepunkte vergangener staunenswerter Kunstleistungen sind. Nymphenburg erhält in der Geschichte des barocken Schloßbaues deshalb eine solche Bedeutung, weil es zur Zeit seines Entstehens und seiner Gründung neuartige Lösungen zeigt, die selbst von den französischen Meistern dieses Faches noch nicht erkannt worden waren. Ein hufeisenförmiger und ein langgestreckter Grundriß des Schloßbaues werden im Zuge einer barocken Auflockerung auseinandergelöst und können diese Freiheit in verschwenderischer Ausdehnung erkennbar machen. Dabei bleiben die Einzelglieder des Baues bestehen und unterstreichen das Wesen dieser künstlerischen Aussage, die, und auch das ist durchaus neu und selten, den Prunk der Fassade missen läßt, weil dadurch jegliche Formeinheit zerstört worden wäre.

Selbstverständlich stand in dieser Zeit jegliche Kunstausübung in Europa unter dem Einfluß der französischen Vorbilder, und auch der Baumeister von Nymphenburg, Joseph Effner, hat seine Ausbildung in Paris genossen und stand anfänglich ganz unter dem Einfluß und Eindruck der führenden französischen Kunstauffassungen der Zeit nach dem Tode Ludwigs XIV. Es haben weiter Robert de Cotte und der Italiener Zuccalli an der Erweiterung mitgewirkt, und sie sind später auch am neuen Schloß von Schleißheim, ebenfalls bei München, beteiligt gewesen. Die großen Meister der französischen Gartenbaukunst haben hier als Vorbilder gedient, als auf deutschem Boden eine derartige Anlage entstand, die fernab der unerfreulichen Zeiterscheinungen dieser Epoche der Kriege und Untertanenverhältnisse zu einem Höhepunkt drängten. Hier ist durch die Auflockerung der Anlagen ein Weg beschritten worden, der in unseren Breitengraden durchaus neu war. Man hat das große Schloß mit seinem beherrschenden Bau losgelöst von kleinen Gartenburgen, die zwar auch architektonische Funktionen erfüllten, und bot damit Gästen oder einem bestimmten Personenkreis die Möglichkeit, in unmittelbarer Umgebung des Fürsten zu leben.

Die Gründerin des Schlosses hat wenige Jahre nach Beendigung des Dreißigjährigen Krieges hier ihre künstlerischen Spuren hinterlassen. Es war dies die Kurfürstin Maria Henriette Adelaide, die den jungen Kurfürsten Ferdinand Maria geheiratet hatte. Trotz ihrer kurzen Lebenszeit ist sie es gewesen, die Künstler aus aller Welt an den bayerischen Hof heranholte. In ihrer Zeit erlangten die Künste hier eine besondere Blüte. Sie dichtete und musizierte und hat selbst bei Festaufführungen im Ballett mitgetanzt. Ihre Schönheit und Anmut ist von den zeitgenössischen Berichterstattern ebenso gepriesen worden, wie die Pracht höfischen Zeremoniells, das sich hier zu entfalten begonnen hatte. Aus dieser Atmosphäre heraus ist das Nymphenburger Schloß entstanden. Es wollte zunächst nichts anderes sein als ein Sommeraufenthalt der Kurfürstin und wurde dann doch noch weit mehr als das. Das im Innern eines Schlößchen angelegte Badebassin der Badenburg stellte in seiner Zeit eine europäische Sensation dar und wurde noch wegen seiner Zweckbestimmung in späterer Zeit entsprechend bestaunt. Auch die Pagodenburg in ihrer symmetrischen

und geschmeidigen Gliederung des Achtecks mit vier Kreuzarmen oder Verlängerungen wurde als Idee des Kurfürsten bezeichnet, bis man darauf kam, daß schon lange vorher der Erbauer ein ganz ähnliches Jagdschloß bei Brüssel, ebenfalls für fürstliche Zwecke, errichtet hatte.

In den Nymphenburger Parkanlagen kann man Stunden verbringen, die einen in den Geist der höfischen Entfaltung vergangener Jahrhunderte zurückführen, ebenso wie die ehemaligen kurfürstlichen Stallungen und die Sammlungen in Teilen des Museums an vergangene Herrscherpracht gemahnen, die nichts von der Not der ungezählten kleine Leute ahnte, die an diesen Bauten tätig gewesen waren. Das Schloß mit seinen Gartenbauten, im Verein mit dem auch in schweren Zeiten sorgsam gepflegten Park, hat eine ganze Reihe Kunstepochen überstehen müssen, die sich an ihm erprobten und hat trotzdem die Einheit und Geschlossenheit nicht eingebüßt und ist dadurch etwas, das einen immer wieder gefangen nimmt. Jeder Barockgarten hat nicht nur schöne Beete voll farbenprächtiger Blumenpflanzungen, zahlreiche Springbrunnen unterschiedlicher Größe und Art, sondern ist durch frei stehende Gartenplastiken gekennzeichnet, die sich allerdings dem Wesen des jeweiligen Parks anpassen müssen. Nur dann sind sie kein Fremdkörper, sondern ein Stück des Ganzen, das sie zudem noch betonen und unterstreichen.

Ein Stück Geschichte geworden

Man merkt es der Stadt Frankfurt heute nur nach sehr genauem Hinsehen an, was sich hier Historisches ereignet hat, denn sie ist als Großstadt ein typisches Beispiel der Internationalisierung und des Großkapitals, und beider Bestrebungen und Einrichtungen beherrschen heute ihr Bild. Und doch, auf sie vereinigte sich in der Zeit großer deutscher Not die Hoffnung all jener, die noch an Einheit und Freiheit glauben. Es war die Zeit, da nach der Vernichtung der napoleonischen Vormacht in Deutschland die breiten Kreise der Patrioten hofften, das ernten zu können, wozu sie ihre Haut zu Markte getragen hatten und von ihren Fürsten furchtbar betrogen worden waren.

Damals, als sich zum ersten Male in der Geschichte eine deutsche Einheitsbewegung politisch bemerkbar machte, entstand die Deutsche Burschenschaft, als Ausdruck einer akademischen Jugend, die schon mit den Begriffen „Ehre, Freiheit, Vaterland" die Ruhe und Überlegenheit der Fürstenhäuser und ihrer Nutznießer ernstlich zu gefährden begann. Es war eine Jugend, die im Verein mit Gesinnungsfreunden in allen Gesellschaftskreisen dem herrschenden System immer unangenehmer wurde. Menschen, die plötzlich nicht daran glaubten, daß es ein Gesetz Gottes sein sollte, daß einige wenige auserwählte Potentaten die schrankenlose Herrschaft über alle anderen ausüben dürften, sondern verlangten, daß ein Staat gebildet werden müsse, wo alle Deutschen, die gleichen Rechte haben soll-

Frankfurt: Altes Rathaus, der „Römer". Ein Zeuge deutscher Geschichte vor der Zerstörung

ten. Und immer, wie schon vor- und nachher in der Geschichte, je gefährdeter sich ein System fühlte, desto mehr wuchs die Zahl der bezahlten Spitzel, der Konfidenten und Nutznießer der allgemeinen Not. Das Metternichsche System der Unterdrückung war für die damalige Zeit perfekt. Man verfolgte alles, was sich irgendwie im Sinne eines Fortschrittes bemerkbar machte und erreichte, daß ausschließlich die Gilde der Fürsten die Erfolge der Befreiungskriege einheimste und das Volk, die kleinen Leute, leer ausgingen. Nicht nur das, alle Regungen, sogar alle Anregungen und friedlichen Verhandlungsversuche, wurden brutal und hinterlistig mit allen damals vorhandenen Methoden unterdrückt.

„Gegen das ganze idealistisch-politische Treiben", wie sie dies nannten, etablierte sich eine Zentral-Untersuchungs-Kommission, die fortan die Gefängnisse aller deutschen Kleinstaaten und Österreichs belieferte. Man ging gegen alles drakonisch vor. Zuerst kamen, wie stets, die Kleinen an die Reihe. Das waren tausende deutsche Studenten, Bürger und Arbeiter, die man auf die Festungen sperrte, dann ging man gegen die „unruhigen Geister" der Neuerungsbestrebungen vor und machte auch da ganze Arbeit. Auf der einen Seite standen jene, die „für die Einigkeit und Freiheit aller Deutschen" eintraten, und auf der anderen Seite jene, die „Ruhe und Sicherheit" forderten. Letztere waren es, die den Herrscherhäusern groß und klein besonders sympathisch waren. Es gab fast keinen bedeutenden Mann dieser Zeit, der die Knute nicht zu spüren bekommen hätte. Ein Hoffmann von Fallersleben, der Dichter der deutschen Hymne, wurde verfolgt und seine „Unpolitischen Lieder" verboten. Fritz Reuter wurde zu schimpflicher Haft verurteilt, und in jedem Land ging man konzentrisch gegen alle vor, die sich nicht freiwillig beugten.

Als am 18. Mai 1848 in Frankfurt die deutsche Nationalversammlung zusammentrat, Erzherzog Johann zum Reichsverweser gewählt wurde und in der Paulskirche die Vertreter aller deutschen Gebiete und Stände zusammentraten, glaubte man in weiten Kreisen, den ersten Schritt unternommen zu haben, um daraus ein kommendes Reich zu formen. „Wenn alle untreu werden" und „Freiheit, die ich meine" wurden Lieder mehr als einer Generation. Auch das „Wir hatten gebauet" wurde zum Fanal. Bis die Gegenseite zum großen Schlag ausholte, der preußische König die Krone der Deutschen, die ihm angeboten wurde, wegen des „Ludergeruches der Revolution", der ihr anhaftete, ablehnte und die angebliche Macht Gottes, auf die sich die Fürsten stets zu berufen beliebten, gesiegt hatte.

Die einsetzenden blutigen Wirren lösten eine Revolution aus, deren Spuren vor allem in Wien, Berlin, Dresden und Karlsruhe sichtbar wurden und schon nach wenigen Jahren zählte man 182000 Deutsche, die ins Ausland fliehen mußten und meist in den USA ihr weiteres Leben führten. Die Reaktion hatte auf der ganzen Linie gesiegt und wenngleich es auch 1871 gelang, durch eine zukunftsweisende Politik eines Einzelnen und soldatische Traditionen das ersehnte Reich zu verwirklichen, der „Ludergeruch" war geblieben und verzog sich nur sehr langsam, er hatte seine lähmende Wirkung noch für Jahrzehnte.

Solche Gedanken machen sich die Besucher Frankfurts heute kaum, die überrascht sind von einer gänzlich neuen Aura, die dieser Stadt zu eigen wurde. Nicht mehr die winkeligen Gäßchen aus der Zeit des jungen Goethe und die in ungezählten Berichten und Romanen gepriesenen Erscheinungen einer angeblichen Biedermeierseligkeit sind es. Am Römerberg mit seiner gesamtdeutschen Tradition hasten die meisten vorbei. Sie staunen über die nach der Bombenzerstörung überall entstandenen Monumentalbauten, die unendlich viel Beton und Glas in sich vereinen und den Reichtum einer neuen Generation verkünden, übersehen aber die sonst so prächtige Stadtsilhouette.

Das Goethehaus wurde wieder erbaut. Das ehrt die Stadtväter, sie haben damit eine Barbarei beseitigt, für die andere verantwortlich waren. Hier wirft man einen schnellen Blick in das Dichterzimmer und versucht oft vergeblich eine Brücke in die Zeit der Klassik zu schlagen. Man geht die Mainufer entlang, erfreut sich am munteren Treiben, das an diesem Strome herrscht, beobachtet den unwahrscheinlich groß gewordenen Verkehr auf den Straßen, Schienen und Fluß, der Dom grüßt und vermag manchen zum längeren Verweilen aufzufordern, und in der wieder erbauten Paulskirche macht man seinen Pflichtbesuch und glaubt, damit der Vergangenheit einen Tribut geleistet zu haben.

Man erkennt, daß sich hier Gigantisches entwickelte, eine Industrie, die einfach alles verschlucken muß, um bestehen zu können. Die den Menschen wandelt und ihm immer weniger Zeit zur Besinnung auf solche Gedanken gönnt, die uns erfüllen. Hier ist der Fortschritt den Menschen davon geeilt, zwar mit internationalen Vorzeichen, aber als Teilstück deutscher Wirtschaftskraft, und kaum kommt man zur Überlegung, daß in unmittelbarer Nähe der Rheingau beginnt, einer der schönsten Teile Deutschlands mit einer ganz lieblichen Landschaft, mit saftigen Auen und Flußläufen, mit Rebenhängen und burgengekrönten Gipfeln, in die sich auch die Wirtschaftspioniere und ihre Trabanten bisweilen zurückziehen, um ein wenig einzuhalten in ihrem Tun, Erholung zu suchen in der ausgleichenden Ruhe einer harmonischen Landschaft.

Blühendes Leben

Zum Lande gehören die Menschen, und seit den Tagen, als der Mensch seine ersten Furchen zog und die ersten Bäume pflanzte, wurden Menschen und Land zu einer Einheit. Sie wurden nicht immer zu einer Synthese, denn der Mensch hat sich oft an seinem Land versündigt und hat ihm nicht immer das gegeben, was es naturnotwendig brauchte, um für ihn den notwendigen Humusboden zu bilden. Der Mensch sollte es dem Land viel mehr danken, denn das Land beschenkt ihn überreich für jede Gabe und für jede Hilfestellung, die er leistet. So sprießen alljährlich in unserem Land noch immer Milliarden Blüten, und ein köstlicher, fast betäubender

Duft steigt auf, der von den Blütenkelchen kommt, in denen sich Bienen bemühen, den fruchtbaren Saft zu erhaschen, den sie zum Gesundheits-spender Honig benötigen.

Auch sonst kommt aus diesen Blüten, die sich ja langsam öffnen, viel Gutes und Schönes. Man soll sich bei Blumen nicht nur an den Muttertag erinnern und soll die Blumen auch das ganze Jahr über in der Rangordnung neben uns lassen, die ihnen gebührt. Sie verschönern nicht nur die Land-schaft, unseren Blumengarten, den Balkon oder die Kristallvase vor dem Familienbild unserer Verstorbenen, sie geben durch ihre Harmonie und Farbenpracht auch unserem ästhetischen Empfinden eine ganze besondere Note. Wer Blumen liebt, der wird auch sonst nicht allzu leicht von Gefüh-len des Hasses verzehrt, und wer sich die Mühe nimmt, Blumen pfleglich zu behandeln, der wird auch dann hilfreich sein, wenn ein anderes Lebewe-sen unsere Hilfe braucht. Dichter haben sie besungen, die Blumen in ihrer Schönheit und Vielfalt, Maler haben ihre schönsten Gemälde geschaffen, als sie sich der Blume zuwandten.

Nicht nur das Aussehen in der erwähnten Farbenpracht und Harmonie aber ist das Beeindruckende an der Blume und ihrer Blüte: Der Duft ist etwas, was unser Gemüt genauso anregend erfüllen kann, wie das, was wir sahen. Man wird ein ganzes Leben lang den Blütenduft, Geruch von tau-senden blühenden Blumen nicht los, den man in sich trägt, über kalte Jah-reszeiten hinweg, bis wieder in den neuen Frühling hinein. So, wie Blumen zum Land gehören und wir sie schätzen und achten sollen, so gehören auch Kinder dazu.

Es ist kein Zufall, daß man einem kleinen unverdorbenen Menschen, einem Kind, mit einer harmlos scheinenden Blume oft eine größere Freude bereiten kann als einem erwachsenen Menschen. Da muß man doch gar nicht viel von Botanik verstehen, um die geheimnisvolle und glückbringen-de Vielfalt der Blumen zu empfinden. Das unverbildete Kind fühlt das, und es bleibt lange Zeit unter diesem Eindruck der Ursprünglichkeit, der Le-bensnähe und Naturverbundenheit bestehen. So, wie wir uns über schöne Blumen freuen, die irgendwo neben unserem Weg gedeihen oder auf einer Wiese das Einerlei einer satten Grünfläche mit farbigen Tupfern unterbre-chen, so soll das Kind für uns Inbegriff aller Freude und Fürsorge sein. Die Kinder erfüllen erst das menschliche Dasein mit wirklichem Leben, und erst durch sie erhält der Mensch ein Ziel und einen Lebensinhalt.

Die Sorgen, die als natürliche Folge mit jedem Kind in die Wiege gelegt werden, sind erst das auslösende Moment für Freude und Glück, die wir durch das Kind erfahren. Was liegt nicht alles im strahlenden Leuchten dankbarer Kinderaugen, und gibt es eine Fröhlichkeit, die noch irgendwo so offen, so klar und so herzensbezwingend erkennbar ist, wie in den Augen eines Kindes? Die oft tolpatschigen Bewegungen, die das Erahnen bestimmter Abläufe erst anzudeuten beginnen, sind ein Stück des Lebens-weges, den jeder zu gehen hat. Überlassen wir die Freude am Kinde nicht nur den Müttern, bei denen sie selbstverständlich sein soll. Freuen wir uns über jedes Kind, dem wir begegnen, und suchen wir den Weg zu ihm. Da

muß schon weiß Gott was passieren, wenn ein Kind auf uns zukommt. Angeborene Scheu und natürliche Angst verhindern das. Wenn wir uns aber in aller Behutsamkeit nähern, dem Kinde mit freundschaftlicher Geste beweisen, daß wir nur an Körpermaßen das Ungeheuer sind, das neben ihm steht, ebenso sein wollen, aber wie es, dann wird sich das Herz öffnen und es wird uns mit jener Dankbarkeit entgegenkommen, die Ausdruck von Abhängigkeit und Erkennen echter Hilfsbereitschaft ist. Ebenso, wie viel zu viele Menschen Blumen achtlos zertreten, beschäftigt viel zu wenig Menschen der Gedanke, daß dieses heranwachsende Wesen eines kleinen und unbeholfenen Menschenkindes für jedes gute Wort, für jede Hilfestellung, für jeden Rat und jeden Hinweis dankbar ist. Glücklich ein Land, in dem man frohen Kindern begegnen kann, Kindern, die darüber hinaus an ihrem Äußeren erkennen zu lassen, daß sie aus guter Betreuung kommen und von liebenden Sorgen umhegt sind. Verachten wir aber auch jene Kinder nicht, denen man dies nicht anmerkt, denn auch unter den Blumen gibt es solche, die aus der Verborgenheit nicht herauskommen und es den prächtigen Rosen nicht gleichtun können.

Es gibt Völker, die sterben aus. Das sind solche, in denen man wenigen Kindern begegnet, das sind jene Völker und Staaten, wo man von Amts wegen Klage darüber führt, daß es überall an Nachwuchs mangelt. Wenn ein Volk aufhört, an seine Existenz zu glauben, versinkt auch automatisch die schöpferische Kraft des Fortbestehens. Möge diesem Land, in dem wir leben, die Kraft erhalten bleiben, aus der heraus neues Leben für die kommenden Zeiten erweckt wird, und mögen die Wiegen nie leer werden, denn das Land braucht für seinen Fortbestand die Kinder ebenso wie die Blumen, und erst, wenn beide da sind, gesund und wohlbehalten, blüht das Land und bleibt jung.

Im schlesischen Kreuzberg

Wir sind in einer deutschen Stadt, wie es deren viele in dieser Größe und Ausdehnung gibt, und haben sie bewußt gewählt. Hier, vor dem Rathaus stehend, bewundern wir einen Barockbau, der 1737 in diesem Stil errichtet wurde, nachdem das alte gotische Rathaus einem verheerenden Stadtbrand zum Opfer gefallen war. Übrigens wurde auch seine Halle an der Westseite erst nach dem Ersten Weltkrieg, nach einem neuerlichen Brand, in das heutige Aussehen versetzt. Eine Stadt also wie andere auch, und doch gekennzeichnet durch einen großen Sohn, der für die deutsche Literatur und Kulturgeschichte auch heute von großer Bedeutung ist: Gustav Freytag.

Schlesien ist reich an bedeutenden Größen der deutschen Literatur, vom Mystiker Jakob Böhme angefangen, über den Schöpfer der neueren deutschen Dichtkunst, Martin Opitz, den Philosophen Friedrich Schleiermacher, seinen Lyriker Freiherrn von Eichendorff, den wir als den größten seiner Art überhaupt bezeichnen, und den Naturalisten und Dramatiker

Kreuzberg: Gotisches Rathaus und Gustav-Freytag-Brunnen

Carl Hauptmann. Wir können dann noch mit Fug und Recht Hermann Stehr, Paul Keller und natürlich Gerhart Hauptmann hinzuzählen. Gustav Freytag aber, der hier geboren wurde, soll in diesem Zusammenhang als beispielgebend angesehen werden, wobei wir feststellen, daß es eines der ersten Male in der Geschichte war, daß einer aus seinem festangestellten Beruf als Lehrer ausgestiegen ist, um Journalist und freier Schriftsteller zu werden. Das erfordert heute noch ein großes Selbstvertrauen, war aber im vorigen Jahrhundert ein Beweis ungeheurer Überzeugungskraft und Deutung der eigenen Absichten. Einer seiner Zeitgenossen hat damals, es war in der Mitte des vorigen Jahrhunderts, erklärt: „Der Roman hat das Volk bei der Arbeit zu suchen".

Damit hat er das dichterische und volkserzieherische Werk des Schlesiers gedeutet, der in seinem „Soll und Haben" die Verhältnisse seiner Zeit hervorragend darstellte. In seiner „Verlorenen Handschrift" hat er bereits den Weg zu seiner, aus sechs Bänden bestehenden Romanreihe „Die Ahnen" gelegt, um in seinen „Bildern aus der deutschen Vergangenheit", die fünf Bände umfassen, mitten in die Geschichte des deutschen Volkes einzutauchen. Hier wird er als Erzieher zum Geschichtsbewußtsein und zum unbestechlichen Deuter historischer Zusammenhänge und erfüllt in flüssiger, romanhafter Form den Leser mit einem Übermaß geschichtlicher Begebenheiten. Dies geschieht im Gegensatz zu manchen ekelerregenden Betrachtungen unserer Tage mit dem Bewußtsein der Werte der Vergangenheit und der Geltendmachung bestimmter Ansprüche in der Gegenwart. So fließen in Gustav Freytag, dessen Denkmal in seiner Geburtsstadt Kreuzberg in eindrucksvoller Form seiner Person und seinem Werk gewidmet ist, ein neuerliches Stück der Zusammenhänge mit den Schlesiern und ihrer typischen Veranlagung zusammen.

Der Schlesier ist, wie ganz wenige andere deutsche Stämme, ein Produkt seiner Vergangenheit, die nie in ruhigen Wellen verlaufen ist, sondern immer von Kontrasten berührt war. In seinen Vorstellungen leben die Ahnungen von dunklen unbeherrschbaren Mächten, die ihn bedrohen und zeitweilig in mystische Vorstellungen und Vergleiche drängen. Die Unausgeglichenheit und schicksalhafte Verstrickung seiner Geschichte ist die Ursache dafür, daß er sich mit einem Begriff lebenslang verankert fühlt, der ihm Pflichtbegriff und historische Fundierung verleiht, dem Preußentum. Er gilt als Repräsentant desselben, obwohl gerade Gerhart Hauptmann in seinen Schilderungen die innere Spannung deutet, die den Schlesier erst dazu gebracht hat. Das Bizarre, leicht Versponnene und tief Gemütvolle vereinen sich zu einer Mischung, die sich mit allen Widerwärtigkeiten des Lebens erfolgreich auseinander setzen konnte.

Schicksal und Geschichte haben es ihm nie leicht gemacht. Zumindest schwerer als anderen Stämmen. Er aber hat zur Staatswerdung der Deutschen trotz allem das Entscheidende beigetragen und formte, den anderen vorauseilend, die Stämme in ihren auseinanderstrebenden Tendenzen zu einer Einheit, die sich staatlich auswirkte, ohne daß dabei auf Dauer die Einheit in ihrer letzten Vollendung erzielt werden konnte. Sein Land, das ihn bestimmte, war unvergleichlich ärmer, reizloser und eintöniger als das der anderen, wenn man von den Gebirgen im Süden absieht und die Romantik der ausgedehnten Waldlandschaften nicht in Betracht zieht. Seine ruhige Selbstgewißheit, sein unbewußtes Gefühl des Pflichtbewußtseins und die berühmt gewordene Schneidigkeit lassen oft falsche Urteile zu. Doch wer als Nichtschlesier Land und Leute hier kennenlernte, der ist zutiefst davon überzeugt, daß auch das Forsche und Siegessichere nur die äußere Umrahmung jener inneren Gemütstiefe sind, eines ewigen Ringens mit sich selbst und den eigenen Widerständen. Dort, wo Begeisterung zu diesen Grundelementen hinzukommt, sind die Voraussetzungen für einen Bestand und eine gesunde Weiterentwicklung gegeben. Das erkennt man sehr bald, wenn man — was nicht ganz leicht ist — als Fremder das Vertrauen eines Schlesiers gefunden hat und er einen in sein Inneres blicken läßt. Danken wir es den Schlesiern, daß sie uns mit Gustav Freytag einen Mann geschenkt haben, der uns wieder zu den Quellen des Lebens und der Geschichte hinführte und mit dem wir ein Stück naturgegebene Voraussetzungen unserer Volksgeschichte begreifen lernen.

Der Bauer und sein Haus

Die moderne Technik ist die Ursache, daß im Leben des Bauern eine grundsätzliche Änderung eintreten mußte. Kolchosen und Farmen haben da und dort gezeigt, wie die Bodenbewirtschaftung der Zukunft aussehen wird, wenngleich auch das Bauerntum in seinem Stamme, trotz zahlenmäßiger Einbußen, immer erhalten bleiben wird und jedes Volk auf seine Bauern auch in Zukunft angewiesen bleibt. Die fabrikmäßige Bewältigung der landwirtschaftlichen Arbeit wird auch in Zukunft nur in gewissen Grenzen erfolgen, und die Grundlage eines Volkes und seiner Substanz wird auch weiterhin der Bauer bleiben. Seine Siedlungsform kann sich in bestimmten Richtungen ändern, sie hat ja auch in der Vergangenheit Entwicklungen verschiedener Art mitgemacht. Das Dorf jedoch, als Zusammenfassung verschiedener Gehöfte, die Ansiedlung bäuerlicher Familien und Sippen zu einer örtlichen Gemeinschaft, ist etwas, was auch für kommende Zeiten Geltung hat.

Das Bauernhaus aber, die Wohnstätte des Bauern, ist ein Bauwerk, das, von Menschenhand seit eh und je errichtet, in die jeweilige Landschaft paßt und in sie eingefügt ist. Der Bauer selbst und die Seinen haben es gebaut, es ist bleibender Ausdruck der Gemeinschaft von Mensch und Natur. Es ist urwüchsig geformt und breit hingelagert, schließt sich in allen Gegenden nach außen hin ab und ist von Wiesen und Acker, von Obstbäumen und dem Garten umgeben und verrät Selbstbewußtsein und Eigenwillen. Die Art, wie der Mensch in früheren Zeiten sein Haus baute, ob an der Küste des Meeres, zu Füßen des Gebirges oder in der Ebene, und aus welchem Material es errichtet wurde, waren nicht dem Zufall überlassen, sondern nach ganz zweckmäßigen Überlegungen und Berechnungen entstanden. Man muß sich die Entstehung dieser Häuser in früheren Zeiten vorstellen, sie sind dem Magischen entsprungen, einer Kraft, die um das allgemein lebenswichtige Feuer, das es zu erhalten galt, um den Herd als Heiligtum, den es zu schützen galt, Mauern errichtete und ein Dach darüber baute. So wurde der Mensch gleichzeitig gegen die Unbilden der Witterung geschützt und zur Seßhaftigkeit gezwungen. Unterschiedlich, ob es sich um Jäger, Fischer, Wirte oder Bauern handelte, entstanden Blockhäuser, Schilfhütten, Zelte, festgefügte Häuser aus Lehm und Stein. Wohnen und Nebeneinanderhausen, bei räumlicher Enge, verlangte ein ständiges Geben und Nehmen der Beteiligten und eine Einordnung in bestimmte Regeln des Alltags, aus denen sich das Brauchtum nach und nach entwickelte, das die betreffenden Formen und Bedürfnisse oft lange überlebte und so Rückschlüsse auf Vergangenes zuließ. Das Bauernhaus aber war auch gleichzeitig eine Kultstätte, in der die jeweiligen Götter und Ahnen verehrt wurden und so die Sippen und Familien über die Äußerlichkeiten des Alltages hinauswuchsen.

Das deutsche Bauernhaus entstand aus dem indogermanischen Haus, das die dort Wohnenden und das Haustier geschlossen in einer Einheit verband. So entwickelten sich die Lebensrechte, die für alle verpflichtend galten, die einzuhalten waren und auch die heutigen miteinbezogen. Auch die Rechte von Mann und Frau waren seit Zeiten so geregelt, daß der Mann über das Haus hinaus, über den Hof, die Wiesen und Felder gebot, während die Frau als Reich ihrer Tätigkeit alles betrachten konnte, was unter den Sparren des Daches vor sich ging. Diese einheitliche Struktur schuf ein Haus, das Wohnung, Stall und Speicher in einem verband und das in Deutschland nach der jeweiligen Landschaft unterschiedlich in der Entwicklung war. Wir stellen fest, daß jede Landschaft, ob Ebene, Mittel- oder Hochgebirge, einen eigenen Aufbau und Ordnungssinn entwickelte, der darüber zu bestimmen hatte, wie die Räume zueinander gelegt wurden oder wie das ganze Haus sich in die Landschaft einzufügen hatte.

Wir kennen in der Ebene das niedersächsisch-friesische Haus, das bis weit in den Osten üblich war. Es ruhte auf einem Ständergerüst von Eichenbalken und trägt die Last des meist tief heruntergezogenen Daches, unter dem Mensch, Vieh und Vorräte untergebracht sind. In den mitteldeutschen Gebirgen ist das fränkische Haus anzutreffen, das in Franken, Thüringen, Hessen und dem Rheinland verbreitet ist und auf Grund der Auswanderungen über Sachsen, Schlesien und Böhmen hinaus reicht. Hier sind die Viehställe, Scheunen und das Wohnhaus um einen Hof verteilt und von einem Zaun umgeben. Das oberbayerische Haus, verwandt mit dem tirolerischen und schweizerischen Gebirgshaus und, in einer Sonderform, das alemannische und das Schwarzwaldhaus, sind die Hausformen Oberdeutschlands. Sie vereinigen Wohnhaus, Stall und Scheune unter einem Dach und entsprechen den Anforderungen, die sich im Laufe der Jahrhunderte an den Viehzüchter ergeben haben.

Wir finden heute noch in allen Teilen des deutschen Landes viele schöne alte Bauernhäuser, deren Bau bis in das 16. Jahrhundert zurückgeht und die

ungezählte Stürme und Kriege überdauern konnten. Sie gleichen Burgen und haben sich wie diese oftmals erfolgreich gegen ein Schicksal gewehrt, dem andere zum Opfer fielen. Es ist nicht zu leugnen, daß sich die uralte Form des Bauernhauses erhalten hat, daß der Grundriß nach alten Vorbildern geblieben ist und die Absicht, sich unbedingt in die Landschaft einzuordnen, überall festgestellt werden kann. So werden Land und Haus zu einer Einheit, und so prägt das Bauernhaus die Landschaft, aus der es kommt, entscheidend mit. Man kann aus dieser Tatsache eine ganz bestimmte Entwicklung feststellen und erkennt unschwer den deutschen Volksboden in Mitteleuropa. Die bäuerliche Siedlungsform ist Ausdruck einer Baugesinnung und einer Art der Naturverbundenheit, die bei anderen Völkern anders geprägt ist, uns aber ebenfalls kennzeichnet, so daß wir das deutsche Sprachgebiet unbeschadet seiner jeweiligen Staatsgrenzen unschwer an den Merkmalen seiner bäuerlichen Siedlungsweise erkennen können.

Das Leben des Bauern war niemals leicht und ist es auch nicht im Zeitalter der großen Mähdrescher und Ackermaschinen. Ihm sind die Gesetze der Erde, der Jahreszeiten und der Wandlungen in der Natur eingegeben. Vieles muß er entbehren, weil er eben fern vieler Möglichkeiten ist, die die Stadt bietet, im Guten und Bösen. Doch: Der Bauer ist der Herr in seinem Reiche, er ist frei und hat sich nach Jahrhunderten einer schmachvollen Knechtschaft durch seine Grundherren eine Freiheit erworben, um die ihn andere Stände und Bevölkerungsgruppen beneiden, obwohl viele seine Arbeit nicht kennen und nicht richtig einschätzen. Der Bauer aber ist darüber hinaus der Ernährer nicht nur seiner Familie, sondern des ganzen Volkes; Volk und Vaterland sind auf ihn begründet, sein Pflügen und Ernten ist gleichzeitig ein Wirken um die Seele des ganzen Volkes, dem er seit Jahrtausenden dient, was ihm oft sehr schlecht gelohnt wird.

Eine Stadt — ein „Freistaat"

Wir erweisen einer ganzen Zeitepoche unsere Reverenz, wenn wir an die Stadt an der Mottlau erinnern, einer Epoche, die den Untergang Mitteleuropas einleitete und um die es ging, als man das erste Stück dieser Zerstörungstat begann. Die Zerstörung Europas begann mit der Zerstückelung des deutschen Ostens nach dem Ersten Weltkrieg, also im Jahre 1919. Die damaligen Grenzziehungen waren Wahnsinnstaten, die nur von Haß geprägt waren, den man hemmungslos über ein Volk ergießen konnte, ohne darauf Rücksicht zu nehmen, daß mit der Vernichtung und Zerschlagung dieses einen Volkes auch eine jahrhunderte alte Einheit zerstört wurde. Man zerschlug damals durch einen Gewaltfriedensvertrag deutsche Ostprovinzen, obwohl sich weite Teile der dortigen Bevölkerung für Deutschland entschieden hatten, und man machte die Stadt Danzig und ihr unmittelbares Umfeld zu einer „Freien Stadt". Das heißt, man trennte sie vom Deut-

schen Reich und zwang sie in eine Lage, die nach damaligen Begriffen unvorstellbar war.

Dieser Freistaat war zwar einer internationalen Führung unterstellt, bekam einen „hohen" Kommissar, unterstand aber dem polnischen Zoll, der die Stadt weidlich für Polen ausnützte und mußte sich polnische Außenpolitik gefallen lassen. Danzig ist in der Folge auch eines brennendsten Probleme geblieben, die der sogenannte Friedensvertrag von Versailles hinterlassen hatte und führte dann auch zum neuen Weltbrand. Das „mourir pour Danzig" der Franzosen war ein Begriff für das Hinopfern von Menschen für eine Sache, die einen nichts anging. Und tatsächlich brach der Zweite Weltkrieg auf Grund von Versprechungen aus, die von den Siegermächten gemacht wurden, die dann zum Vorwand genommen wurden, als eine deutsche Regierung für diese Stadt natürlicher Forderungen erhob. Die Franzosen zerbrachen sich lange Zeit den Kopf darüber, was sie eigentlich veranlaßte, wegen einer ihnen unbekannten Stadt im Osten in den Tod zu gehen und Deutschland den Krieg erklärt zu haben. Doch Überlegungen dieser Art kommen meistens zu spät! Tatsache ist weiter, daß es sich bei Danzig um eine nachweisbar deutsche Stadt gehandelt hat, deren Aussehen und Entwicklung den deutschen Charakter immer bewahrt hatten.

Schon in der Zeit des Pommerellenfürsten Swantopolk hatten sich hier lübische Kaufleute niedergelassen, und der erwähnte Fürst ist es selber gewesen, der in die nach lübischem Recht im Jahre 1235 gegründete Stadt deutsche Handwerker und Kaufleute berufen hatte, die den Wohlstand dieses ganzen Raumes begründeten. Weniger als hundert Jahre später hat der Deutsche Ritterorden seine Herrschaft über das ganze Land ausgedehnt, und zu dieser Zeit war Danzig bereits eine wohlhabende deutsche Stadt, die sich im Laufe der folgenden Jahrhunderte zu einer der bedeutendsten Hafenstädte entwickelte und ihren Handel bis weit in den Osten betrieb. Hier endeten die meisten Handelswege, und von hier nahmen wirtschaftliche Verbindungen ihren Ausgangspunkt, die dem ganzen nordosteuropäischen Raum zugute kamen.

Die Stadt war von echtem Hanseatengeist geprägt, zeitloses Kolonistentum zeichnete sie aus und erfaßte mit seinem Wesen den Umkreis eines Raumes, der nach und nach zu einem der wohlhabendsten Gebiete im ostdeutschen Kulturkreis wurde. Das Stadtbild war bis in unsere heutigen Tage hinein von diesem Wesen geprägt. Pulsender Geschäftsgeist, reger Handel und eine fast einmalige Rührigkeit zur See zeichnete sie aus. Dazu eine Tatsache, die auch von allen Slawierungsversuchen unserer Tage nicht beseitigt werden konnte: Der ausgeprägte deutsche Charakter der Stadt mit seinen zahlreichen von Deutschen geschaffenen Kunstwerken und Bauten. Die steingewordene Tradition brandenburgisch-deutscher Geschichte hat hier eine Position geschaffen, die sich bis in unsere Zeit des Unterganges bewährte.

Die Urgeschichte der Stadt liegt, wie dies in vielen Fällen dieses Raumes ist, im Dunkel. Der günstige Platz an der Mündung eines großen Flusses und im Schutze der Berge hat schon in frühesten Zeiten Siedler angezogen, die Altstadt ist etwa im 12. Jahrhundert erbaut worden. Als 1312 der Deutsche Orden die Herrschaft antrat, entstanden neue Stadtteile, und als sich 50 Jahre später die Stadt der Hanse anschloß, nahm sie unter den Ostseeplätzen nach Lübeck und Stralsund die erste Stelle ein. Auch in der Zeit des Schwindens der Macht des Deutschen Ordens hatte Danzig seine stets unabhängige Stellung bewahren können und verteidigte sie trotz aller Angriffe stets erfolgreich. Obwohl auch in der Reformationszeit viele Unbilden über die Stadt kamen, wuchs ihr Reichtum und die Tatsache, daß sie sich immer wieder eine Sonderstellung erringen konnte. Die Begehrlichkeit Polens und seine immer wieder angestellten Versuche sind damit zu erklären, daß Danzig der Haupthafen und lange Zeit der einzige war, der auch das polnische Gebiet versorgen konnte, denn die gesamte Ein- und Ausfuhr gingen über Danzig, das natürlich auch durch diese Tatsache an Ansehen und Wohlstand gewann.

Die Stadt liegt auf dem linken Ufer der Weichsel, sie wird von den beiden kleinen Flüssen der Radaune und der Mottlau durchflossen. Danzig wurde in den zurückliegenden Jahrhunderten auch mit starken Festungswerken umgeben und hatte im 18. und 19. Jahrhundert durch kriegerische Ereignisse schwer zu leiden. Die Spuren dieser Zeiten aber konnten stets in verhältnismäßig kurzer Zeit beseitigt werden. Trotzdem ist an diesem Beispiel erkennbar, daß in kriegerischen Verwicklungen und den damit zusammenhängenden Ereignissen, Stätten des Wohlstandes und Reichtums die beliebtesten Angriffsobjekte sind und sich für Plünderungen am besten eigenen. Im Feuersturm des Zusammenbruches von 1944/45 ging auch das Deutschtum Danzigs unter, einer Stadt, die aber in der Bewußtseinsbildung der Deutschen weiterhin ein Begriff geblieben ist und die Sehnsucht Tausender Deutscher auf sich vereinigt.

Etwas von der Bergstraße

Es hat schon in der Römerzeit diesen Begriff gegeben, die sogenannte „strata montana". Wir sind hier also auf uraltem Kulturboden und seit Karl der Große das Kloster Lorsch gründete, haben wir es mit einer reichen Geschichte zu tun. Dies prägt sich heute auch in einer ganzen Reihe kleinerer Städte aus, die sich ihren Charakter bis in unsere Tage bewahren konnten. Da gibt es die alten Stadttore, die Reste ehemaliger Befestigungsanlagen, da sind die Kirchen befestigt gewesen, es schlummert in jedem dunklen Tor die Vergangenheit, und überall erfreuen fein durchgegliederte Fachwerkbauten.

Die einzelnen Gehöfte überraschen durch die Vielgestaltigkeit, mit der sie in der Landschaft stehen, malerische und groß angelegte Bürgerbauten sprechen von einer geradezu geballten Kraft, die ein Bürgertum einst hier gehabt hat. Fürsten haben immer wieder um dieses Land gestritten, denn es hat sich auch durch sein Klima, von dem unsere Vorfahren schon Lieder zu singen wußten, von den vielen Gebieten des rauhen Nordens unterschieden. Hier muß man sich besonders an den Rat halten, den einem Landeskundige geben, nicht den breiten Straßen zu folgen und die ausgetretenen Pfade des Massenverkehrs zu meiden.

Nein, man soll hier unbedingt die verträumten kleinen Gäßchen gehen, die einsamen Pfade zu den Höhen und die kleinen Wege, an denen noch nicht einmal ein Wegweiser angebracht wurde, weil ohnedies keiner hier gehen wird, wie sie meinen. Dann stellen wir als Lohn für zusätzliche Mühen sehr schnell fest, daß ein fast subtropisches Klima im Verein mit jahrhundertelang währender Arbeitskraft des Menschen hier Parks und Gärten entstehen ließ, wie sie weit und breit nicht zu finden sind. Heute haben wir nicht Heidelberg im Sinn, doch Darmstadt, dessen Landgraf Georg I. auch der „Vater" dieser Stadt genannt wird. Es liegt am Ausgangspunkt der Bergstraße und lockt uns an.

Darmstadt! Dieses Urbild einer großherzoglichen Residenz, wo neben dem Porzellan-Schlößchen der Bessunger Herrengarten mit seiner Orangerie auffällt, von der uns die Ortskundigen erzählen, daß es bis vor dem Ersten Weltkrieg dem Prinzen von Battenberg gehörte. Wir wundern uns heute über die krausen Wege unserer Entwicklung gar nicht mehr, müssen aber zugeben, daß der Klassizismus, den man für den Auf- und Ausbau dieser Stadt verwandt hat, ihr auch heute noch den Eindruck vornehmer Ruhe verleiht, wie er bisweilen in höheren Beamtenetagen zu beobachten ist. Das „Tor zum Odenwald und zur Bergstraße" hat man die Stadt auch genannt, wo sich eine Künstlerkolonie befand, die 1899 auf der Mathildenhöhe errichtet wurde und bis 1917 Bestand hatte. Über den fünffingrigen Hochzeitsturm haben sich unsere Eltern und Großeltern in heftigen Diskussionen wundgeredet. Er steht noch immer, doch vieles, was hier aus alter und neuer Zeit stammt, ist den Bomben der angeblichen Befreier zum Opfer gefallen.

Wir durchstreifen sie, diese kleinen Städte der Bergstraße. Dieses Übermaß an rankenden Blütenzweigen, diese Überfülle einer warmen Atmosphäre. Sie hat sich auch auf den Menschen hier übertragen. Er scheint frohgemuter zu sein als anderswo, er ist ein echtes Produkt seiner Umgebung, seines Klimas und der Natur, die sich hier mit verschwenderischen Gaben überall offenbart. Die Krönung der Fruchtbarkeit liegt im Ergebnis des Weinbaus, und wir machen immer wieder die Beobachtung, daß der Weinbau auch den Menschen verwandelt, ihn freundlicher werden läßt, gelöster, so zur Harmonie mit dem Land werdend, das ihn sicher ganz geprägt hat.

Der Mittelpunkt dieses Weinbaugebietes ist Heppenheim, eine Fachwerkstadt von zauberhafter Art. Wir sagen nichts gegen die anderen Städte dieses Umkreises und schon gar nichts gegen Bensheim oder Seeheim, doch hier haben wir Halt gemacht und tief geatmet. Man sagte uns mit Recht, daß keine Stadt an der Bergstraße ihren mittelalterlichen Charakter so bewahrt hat wie diese, wo der Reichtum der Fachwerkbauten, der Giebel und kunstvoll angelegten Nischen so groß ist wie hier und doch, bei aller Vielfalt, eine gewisse Zurückhaltung und Bescheidenheit verrät. Hier herrscht

Heppenheim: Kellereigasse mit „Dom der Bergstraße"

nicht nur das vor, sondern auch eine Behaglichkeit, die sich auch am heutigen Treiben in der Stadt, auf dem Marktplatz und den kleinen Gäßchen offenbart. Halten wir ein und bleiben wir stehen, es soll uns nichts forttreiben, gönnen wir uns die Zeit des Verweilens. Wir werden reich gestärkt weitergehen oder fahren.

Die Starkenburg überragt die Dächer und Giebel. Sie erzählt viel von der Geschichte, über die die Bürger solcher kleinen Orte mehr wissen, als die anonymen Großstädter; die in ihren Betonwaben fast keine Verbundenheit zu den sie umgebenden Menschen und Zeiten empfinden. Die Heppenheimer Kirche ist auch so ein Stück Geschichte, weil an ihr immer weiter gebaut, unterbrochene Arbeit nach anderen Plänen weitergestaltet wurde, weil fast alles aus der Anfangszeit verloren zu sein scheint und erst romanische Zeugen die ersten sind, die von dem jahrhundertelangen Aufbau künden. Dabei gibt es eine Urkunde aus dem Jahre 755 — man höre und staune — die diese Kirche schon erwähnt hat. Ihre bisher letzte und auch angeblich endgültige Gestalt hat die Kirche erst zu Beginn dieses Jahrhunderts erhalten.

Man hat immer wieder etwas ärgerlich nach Bensheim geschielt, wo sich vor 160 Jahren eine neue Residenz entwickelte, mit einem Herren- und Badehaus, richtigen Kavaliershäusern und einer Heilquelle, die für zusätzliche Wohltaten sorgte. So entzückend diese kleine Fürstenherrlichkeit auch wurde, die Zeit ist über sie und andere Fürstenherrlichkeiten hinweggegangen. Trotzdem, ein Hauch dieser Zeit ist geblieben und weht noch immer über uns, wenn wir diesen Spuren folgen. Doch sollten wir nie vergessen, daß diese Vielstaaterei, die lange Zeit bei uns herrschte, die Ursache nicht nur für diese erhalten gebliebenen Kostbarkeiten, sondern auch für jenen „Kantönligeist" ist, der sich vielfach aus der deutschen Vielstaaterei mit ihrem Duodezfürstentümern entwickelt hat. Es ist keinem Volke so schwer gemacht worden, aus der Kleinheit seiner Anfangsuntertanengebiete sich zu einem Vaterlandsbegriff zu entwickeln.

Einsamkeit auf der Alm

Wer als Städter plötzlich auf einer Alm gelandet ist, der muß sich gänzlich umstellen, und vieles von dem, was er bisher für notwendig empfunden hat, hört auf und macht Dingen Platz, die er bisher gar nicht geahnt hat. Hier herrschen ganz andere Lebensformen, hier regiert die Gewalt der Natur mit ihren unerbittlichen Gesetzen, aber auch ihrer unbeschreiblichen Großartigkeit. Der Mensch hat sich anzupassen. Hier muß man immer gegenwärtig sein, dem ausgesetzt zu werden, was man sonst die Unbilden der Natur nennt, darf nicht wehleidig und leicht erregbar, aber auch keinesfalls leichtsinnig sein. Man muß seine Grenzen kennen, und die sind sehr eng gezogen. Angesichts der herrschenden Gewalten ist das, was unsere Grenzen bedeutet, sehr gering. Zunächst steht fest, daß die Schönheit der Gebirgs-

natur, wie sie hier anzutreffen ist, auf uns eine unaussprechliche Wirkung ausübt.

Religiös veranlagte Menschen finden sich hier der Allmacht Gottes näher gerückt. Ihr Beten richtet sich in erster Linie um den Segen, den die Almen den Menschen bieten können, also ebenfalls losgelöst von unserem bisherigen Dasein und seinen Sorgen. Seit altersher hat man in der ganzen Einsamkeit, die einen umgibt, seine Empfindungen in Verse und Lieder vereinigt und hat den Jodler als etwas ganz Urtümliches dieser Welt als Ausdruck unserer Gefühle geommen. Man kommt sehr schnell darauf, daß die Menschen in diesen Höhen, also die Bewirtschafter der Almen, nach ganz eigenen Gesetzen leben und den ihnen anvertrauten Tieren ein ganz besonderes Verhältnis entgegenbringen. Die Tiere auf der Weide werden zu kollegialen Geschöpfen, auf die man über die ganze Dauer des Zusammenseins ebenso angewiesen ist, wie sie auf uns.

Man hat unwillkürlich den Eindruck, daß auch sie sich über den Wechsel ihrer Umgebung und ihrer Umwelt freuen, viel munterer geworden sind und sich auch bemühen, den sonst geübten Abstand fallen zu lassen. Es ist einfach unfaßbar, wie sich plötzlich eine Verbundenheit zwischen dem Gemüt des Almhirten und der Seele des ihm anvertrauten Tieren entwickelt und wie dankbar das Vieh sich gebärdet. Hier regiert zum Beispiel fast niemals die Peitsche oder der Prügel. Das Tier folgt dem Hirten aus dem Stall oder zurück, ob als einzelnes oder in der Horde, die Kuh erkennt den Hirten schon von weitem an seiner Stimme, aber auch schon aus einiger Entfernung an seiner Gestalt, die sich zu nähern beginnt. Es fallen hier oben die Schranken zwischen Mensch und Tier, man erkennt auch eine selbstverständliche Ruhe und ein verständnisvolles gegenseitiges Verstehen, ob noch ein Dritter dabei ist oder nicht. Der Fremde indes wird wenig beachtet, höchstens zur Kenntnis genommen. Der Freund aber ist und bleibt der Hirt, dem man dies auch zu verstehen gibt. Alles aber ist rätselhaft, so wie manches hier in den Regionen der Alm.

Rätselhaft sind auch diese Tiere, die man immer für primitiv und einfältig gehalten hat und die einem hier anders erscheinen. Mit ihrem Hirten oder Pfleger sind sie langsam zusammengewachsen, und seine Fürsorge erkennen und verstehen sie. Auch vergelten sie es ihm immer wieder, daß er für sie da ist und Gefahren von ihnen nimmt und sich Dingen entgegenstellt, deren Ursache sie nicht erkennen, deren Bedrohlichkeit sie jedoch empfinden. Natürlich ist das Leben primitiv für einen Menschen, der seinen täglichen behaglichen Krimskrams von Luxus und Komfort notwendig braucht. Doch nichts ist heimeliger als ein Abend hinter den dicken Mauern, wenn draußen das Wetter tobt und die Welt zu bersten scheint, man aber hier behaglich die Füße unter den derben Holztisch streckt und seine Milchsuppe löffelt oder seinen Käse mit dem Kanten Brot nach und nach verzehrt.

Auch an das Schlafen kann man sich gewöhnen, man darf nur nicht hochmütig tun, sondern muß sich bemühen, sich im gleichen Stil zu benehmen, wie wenn man im Zimmer eines Nobelhotels zur Ruhe gehen wollte. Die Almhirten tun so, als wäre man schon immer da gewesen und das einfache, aber ungemein schöne Leben wird einen mit seiner Kraft erfüllen. Natürlich muß man sich mit allerhand abfinden, das Heu kratzt in der Nacht, man fühlt sich jedoch viel ungezwungener als sonst. Die Welt scheint nicht nur unendlich weit weg, der bisherige Pflichtenkreis ist in den Nebeln der Ferne untergegangen, die irgendwo verschwinden.

Almauf- und Abtrieb sind dann die Höhepunkte eines Ablaufes von Ereignissen, die sich in einer Welt bewegen, in die das Wohlergehen von Tieren eingeschlossen ist, ihre Gesundheit, von der ja wir den größten Nutzen haben und für die die Menschen verantwortlich sind, die sich da oben in oft einsamen Stunden mühen und rackern und die doch ein Stück unserer Volkswirtschaft sind. Schade eigentlich, daß, nach Aussage von Fachleuten, jedes Jahr eine immer größer werdende Zahl von Almen stillgelegt wird. Die wirtschaftliche Rentabilität, wie dieses furchtbare Wort lautet, sei in erster Linie die Ursache, dann aber auch andere Faktoren, etwa das Fehlen geeigneter Personen oder der Wassermangel. Mag sein, daß unsere heutige Zeit hier ihre Bremsen angesetzt hat und etwas im Schwinden ist, was man heute zwar noch kennt, was in früherer Zeit aber mehr Bedeutung hatte. Trotzdem muß man wissen, daß etwa ein Fünftel der österreichischen Gesamtfläche Almen sind, wo immer die Gesetze gelten, die man einmal erlebt haben muß, um überhaupt darüber sprechen zu können.

Es kann doch nicht bestritten werden, daß diese Almwirtschaft wesentlich zur Pflege und Erhaltung einer Landschaft beiträgt und daß die Abnahme derselben zur Zerstörung und Verwilderung dieser Landschaft führt. Heute schon sind durch ungenützte Beweidung weite Flächen mit langem Gras überzogen. Es gedeiht Unkraut, Gebüsch oder wildes Strauchwerk, und die Landschaft versteppt, die zu den lieblichsten unseres Landes zählte. Man hat längst erwiesen, daß dadurch die Lawinenbildung verstärkt wird, was winterliche Gefahren für alle mit sich bringt, aber auch unerwünschte Bodenerosionen fördern kann. Lassen wir sie also leben, die Almen mit ihrem Glockenklang, mit dem stillbehaglichen und mahlenden Kaugeräusch der weidenden Rinder und der sonst einprägsamen Stille hoch oben, wohin sich sonst nur ganz selten ein Mensch verirrt.

Bei Rübezahl, dem Berggeist

Bis zur Vertreibung der Deutschen 1945 mit den an ihnen begangenen Massenverbrechen, lebten hier im Norden wie im Süden nur Deutsche. Es war altes deutsches Siedlungsland, ein Gebiet von wunderbarer landschaftlicher Schönheit, doch mit einem kargen Boden ausgestattet, der vom Menschen härtesten Einsatz erforderte. Die hier lebenden Deutschen waren daher ein harter Schlag, kannten sich mit den Gefahren der Natur in diesen Höhen aus und lebten in neuerer Zeit zum Großteil vom Fremdenverkehr.

Die Bauden und Hütten hoch oben im Reiche des Berggeistes Rübezahl boten eine behagliche Unterkunft, und früher stellte man auch nicht solche Ansprüche wie heute. Kurz und gut: Von weit her kamen die Touristen, die Wanderer und Reisenden, die in dieser unwahrscheinlich schönen Gottesnatur Erholung und Erbauung suchten.

Viele Künstler waren hier und hielten das Riesengebirge im Bilde fest, ein Ludwig Richter und ein Caspar David Friedrich etwa, sie alle bannten ihre Empfindungen beim Anblick dieses Gebirges auf ihre Blätter. Ob man von der böhmischen Seite kam oder aus Schlesien, immer war der Eindruck gleich groß, gleich majestätisch, und was man in den hochaufragenden Gipfeln vermissen mußte, das fand man in den Tälern, die sich an die Höhen heranschoben und mit ihren grünen Matten und kleinen Gebirgsorten eine wohlausgewogene Abwechslung boten. Die weitausholenden Talformen der Schneegruben waren eine europäische Seltenheit in ihrem Zauber, die ausgebreiteten Höhenzüge, im Winter mit einer meterdicken Schneeschicht überzogen, boten immer wieder neue Eindrücke, und die himmlische Ruhe über den undurchdringlich scheinenden Wäldern war von der Art, die auch den nüchternsten Rechenmeister schwärmen läßt. Später entstanden dann Kur- und Wintersportorte, es fanden die ersten europäischen Skirennen und Springen statt. Dort, wo die Einsamkeit des Gebirges mit seinen plätschernden Bächen und dem Rauschen der knorrigen Bäume auf dem Felsengrund ihre geheimnisvollen Spiele im Reigen der Jahreszeiten trieben, da wo es einsam war und nur der alte Berggeist Rübezahl seine Märchen gesponnen haben soll, dort war das Riesengebirge am ursprünglichsten, dort fand man den Weg bis zu seinem Herzen hin.

In einer seiner Bauden, in der Peterbaude, entstand das Lied vom „Deutschen Gebirge", das ein junger Lehrer ersann und zu dem ein anderer die Musik erfand und das so der sinnige Ausdruck der Gefühlswelt der Riesengebirgler wurde, die mit diesem Liede nichts anderes aussagen wollten als die Liebe zu ihrer eigenen Heimat, die ihnen ein Stück des eigenen Ichs war. Denn nirgends auf der Welt ist der Mensch mit seiner Heimat so verwachsen wie dort, wo er auf ihr nur mühsam seinen Lebensunterhalt finden kann. An diesen Kräften wächst auch die Liebe der Verbundenheit. Wieso dieses Lied andere Völker aufreizen und empören kann, ist schleierhaft und bleibt eines jener Probleme, die beweisen, daß sogar Liebe zur Provokation gewisser Menschen werden kann. Es ist ein Lied, das die Schlesier und die Sudetendeutschen verbindet, die es beide mit der gleichen Hingabe aufgegriffen und gesungen haben, denn auch jenen, die nicht von dort stammten, war es Ausdruck echter Heimatwelt.

Ob wir uns dem Gebirge vom Süden oder vom Norden genähert haben, es war stets der gleiche überwältigende Anblick, der sich uns bot. Wir erreichten die Kirche Wang, dann die Burg Kienast oder, von Trautenau kommend, das sich sanft windende Tal der Aupa. Ob zur Zeit der harten Winterstürme mit ihren metertiefen Schneemassen, ob im Sommer, wenn der Boden förmlich die Hitze des Himmels zu atmen schien, der Zauber war der gleiche, das Erlebnis immer für jeden da.

Schneekoppe/Riesengebirge mit Schlesierhaus

Im Vorfeld dieses Raumes lebte Gerhart Hauptmann, der große Schlesier, der uns als einer der größten Naturalisten ein reiches dichterisches
Erbe geschenkt hat. Bei aller Weltweite, die sein Werk erfüllt, seine Gestalten, die er formte, sie sind diesem Boden verhaftet, seine Probleme, sie
kommen aus dem Land, und seine Handlungen in Prosa oder Drama sind
ein Stück Schlesien, dem das Riesengebirge zu eigen ist. Denn die Menschen diesseits und jenseits des Kammes waren ein Stamm und haben diese
deutsche Stammeszugehörigkeit in ihrem Volkstum deutlich werden lassen.

Die Krönung des Gebirgszuges, der Böhmen hier umschließt, ist die
Schneekoppe mit ihren mehr als 1600 Metern und ihrem großen und fest-
gefügten Haus auf dem höchsten Gipfel. Man hat jetzt allerhand andere
moderne Wetterstationen und Richtantennen aufgestellt, das gab es damals
nicht, als die Wanderer nach stundenlangem selbstgewähltem Mühen die
Höhe erklommen hatten und nun unmittelbar vor dem Gipfelkreuz standen. Es war ein wahrer Triumpf, die Höhe erreicht und die Anstrengungen
überwunden zu haben, man konnte hier nächtigen und man schlief einen
herrlichen Schlaf der Zufriedenheit.

Immer wieder haben wir Berichte erhalten, daß Riesengebirgler, die nach
der Vertreibung in Westdeutschland ihren Wohnort gefunden und sogar
ein gutes Auskommen erlangten, die Reise ins Riesengebirge — nach
Hause — unternehmen. Sie sparen oft monatelang, sie fahren nicht mit den
großen Reisegesellschaften, sie kommen allein oder mit einigen wenigen
guten Freunden oder Nachbarn von ehedem. Dann steigen sie alle auf die
Höhen — jeder für sich und allein — verweilen lange auf einer Kuppe oder
einem Gipfel und sehen ins Land. Sie reden nichts, sie lassen das Land
reden, das Schweigen der „blauen Berge und grünen Täler", die sich vor
ihnen auftun, ist die Sprache, die ihnen ins Herz dringt und die sonst
kaum ein anderer versteht. Es ist wie ein tiefes Atmen, das über sie
streicht, erfüllt vom Raunen und Rauschen, das der Bergwelt zu eigen ist
und das sie als genaue Kenner des Landes deuten und verstehen. So wie
andere in eine Kirche gehen, um innere Stärkung zu empfinden und Gott
näher zu sein, so ist das auch, wenn ein Riesengebirgler von einst heute
wieder heim kommt. Er schweigt und empfindet die Atmosphäre, ohne
dies alles in Worte kleiden zu können. Ein unbeschreibliches Glücksgefühl
überkommt ihn, und es ist dann gar nicht notwendig, daß er ins Tal steigt,
um nachzusehen, was aus seinem Haus geworden ist, das man ihm 1945 ge-
stohlen hat, es liegt im Grünen und auch hier weit fort und unerreichbar.

Aber der Zug des Herzens, der diese Menschen wieder für kurze Stunden heimgeführt hat, bewirkt, daß jeder in diesem Augenblick erkannt hat:
Die Heimat hat ihn wieder! Er streichelt vielleicht mit den klobigen Fin-
gern über das Gestein, spielt mit einem Grashalm, greift nach einem Stück
herrenloser Rinde und atmet das alles förmlich ein. Über die Höhen ziehen
die Wolken und treiben ihr Spiel, aus der Tiefe sind Glocken von weiden-
dem Vieh zu hören und über ihm kreisen Vögel. Alles ist wie einst. Der
Einsame aber steht langsam auf, eine Träne spielt jetzt vielleicht um seine
Augen.

Auch eine Mauer!

Über Mauern kann man verschiedener Meinung sein. Es gibt solche, die uns schützen und die wir benötigen, solche, die wir begrüßen, denn in ihrem Schutze fühlen wir uns geborgen. Wer empfindet das nicht, wenn draußen Stürme ums Haus toben, wenn Blitze und Donner uns umtosen und wir froh sind, hinter schützenden Mauern die Geborgenheit des Hauses zu empfinden. Es gibt auch Mauern, die man heute, ebenso wie früher, errichtet, um sich von seinen Mitmenschen abzusondern, sie fern zu halten, um von ihnen in Ruhe gelassen zu werden. Das war immer so, weil es nicht nur diese Menschen gibt, sondern auch andere.

Als sie unser Reich zerschlugen und damit einen alten Traum erfüllten, zerfielen auch Grenzen und Mauern, die sich jahrhundertelang bewährt hatten, Städte sanken in Trümmer, und das probate Mittel einer Teilung wurde für die Niederhaltung der Deutschen angewendet. Jetzt zeigte es sich, daß man den Deutschen richtig eingeschätzt hatte und alle Tapferkeit einer Generation nicht nützte, alle Leistungen vergebens zu sein schienen und ein bitterer Neuanfang vorgezeichnet war. In diesen Stunden, da die Besten unter uns zu verzagen drohten, wurde nicht nur das Land zerstückelt und Teile davon herausgeschnitten, die Hauptstadt sank weitgehend im Bombenhagel und Artilleriebeschuß in Trümmer, und auch sie wurde zum Zeichen einer ständigen Unterwerfung in Sektoren geteilt, die fremden Besatzungsmächten unterstellt wurden. Mögen sich die Formen auch geändert haben, dem Wesen nach wurde das System nicht geändert, denn weitgehende Rechte blieben der Bevölkerung verwehrt und auch mehr als 40 Jahre nach Ende des Krieges nur den Siegern vorbehalten.

Eines der bedeutsamsten Ausdrucksmittel und eine der himmelschreiendsten Unrechtshandlungen aber war die Errichtung der Schandmauer, die man durch Deutschland zog und die aus dem restlichen Teil Deutschlands zwei eigene Staaten machte, die ihrerseits mit größtem Eifer der vorgeschriebenen Aufgabe nachkamen und ihre Teilstaaterei zu verewigen suchten. Diese Mauer, versehen mit Bunkern, Stacheldraht und Minenanlagen, geht durch weite Felder und Waldungen und berührt viele deutsche Bezirke und Ländereien. Sie geht aber am ausdrucksvollsten und erbärmlichsten durch die einstige Reichshauptstadt, sie geht durch Berlin. Die Welt, sonst gewohnt, sich über jedes kleine Unrecht aufzuregen und sich zum Moralapostel aufzuschwingen, hat geschwiegen und schweigt auch heute noch über diese ungeheuerliche Tat.

Man hat zwischen dichtbesiedelten Straßenzügen und über Plätze, durch Häuserzeilen und oft mitten hindurch, wie dies eine strategische Linie zu erfordern schien, ein Mauerwerk mit teuflischen Einzelheiten gezogen, räumte Häuser, setzte Verkehrslinien außer Betrieb und verjagte, so, wie man dies gewohnt war, Menschen aus ihren Häusern und Wohnungen. So baute man monatelang an einer Mauer, die zu einem bisher unbekannten Symbol wurde. Eine Mauer, die die deutsche Ohnmacht verkündete, die totale deutsche Ohnmacht und die Erbarmungslosigkeit jener, die angeblich einmal ausgezogen sind, um die Humanität zu verbreiten und uns die Barbarei auszutreiben. Das Volk, das sich dagegen wehrte und trotz seiner Hilflosigkeit deutlich zum Ausdruck brachte, daß es diese empörenden Maßnahmen ablehne. Es brachte auch Opfer der größten Art: Opfer an Gut und Leben.

Aber zwischen diesen Mauern mußte sich nun das Leben einrichten. Im Westen war dies einfach und leichter. Im Osten schwer und oft unerträglich. Doch der Mensch verträgt viel, was er glaubt, in guten Tagen nie aushalten zu können. Der Mensch richtet sich auch in seiner Armseligkeit, in seinem tiefsten Fall auf ein neues Leben ein und führt dies, so gut es geht. Man muß das immer bedenken, was es für die Berliner bedeutet hat und auch heute noch bedeutet. Eine Stadt, zerrissen, zwischen Familien Trennungslinien gezogen, geschäftliche Beziehungen verdorben und jahrhundertealte Bindungen zerschlagen. Wohin man auch ging, irgendwann stand man vor einer hohen Mauer, über die man nicht einmal sehen konnte, die einen am Weitergehen hinderte. Posten mit scharfgeladenem Gewehr betonen diesen Wahnsinn. Deutsche dürfen nicht mehr zueinander. Sind Fremde geworden und werden zum Bruderhaß erzogen.

Habt Hochachtung vor den Berlinern, daß sie dies mit einer unwahrscheinlichen inneren Disziplin ausgehalten haben. Sie haben sich nicht abgefunden, sie erhalten sich und vergraben ihren gerechten Zorn. Sie leben ihr Leben weiter, soweit man ihnen dies zuläßt. Sie bauen dort vorbildlich auf, wo sie es dürfen. Sie gestalten ihre Stadtteile sogar so gut, daß immer mehr Menschen wieder zu Besuch kommen und ihre festlichen Veranstaltungen besuchen, ihre glänzende Organisation, die sich bewährt, loben und ihre freundliche Art, die nicht unterzukriegen ist, anerkennen müssen.

Zwischen den Trümmern und Mauern aber wächst eine Jugend heran, der diese Mauern zur Heimat wurden. Sie kennen nichts anderes, sie suchen die Sonne im Dunkel, das sie umgibt, und sie folgen dem wärmenden Strahl des Lichtes, bis sie es gefunden haben. Wächst ihnen auch Unkraut über den Weg und kommt grausame Kälte aus den hohen Mauern, irgendwo — so glauben sie — kommt wieder schönes wohliges Grün und heimatliche Wärme des Geborgenseins. Lachend spricht der Berliner von seiner „Göre". Er meint damit das kleine Mädel, das da unbeeindruckt vom Teufelskreis, der auch ihm droht, suchend und vorsichtig seinen Weg geht, der irgendwann ans Licht führen wird.

Das ist die Heimat deutscher Kinder! Und doch, sie ist es, und sie wird dieses Kind prägen für das ganze Leben lang, und noch seinen Enkeln wird es berichten, was man damals nach einem Kriege tat, um angeblich ein Volk umzuerziehen. Wir sind nicht sentimental, und die Berliner waren es niemals. Sie haben eine solche, geradezu göttliche Art, sich über Schwierigkeiten hinwegzusetzen, mit den Unbilden des Lebens fertig zu werden und trotz alledem immer mit Herz und Schnauze auf alles zu reagieren, so daß sie auch diese Zeit bestehen werden. Wenn wir aber trotzdem diesem Mädel alles Gute für das weitere Leben wünschen, dann wissen wir, daß dieser Wunsch allen Kindern und Jugendlichen gilt, die unter solchen Um-

ständen aufwachsen müssen und trotzdem ordentliche und saubere Menschen werden.

Die Kleine schaut zurück.. Warum wohl? Sie will sehen, ob hinter ihr vielleicht irgendetwas Böses geschieht. Diesen Blick bekommt man nur, wenn man sich einer Gefahr bewußt ist, in der man lebt. Vielleicht hofft sie insgeheim, daß ihr etwas Gutes folgt. Welches Gefühl wird da überwiegen? Das hängt von ihren Nächsten ab und von uns, daß auch in diesem heimatlichen Bereich dem Kinde eine gute Kindheit werde, dann wird sich dieser Blick aufhellen und es wird ein glückliches Lächeln über dieses liebe Gesicht gehen.

Das ferne Baltikum

Wieweit ist es doch bis dorthin, trotz aller Technik des modernen Verkehrs und aller Möglichkeiten der heutigen Zeit! Aber der letzte Krieg hat auch hier eine jahrhundertealte und erfolgreiche Kulturleistung zerstört, hat keine Rücksicht auf das genommen, was aufgebaut worden war und setzte einfach eine Stunde Null, in der alles neu beginnen sollte. Was vorher war, das galt nicht mehr, war nicht vorhanden! Dabei hatten in diesem Raum bis zum Zusammenbruch der deutschen Ostfront 200 000 bis 250 000 Deutsche ihren Wohnsitz, waren hier als Wegbereiter für den Aufbau, als führende Männer der Verwaltung der sich entwickelten Wirtschaft tätig gewesen und hatten sich als Besitzer von Grund und Boden, als Agrarfachleute um die Erschließung des weiten Gebietes einen Namen gemacht. Man geht nicht fehl, wenn man sie im allgemeinen zu dem rechnete, was man früher als Herrenschicht bezeichnet hat. Dies aber im guten Sinne, denn diese Herren wußten mit dem kostbaren Gut der Menschen umzugehen und schufen eine durchaus beispielgebende Atmosphäre zwischen dem Herrn und seinen Bediensteten. Jedenfalls ist es diesen Menschen hier zur Zeit dieser baltischen Herren, die zu einem Gütebegriff wurden, besser gegangen als in den nachfolgenden Zeiten, als der angebliche Fortschritt und die sozialen Verbesserungen auch ihnen ein Paradies verhießen.

Die Deutschen, die hier eine Minderheit nach der Zahl bildeten, bewohnten ein Gebiet, das noch vor 1914 zu einem einheitlichen Begriff gezählt wurde und Livland, Estland und Kurland vereinigte. Daß hier eine deutsche Landesuniversität in Dorpat bestand, die das baltische Geisteserbe pflegte und stellenweise trotz aller einschränkenden Eifersuchtsszenen und antideutschen Aktionen das Zusammenleben mit den anderen Völkern dieses Raumes ein durchaus erträgliches war, soll nicht verschwiegen werden. In Estland gab es sogar etwas für die übrige Welt Beispielhaftes und Einmaliges. Durch ein Gesetz vom 16. Dezember 1918 wurde die Grundlage für eine Selbstverwaltung nach ganz neuen Gesichtspunkten geschaffen, die nicht nur den Deutschen, sondern auch den anderen Minderheiten, wie Russen, Polen und Juden zugute kam.

Diese Selbstverwaltung hatte vor allem das Schulwesen, aber auch die soziale Betreuung der Minderheiten im Auge und führte dazu, daß die Stadt Riga den deutschen Mittelschulen jährlich etwa eine Million Rubel zur Verfügung stellte, obwohl die deutsche Minderheit der Stadt zu dieser Zeit nur 16 Prozent der Bevölkerung betrug. Gerade in Lettland gelang es dann, ein privates deutsches Schulwesen aufzubauen, das als vorbildlich bezeichnet werden kann und vom Staate für die deutsche Minderheit weitgehend finanziert wurde. Dies, obwohl ihr Anteil an der Gesamtbevölkerung nur 3,6 Prozent betrug. Dabei muß man wissen, daß die Deutschen hier in den letzten Jahrzehnten vor dem Zusammenbruch trotz ihrer Leistungen abnahmen. In Dorpat sank der deutsche Anteil von 56 auf 30 Prozent und in Reval sogar von 49 auf 12 von Hundert. Es gab vor dem Ersten Weltkrieg hier eine ganze Reihe deutscher Fürsorgeeinrichtungen und eine deutsche Zentrale, die 70 deutsche Organisationen umschloß, die sich mit Kulturpflege, Sozialfragen und der Erhaltung des Deutschtums befaßten.

Doch bald kam es zu Vorboten all der schrecklichen Ereignisse, die dann bis zur Austreibung der Deutschen, ihrer Flucht und der Tilgung alles deutschen Lebens führten. Auch das liegt heute bereits weit zurück, doch in der Erinnerung all jener Menschen, die einst hier wirkten, und deren Kindern, die das Land noch kennenlernten, lebt es fort als Stätte einer europäischen Aufbauleistung im Nordosten, die ohne deutsche Anteilnahme und Führung unmöglich gewesen wäre. Hier wirkte die Hanse an der Erschließung mit, deutsche Zuwanderer kamen häufig aus Ostpreußen, und es ist interessant, daß es vielfach die Emigranten waren, die aus Salzburg stammten und nach ihrer Vertreibung von dort in Ostpreußen Aufnahme gefunden hatten. So wirkte sich eine weitgreifende Siedlertätigkeit aus, deren Ursprung vielfach in unruhigen und leidvollen Ausgangspunkten begonnen hatte. Manches hat hier auch die Religionsgemeinschaft geprägt, deren Glieder sich der Minderheiten annahmen, so daß Volkstum und Religion ineinander flossen.

„Deutsch sein heißt, nichts von einander wissen!" Das hat einmal ein Dichter gesagt und wer weiß zum Beispiel heute noch, daß die kleine demokratische Republik Estland, die nach dem Zusammenbruch des Zarenreiches im nördlichen Baltikum ihre Selbständigkeit erlangt hatte, ebenfalls eine ausgesprochene Kulturautonomie einführte, die auf alle Bevölkerungsteile ausgedehnt wurde. Dabei muß berücksichtigt werden, daß die Zahl der Deutschen in diesem Lande 18 000 oder 1,7 Prozent der Bevölkerung betrug. Man sieht, daß sich die Kultur eines Volkes oder auch nur eines Volksteiles erfolgreich gegen alle Versuche jeglicher Entnationalisierungsbestrebungen zur Wehr setzen kann. Im übrigen endeten alle da und dort vorhanden gewesenen Vorurteile und Bedenken in dem Moment, als die Sowjets diese Länder in Besitz nahmen und als nach der Vertreibung der Deutschen zwar deren Stellung beseitigt war, aber auch den anderen Völkern etwas verloren ging, was sie erst empfanden, als es nicht mehr vorhanden war: die Freiheit.

Die ausgedehnten landwirtschaftlichen Besitztümer, die beispielhafte Musterbetriebe waren, die Stätten eines vorbildlichen Gewerbefleißes und die des immer wieder aufblühenden Handels, vor allem aber die Städte mit ihrem ausgesprochenen deutschen Einschlag in Bauweise und Anlage sind Zeugen einer deutschen Kulturleistung, die dem Lande lange Zeit zu Nutzen waren. Daß Reval ein Opernhaus hatte, in den die deutsche Oper als Ausdruck europäischer Kultur beachtliche Erfolge feierte, daß die alten Festungsstädte Narwa und Reval nach und nach zu blühenden Wohngemeinden wurden und auf dem Rathausplatz in Riga das Schwarzhäupterhaus stand, in dem sich die Geschichte und Sage der ganzen Volksgruppe vereinte, darüber weiß man bei uns im allgemeinen ebenso wenig Bescheid wie über die Eigenarten der kurländischen Ebenen mit ihren landschaftlichen Reizen und das, was Memel mit seinem Umfeld für die Kultur und Wirtschaft dieses Raumes bedeutet hat.

„Nichts voneinander wissen?" Wir wollen trotzdem begreifen, daß es unter uns Deutsche gibt, die mit Wehmut an dieses Land denken, denn ihr bisheriges Lebensglück und ihr Schicksal haben sich mit diesem Land verwoben und es ihnen zur Heimat werden lassen. Welche kolonisatorischen Kräfte aber hier über Preußen hinaus tätig waren, ist einer der großen Erfolge europäischer Leistungen in einem Gebiete, das heute hinter einem Vorhang zu versinken droht, aber in unserer Erinnerung als selbstverständliche Verpflichtung weiter leben soll.

Die Befreiungshalle und die Walhalla

Ein Stück unseres Landes ist von besonderer Eigenart, es wird gekennzeichnet durch die Donau, einen der Schicksalsströme unseres Volkes, einen Fluß, der seine Ufer wechselt wie die Vielzahl der Schicksale, die sich an seinen Ufern vollzogen haben. Hier, in diesem Raume, ist die Donau tatsächlich noch blau, so wie sich dies der Wiener wünscht, hier bei Weltenburg, diesem Benediktinerkloster, das im Jahre 760 gegründet wurde und das älteste in Bayern überhaupt ist. Wir befinden uns bei Kelheim und sind da, wo die Wasser der Altmühl in die Donau aufgenommen werden, die sich dann bei Regensburg mit Naab und Regen vereinigt. Bis in diesen Raum hat die Donau ein breites ausladendes Tal, vorbei an breiten Hängen und flachen Niederungen. Bei Weltenburg, fast unmittelbar vor Kehlheim, aber muß sich der Fluß nochmals zwischen steil aufragenden weißen Kalkfelsen hindurchzwängen und verändert sich schlagartig. Die Donau wird jetzt reißend und bekommt ein ganz anderes Aussehen, sie muß Felsen überwinden, hat gelernt, Widerständen zu trotzen und überwindet sie. Die Ufer sind stellenweise so zerklüftet und steil aufsteigend, daß man als Fremder in große Gefahren kommt, wenn man hier ohne ortskundige Führung seinen Weg bahnen will.

Das Durchbruchstal der Donau durch die Kalkfelsen der Alb ist trotz der grotesken Formen seiner kahlen und nackten Felsenmassen, die in bizarren Formen aufsteigen, von besonders erhabenem Gepräge, die düsteren Tannenwälder schließen den Blick ab. Kein Fluß, der Rhein ausgenommen, hat so viele Ruinen und alte Burgen, Kapellen, Schlösser und Klöster an seinen Ufern aufzuweisen wie die Donau. Viele davon sind so alt, daß man an ihren Resten nur ganz schwer feststellen kann, wo der graue Felsen beginnt oder das verwitterte Gemäuer aufhört.

Die Donau, bisher ruhig fließend, nimmt hier einen Anlauf und schlägt ein anderes Tempo an, das die Schiffahrt hier ganz zum Erliegen bringt. Die Welt kann hier sehr unheimlich aussehen, sie ist nicht lieblich, sondern rauh und dabei majestätisch. Denn immer wieder gibt sie dem Menschen zu verstehen, daß sie ihn beherrschen will und er seine Versuche aufgeben soll, sich immer wieder gegen sie zu empören. Das Echo hier klingt nicht hell und froh, sondern drohend und schaurig, als käme von der Natur die Aufforderung, uns endlich an uns selbst zu besinnen und unsere Grenzen einzusehen.

Hierher setzte der Bayernkönig Ludwig I. unweit von Kelheim auf einen Ausläufer der Bergkette zwischen Donau und Altmühl die Befreiungshalle, die von hier aus dann das ganze Tal beherrscht. Er hätte keinen besseren Platz finden können, dieser deutsche Patriot, der mit dieser Halle für alle Zeiten sein Volk an die Befreiungskriege von 1813 erinnern wollte. Dem Gedenken dieser Zeit und ihrer Männer ist dieses Ehrenmal gewidmet. Es soll die „Teutschen für alle Zeit" daran gemahnen, daß sich damals ein Volk gegen die Fremdherrschaft erhoben und den Aufbruch in eine neue Zeit begonnen hatte. Um auch den ganzen Sinn dieses Baues zu offenbaren, wurde er am 50. Jahrestag der Schlacht bei Leipzig im Jahre 1863 eingeweiht. Die Befreiungshalle soll in einer geschichtslos gewordenen Zeit den Deutschen auch heute eindringlich klar machen, daß Freiheit etwas ist, worüber zwar schon viel geredet und geschrieben wurde, das aber immer noch die Grundlage eines menschenwürdigen Daseins auch in unserer Zeit ist.

Noch ein zweiter Bau in diesem Gebiet soll uns im Gedächtnis erhalten bleiben. Wir sind über Regensburg hinaus gekommen, dieser alten und mit unserer Geschichte und der Ostkolonisation eng verbundenen Stadt an der Donau, und stehen bei Donaustauf an der Walhalla. Ein weißer griechicher Tempel überragt den Fluß und bleibt lange in unserem Blickfeld, mahnend und grüßend. Auf alle Fälle aber einprägsam. Denn auch hier hat der gleiche bayerische König seinem Volke etwas erbauen lassen, was zum Anschauungsunterricht für die Heimatkunde gerade unserer Tage wichtig erscheint. Der Ursprung dieses 1841 errichteten Bauwerkes ist aus dem romantischen Denken gekommen, das in seiner damaligen Repräsentation das Volksgefühl nicht nur der Deutschen, sondern auch der Slawen erweckt hat und sich vom deutschen Kulturraum segensreich über weite Teile des Kontinents ausbreitete. So besehen, hat die Romantik der Deutschen dazu beigetragen, daß der Gedanke der Freiheit zur Wiederbelebung des bereits weitgehend untergegangenen slawischen Volksbegriffes wieder entfacht wurde, aus dem sich die staatliche Unabhängigkeit dieser Völker zwingend

„Walhalla" über der Donau bei Donaustauf

ergab. Ob dieser kulturhistorischen Leistung auch eine Gegenleistung folgte oder nicht, das steht auf einer anderen Seite des Geschichtsbuches unserer Völker.

Obwohl das Zeitalter der Romantik heute von vielen belächelt wird, hat die Walhalla bei genauem Hinsehen noch eine andere Bedeutung. Sie führt zum Geschichtsbewußtsein zurück, das den Deutschen auf Grund eines verhängnisvollen Umerziehungsprozesses verloren gegangen zu sein scheint. Sie zeigt ohne jegliche Anmaßung die Gestalten großer und bedeutender Männer unsers Volkes. Männer, die als Soldaten und Erfinder, als Dichter oder Musiker, als Wissenschaftler oder Gelehrte Rang und Namen hatten. Ihre Zusammenfassung ergibt ein Stück kultureller Weltsubstanz, die von Deutschen geschaffen und geleistet wurde. Man muß gar nicht überheblich sein, wenn man diese Ehrenhalle deutscher Größe betritt und das Gebotene in sich aufnimmt. Man wird aber erfüllt von andächtiger Ehrfurcht und lernt wieder etwas, was untergegangen zu sein scheint: Stolz darauf zu sein, einem solchen Volke anzugehören, dem derartige Männer zu eigen waren, die uns ein Leben vorgelebt haben, das in „Äonen nicht untergehen wird".

Der Bayernkönig, der dieses schuf und damit einen der größten Baumeister seiner Tage (Entwurf von Klenze) beauftragt hatte, hat den Platz für diesen Ehrentempel ganz richtig und eindrucksvoll ausgesucht. Hier hat sich die Donau der Fesseln ihrer Ufer befreit, hier stören keine Klippen und Einengungen ihren Lauf und die bisher so steilen und felsigen Ufer sind zurückgetreten und geben den Blick frei in fruchtbares und blühendes Land. Ein Wegstück ist zurückgelegt, das über Gefahren und Hindernisse führte und sich befreiend in einer weit ausholenden souveränen Beherrschung der Landschaft erprobt hat. Der Sieg über Hindernisse auf jedem Wegstück unseres Lebens als Volk und Einzelmensch wird deutlich und auch die menschliche Größe nach dem, als Befreiungstempel dargestellten ersten Bauwerk, das wir am Flußlauf vorher schon kennenlernten. Die Walhalla aber bleibt der Triumph des Geistes und der sittlichen Größe über die materielle Not und drohende Gewalt.

Das Kärntner Land und sein Schicksal

Oberflächliche Betrachtungen können hier von Schönheit sprechen, die herrliche Berglandschft preisen, das wunderbare Klima und all das, was hier an antiken Stätten, Kastellen, Kaiserpfalzen und anderen, oft für den Archäologen wichtigen Stätten zu finden ist. Uns aber interessiert in erster Linie das Grenzland Kärnten, das schon nach dem Ersten Weltkrieg um seine Grenze kämpfen mußte und in schwere Abwehrkämpfe verstrickt war, weil slawische Angriffslust Teile dieses deutschen Volksbodens für sich beanspruchte. Die Kärntner haben sich damals mitten im allgemeinen Zusammenbruch geradezu beispielhaft gewehrt und weite Teile ihres Landes gerettet, das sonst damals schon von Jugoslawien in Besitz genommen worden wäre. Nach dem Zweiten Weltkrieg ging es noch viel schlimmer zu, und da gingen nicht nur Teile des Landes verloren, die heute noch schmerzhafte Wunden erzeugen, sondern es wurden und werden sogar vom Süden her noch weitere Ansprüche gestellt.

Der Horizont ist hier vielgestaltig, die weißen Karawanken steigen in eine unwahrscheinliche Bläue des Himmels, Hügel und Berge werden in einem grünen Saum von Wäldern eingefangen, die Hügel tragen Schlösser und Kirchen, und über sie hinauf wachsen die Almen, die nur noch von den Schneegipfeln der Tauern im Norden und im Süden von den Karnischen Alpen überragt werden. Das Land ist ein lebendiges Stück Volksgeschichte und Volkskultur. Davon kündet der Wappensaal im Landhaus zu Klagenfurt, ein Riesenbau, der Erinnerungsstätte an die bewegte Geschichte des Landes sein will. Sie ist ein Stück Österreich, die in verwirrender Menge Wesenseigenheiten einer Landschaft und ihrer Menschen wiedergibt. Die Dörfer und Einöden, die Kapellen in Feldern und Wäldern, die verträumten Kleinstädte und die immer wieder auftretenden und jäh emporsteigenden Gebirgskämme, sie alle werden zu einer Einheit in ihrer berückenden Vielfalt. Da gibt es geheimnisvolle Römersteine und Pestzeichen, da irrlichtern uralte Bräuche, die sich bis in unsere Zeit hinein erhalten haben Riten und merkwürdige Gebräuche gemahnen an den Lauf der Geschlechter, und die Erinnerung an die große Zahl bedeutender Adelsgeschlechter und geistlicher Würdenträger prägt sich in Stadt und Land immer wieder aus. Bedeutungsvolles hat man hier geschaffen, als man die Burgen und Kirchen baute, die Schlösser und Adelssitze und Sagen berichten von längst untergegangenen Welten, diese in die Gegenwart zürückrufend. Die sommerlich warmen Ufer der Seen mit ihrem smaragdgrünem Wasser, und dann die Höhen, wo sich ebenfalls Seen bis in 2000 Meter Höhe befinden, die man Meeraugen taufte, sollen typisch sein, sie sind mehr als das! Ein Land, in dem die Leidenschaft des Österreichers sich auch in Mundart und Volkslied ausprägt, indem auch die Städter die gesunde bäuerliche Art vergangener Zeiten in sich tragen: Das ist Kärnten.

Man kann die vielen Burgen und Ruinen als Kleinodien bezeichnen, diese Zeugen einer bewegten Vergangenheit und eine von ihnen ist von ganz besonderer Art: die Burg Hochosterwitz. Sie ist fürwahr ein stolzes Wahrzeichen und weist vierzehn Tore auf, und jedes Vorwerk ist eine Burg für sich. Jedes derselben ist mit allem ausgestattet, was früher zur Verteidigung notwendig war und bewährte sich. Die Adelsgeschlechter der Khevenhüller, deren Ahnherrn aus dem Fränkischen kamen und Pfleger der bischöflich-bambergischen Güter in Kärnten waren, sie haben um 1541 Osterwitz ins Leben gerufen. Hier haben Reformation und Gegenreformation blutige Spuren hinterlassen, und Hochosterwitz wurde Zufluchtsstätte für alle, die um ihres Glaubens willen verfolgt waren.

Kriege gingen übers Land, viel Unfrieden brandete über dasselbe hinweg, und doch finden wir hier eine künstlerische Ausgestaltung, wie sie sonst nur ganz selten an Burgen dieser Zeit zu finden ist. Renaissanceumrahmungen über dem Torbogen, Freskomalerei und Reliefdarstellungen, Schlußsteine mit dem Adelswappen und kunstvoll ausgestattete Fensternischen sowie ein uralter Brunen im kleinen Burghof, der noch aus keltischer Zeit stammt, kennzeichnen diese Burg. Die völlig freistehende gräfliche Gruft der Khevenhüller und die zahlreichen Wehrgänge bilden insgesamt ein Übermaß an geschichtlichen Eindrücken und künstlerischen Leistungen. Wenn wir dann noch die Schauräume aufsuchen mit ihren kostbaren Erinnerungsstücken, dann haben wir einen Eindruck von dieser Burg, die auf einem 175 Meter hohen Kalksteinfelsen errichtet wurde und die man wegen der Türkengefahr ihrer Zeit ganz besonders sorgfältig ausgestaltete und befestigte und stets die Genugtuung hatte, daß sie nie bezwungen werden konnte.

Ja, dieses Kärnten ist zwar ein anmutiges Land, aber immer tritt das Heroische hervor und läßt erkennen, daß sich dieses immer umstrittene Grenzgebiet stets vorbildlich gehalten hat und der Ruhm der Abwehrkämpfer durch all die vielen Generation mit Recht gefeiert wird. Übrigens: Walther von der Vogelweide hat hier geweilt um in den warmen Seen und dem milden Klima Erholung zu suchen und an der Landschaft seine Freude zu haben. Am Faakersee, nächst dem Karnerhof, steht ein Bildstock, der aus dem 18. Jahrhundert stammt und zu dem Hermann Lienhard folgenden Vers geschrieben hat, der eigentlich das ganze Land mit einbezieht:

„Anders hier Erde und Blumen sind.
Ums kühle Gemäuer ein herber Wind.
Vorzeit in dünnen, uralten Baum.
Dahinter ein trüber Wolkenraum,
Aus dem so gewaltig der Berg aufsteht,
Sein Rauschen ins dunkle Bildwerk weht,
Fremd und voll Sage. Kultischer Hauch
Von Hügel zu Hügel, von Strauch zu Gestrauch."

Land der Burgen

Es ist kein Zufall, daß in Siebenbürgen so viele Wehrkirchen standen und daß Kirche und Festung für eine bestimmte Zeit zu einer Einheit wurden. Volk und Kirche waren eins, und nur so konnte eine deutsche Volksgruppe, die eine weise und weitschauende Reichsführung hier angesiedelt hatte, überstehen. Sie schützten durch eine lange Zeit das Abendland gegen die immer wieder aufbrandende Bedrohung aus dem Südosten und waren durch ihre Tapferkeit, aber auch ihren vorbildlichen Aufbaufleiß wertvolle Teile eines großen Reichsgebietes geworden, das sie durch viele Jahrhunderte schützten. Das Land wurde ungezählte Male ausgeplündert, erobert, wieder neu besiedelt, es konnte sich aber sein ausgeprägtes Eigenleben bewahren, weil es deutsche Siedler an der Arbeit sah, die alle Eigenschaften aufwiesen, die den Bestand garantierten. Sie begannen mit kaiserlicher Lenkung und Unterstützung in einem völlig fremden Land, in das sie erst nach monatelangen Transporten auf der Donau und Theiß gelangt waren. Ihr Fleiß war unbändig und vorbildlich und ihre Sparsamkeit sprichwörtlich.

Ihr ausgeprägtes Eigenleben begründete die Erhaltung ihres Volkstums, ihrer Bräuche und Sitten und ihrer Religion. So haben sie sich durchgesetzt, als die ersten Rodungsmaßnahmen ergriffen wurden, als sie die Sümpfe trocken legten und Wälder urbar machten und an den Aufbau ihrer Städte gingen. Sie gaben dem Kaiser, was des Kaisers ist, beugten in Ehrfurcht vor Gott ihr Knie, aber sie ließen niemanden im Unklaren, daß sie so zu bleiben beabsichtigten, wie sie waren. Und das Werk gedieh als eine der größten Kolonisationsleistungen überhaupt und als ein Stück deutscher Kulturgeschichte. So entstanden ihre Dörfer und Städte. So bauten sie ihre typischen Kirchenburgen, und so blühte ein Land auf, das zu einer Großtat deutscher Siedlungsgeschichte und Aufbauwilligkeit vieler Generationen wurde.

Das Land zeigte sich erkenntlich. Es war nämlich ein herrliches Stück Erdboden, das durch den Fleiß ungezählter Generationen zur Heimat einer Volksgruppe wurde, die sich einen Ehrenplatz in der deutschen Siedlungsgeschichte errungen hat. Sie haben das gleiche Schicksal erlitten wie alle auslandsdeutschen Volksgruppen, und das war im allgemeinen viel schlimmer und grausamer, als das der Deutschen im Binnenland. Noch dazu die bolschewistische Knute und eine fremdnationale Regierung, die sich aufmachte, die zum Großteil sehr wohlhabend gewordenen Angehörigen der deutschen Volksgruppe zunächst zu enteignen und dann zu entrechten. Sie haben es schon in der Vergangenheit nicht leicht gehabt und hatten ein wechselndes Schicksal zu erdulden, da auch in der sogenannten guten alten Zeit vieles geschah, von dem man in den Residenzen des Reiches keine Ahnung hatte. Das allerdings, was diese Auslandsdeutschen vor allem hier stellvertretend für das ganze deutsche Volk erdulden mußten, war über alle Wertmaßstäbe hinausgehend.

So, wie man die deutsche Volksgruppe in Jugoslawien buchstäblich ausrottete, die Deutschen der Batschka dezimierte, hat man die Deutschen Siebenbürgens, die zum Großteil zum rumänischen Staat gehörten, zum Faustpfand einer antideutschen Einstellung gemacht und zunächst, als der Krieg über das Land hinweg gegangen war, die noch lebenden Deutschen, soweit sie arbeitsfähig waren, in den sibirischen Osten zur Zwangsarbeit verurteilt. Diesem roten Humanismus sind sie zu Zehntausenden zum Opfer gefallen, und als die Überlebenden dieser unvorstellbaren Vorgänge heimkehrten, fanden sie ihre Häuser beschlagnahmt, ihre Angehörigen, so weit sie noch hier waren, irgendwo im Lande in armseligsten Verhältnissen diskriminiert. Das Verderben, das mit dem Zusammenbruch der deutschen Balkanfront über die Deutschen des Landes gekommen war, war fürchterlich, und das Verlangen der heute noch dort Lebenden, in den Westen zu gelangen, nur zu verständlich.

Trotzdem muß diese sogenannte Umsiedlung heute als ein weiterer Akt der Austreibung der Deutschen aus dem Osten und Südosten betrachtet werden, denn wenn man einem Menschen seinen Besitz raubt, seine Existenz vernichtet und ihn irgendwo zu Parias der Gesellschaftsordnung macht, dann treibt man ihn mit anderen Mitteln aus dem Land, als dies

1945 und 1946 der Fall war. So besehen, hat die Vertreibung der Deutschen aus ihrem eigenen Land, das ihnen Heimat war, bis heute noch kein Ende gefunden und wird auch, wie man die Verhältnisse in diesen Gebieten beurteilen kann, noch lange nicht zu Ende gehen. Wie haben doch gerade Sprachinseldeutsche des Auslandes für das Volk, dem sie angehören und zu dem sie sich immer bekannten, und für das Reich, auf das sie einst stolz waren, Opfer bringen müssen, und war es nicht für viele von ihnen eine schwere Bestrafung, Deutscher zu sein? Sie haben es auf sich genommen und sind es geblieben, denn sie hätten ohne weiteres ihre Nationalität preisgeben können.

Hier liegt eine Tragik von unvorstellbarer menschlicher Größe, von der kein Umerziehungsapostel verkündet und die keiner begreifen kann, der niemals in ähnlicher Lage war. Es wird die Zeit kommen, da wird man jener gedenken, deren Ahnen einst in den Ulmer Schachteln in die Batschka, nach Siebenbürgen und die anderen Sprachinseln des Südostens gezogen sind, still und vom Reich oftmals vergessen, aber unverdrossen und erfolgreich ihre Aufbauleistung vollbrachten, und dann um alles, auch um das Letzte beraubt, wieder in das Land ihrer Urväter zurückkehrten. Heinrich Zillich, der große Dichter Siebenbürgens, sprach von der „einstigen Vorburg des Abendlandes" und hat damit auch das Banat, die Batschka und alle anderen Sprachinseln im Südosten, einschließlich der Gottschee, gemeint.

Das Land der Friesen

Schon in der Zeit der Römer waren die Friesen bekannt und das sogar sehr gut. Dieser Volksstamm hatte stets zwei Gefahren, gegen die er sich zur Wehr setzen mußte, und das prägte ihn und gab ihm Grundelemente, die bis in den heutigen Tag währen. Die ständige Gefahr, die vom Meere droht, unberechenbar, tückisch und oft alle Kraft des Menschen zermalmend und dann der Versuch aus dem Süden, sich seiner zu bemächtigen, zwang ihn, sich seiner Haut zu wehren. Das Schicksal hat es den Friesen nie leicht gemacht. Waren es die Römer, waren es die Normannen oder die Franken, ein ständiges Ringen mit Eindringlingen aus dem Süden und anderen Himmelsgegenden gab es im Laufe der Geschichte immer wieder. Während der ganzen Zeit ihrer Geschichte, ob sie von Herzögen, Königen, Häuptlingen oder Grafen geführt wurden, verstanden sie es, sich zu behaupten und entwickelten eine staunenswerte Fähigkeit, gleichzeitig hervorragende Seefahrer auf allen Meeren zu sein, als Kreuzfahrer, Forscher und Abenteurer die Welt zu erschließen oder aber als schlichte, jedoch beharrliche Kaufherren von sich reden zu machen.

Tatkraft, Mut und Ausdauer haben einen deutschen Volksstamm geschaffen, der, gezwungen durch äußere Umstände, sich oft nach außen hin abschließen mußte, aber gerade aus diesem Grunde seine Substanz zu wah-

ren wußte. Die Geschichte der Deutschen ist mit der zweitausend Jahre alten Geschichte der Friesen untrennbar verbunden. Wer hierhin kommt merkt auf Schritt und Tritt, daß fast nirgends auf deutschem Volksboden die Tradition so gepflegt wird wie hier. Das führt dazu, daß auch nur wenige deutsche Volksstämme in ihrer Substanz so gefestigt erscheinen wie die Friesen, die sich nach außen hin sperren und verschließen können, so daß dadurch für ihr Volkstum und ihre Eigenart keine Gefahr entsteht.

Großartig ihre Einstellung zu den Gewalten der Natur, denen sie mehr ausgeliefert sind als Bewohner des Binnenlandes: „Gott schuf das Meer, der Friese die Küste!" Nichts beschreibt ihr Ringen um den Erhalt ihres Landes gegen die unheimlich immer wieder anrennende Flut, den „Blanken Hans", deutlicher als dieses Wort. Der Friese baute immer wieder seine Deiche und Dämme, und möge die eiskalte und unbarmherzige Flut noch so oft das Land bedroht haben, an seinem eisernen Willen zerbrachen die Gewalten des Meeres. Er hat sich aber nicht damit verbraucht, obwohl dieser Lebenskampf normalerweise alle Kräfte in Anspruch genommen hätte, sondern hat Erfindergeist entwickelt, schickte seine mutigen Seefahrer in alle Welt, und die Hanse wäre ohne Friesen undenkbar gewesen. Das historische Schicksal hat das Volk der sieben friesischen Seelande zusammengeschweißt und ihm bis in unsere Tage eine Sonderstellung verschafft, die aber als Folge der Geschichte und seiner Haltung selbstverständlich wurde.

Dabei ist das Land voller Gegensätze, wie etwa der Reiseschriftsteller J. G. Hoche schreibt: „In der Stadt herrscht durchgehend eine große äußere Reinlichkeit. Das Ganze gibt einen freundlichen Eindruck und gibt zugleich die Idee von der Wohlhabenheit der Einwohner... Im Münsterischen sah ich in den Flächen nichts als Heide, Sand, Heidschnucken und Bienenstöcke, hier nichts als Wiesen, Kühe, Pferde, Fohlen und Rinder. Das ganze Land ist flach, der Damm an der Ems ist die einzige Erhöhung, von welcher man in diese großen Ebenen hineinsieht. Nirgends findet das Auge einen Ruhepunkt, nirgends etwas Anziehendes und Großes. Nicht ein Hügel, nicht ein Busch, nicht ein Baum macht eine Abwechslung. Aus der Ferne schimmert ein rotes Dörfchen oder ein einzelnes Landhaus über Wiesen und Viehherden herüber. Kehrt man sich um, so hat man über die Ems den selben Anblick. Eilt ein Boot mit seinem roten Segel vorüber, so bemüht man sich umsonst es aus dem Gesichte zu verlieren, immer scheint es nahe und wird doch immer ferner. Es ist ein Land der Idyllen."

Emden, heute der wichtigste Hafen im Land der Friesen, hat deshalb eine bewegte Geschichte, weil die Stadt sich nirgends unterordnen wollte und bereit war, für ihre Selbstständigkeit unbeirrbar zu kämpfen. Im Zweiten Weltkrieg wurde die Stadt schwer mitgenommen, doch hat man die Spuren der Zerstörungen wieder beseitigen können. Über die germanische Tradition sprechen die wiederholten Aufstände gegen den absolutistischen Herrschergeist. Dann wurde die Stadt der Hauptsitz der ostfriesischen Stände, worüber wir auch in Leer einiges erzählt bekommen. Das Ostfriesische Urkundenbuch berichtet darüber, daß auch Norden 1491 bereits das Stadtrecht besaß, eine Stadt, die von 1561 bis 1744 Residenz der Grafen und Fürsten von Ostfriesland war und Sitz der Landesverwaltung und des Gerichtes ebenso. Immer gab es hier in diesem Lande eine Art Selbstverwaltung auf kulturellem Gebiete, und diese Voraussetzungen haben sich bis auf unsere Tage erhalten.

In Wittmund halten wir ein und legen das „Ostfriesische Abitur" ab. Das ist gar nicht so einfach, denn um es zu bestehen, muß man eine Kuh fachmännisch melken können und in der Lage sein, einen ganzen Satz einwandfrei ostfriesisch aussprechen zu können. Nur ganz wenigen soll das bisher geglückt sein, die das Land besuchten! Vor der Nordseeküste von Emden liegt Borkum, die westlichste deutsche Nordseeinsel, sie wurde durch Sturmfluten in ein West- und Ostland zerrissen und erst 1860 durch einen Deich verbunden. Die Insel war den Römern bereits bekannt und wird 1398 zum ersten Male urkundlich erwähnt. Sie ist nach Aufzeichnungen alter ostfriesischer Chronisten einmal Teil einer großen Insel gewesen, die nach und nach von den Gewalten des Meeres auseinander gerissen wurde.

Allen dümmlichen Ostfriesenwitzen zum Trotze sind die Ostfriesen ein deutscher Stamm, der an seiner Kultur festhält, von seiner deutschen Eigenart nicht läßt, seiner Heimat stets verbunden bleibt und dabei weltoffen in jeder Beziehung ist. Der Ostfriese hat in seiner Geschichte echte Demokratie vorgelebt, als man anderswo noch in tief verwurzeltem Absolutismus verharrte, er bewohnt ein Land, das er sich immer wieder aufs neue erkämpfen und erwerben mußte. Er hat jahrhundertelang um Lebensformen gerungen, an denen er heute festhält, und zeigt sein Wesen in seinem Lande deutlich und klar: Feste Wohnsitze, die heute noch Burgen gleichen, Wehrkirchen und gut erhaltene Schlösser aus vergangener Zeit, viele Dämme und Deichanlagen, Schutzstätten gegen den „Blanken Hans", wie er das Meer nennt, das alles ist sein Land. Nun, den Friesen, als Nachfahren alter Häuptlingsgeschlechter, wo man Jahrhunderte um die Freiheit kämpfen mußte und sich gegen die Gefahren der Flut zu wehren hatte, bildet das alles heute als unabhängigen Menschen, in einem ganz besonderen Lande — auch in dieser Zeit.

Fruchtbarkeit unseres Landes

Man sagt dem Deutschen einen unstillbaren Hang zur Ferne nach und das nicht erst seit gestern. Der Hang nach dem Süden hat sich zu einer echten Sehnsucht ausgeweitet, und jedes Jahr fahren auch in unseren Tagen ungezählte Menschen südwärts. Daß die moderne Technik uns ermöglicht, in kurzer Zeit bis in die weitesten Fernen zu reisen, tropische und exotische Inseln zu erreichen, steht auf einem anderen Blatt. Fast tut es einem leid, wenn man die langen Wagenschlangen sieht, die sich oft im Schrittempo südwärts quälen, wenn wir uns an das Wort erinnern, daß das

Gute so nah sein kann. Doch eines steht fest, was Goethe schon Mephisto im „Vorspiel im Himmel" sagen läßt:

> „Und alle Näh und alle Ferne
> befriedigt nicht die tiefbewegte Brust!"

Nehmen wir uns doch die Zeit und machen wir uns die Mühe, im eigenen Land die Schönheiten zu suchen, die wir in der ganzen Welt anzutreffen hoffen, in unserer Heimat aber achtlos stehenlassen. Man muß nur die Augen öffnen und wird bald in der Nähe Wunder wahrnehmen, an denen man bisher blind vorbeigegangen ist, weil man bereits weite Fernen angepeilt hatte, man soll aber nicht nur die Augen öffnen, sondern auch seinem Herzen, seiner Seele einen Stoß geben, dann umfängt uns die ganze Zauberwelt, die etwa ein Frühling über unser Land auszustreuen vermag. Die dunklen, trüben Tage sind vorbei, der kalte Winter mit seinen Eiskrusten und Schneestürmen hat uns verlassen, und langsam erwacht das Leben um uns. Plötzlich merken wir, daß auch wir uns verändert haben und draußen breitet sich ein altes Schicksal aus. Es umschließt das langsame Erwachen auch nach der tiefsten Nacht, eine Erwärmung auch nach der klirrendsten Kälte, ein Auferstehen vom ewig scheinenden Schlafe, ein vielfältiges und farbenfrohes Blühen und dann ein Reifen, das alle Vorstellungen übertrifft, um langsam wieder in sich zu versinken. Ein Spiel der Natur, so alt, wie es Menschen in diesem Lande gibt, das uns Heimat wurde.

Frühling im Land! Erwachen und Wiedererstehen all dessen, was versunken gewesen zu sein scheint, ein Erwachen, das auch uns mitreißt und uns neue innere Kraft schenkt, im Leben durchstehen zu können, das uns froh macht. Denn plötzlich erkennen wir neue und nicht geahnte Kräfte, die den Körper durchziehen, und alles Mürrische, Verdrossene und Verbrauchte scheint von uns abgefallen zu sein. Altersgraue Bäume erwachen zu eigenem Leben. Flieder und Rotdorn überziehen sich mit hellen Blüten. Ein süßer Duft liegt unwirklich in der Luft und gemahnt uns an die reifenden Blüten, in denen sich Insekten und Vögel umtun. Die Apfelbäume, uralt und schon zum Teil mit Pfosten gestützt, blühen in einer Pracht, die man diesen alten Gesellen nie mehr zugetraut hätte, und die Kirschbäume lassen süße Frucht ahnen. Vielleicht mehr als in früheren Jahren.

Doch halt! Die Natur ist weise eingerichtet, durch den Frühlingswind werden Blüten in ungezählter Menge wieder fortgetragen und am Reifen gehindert, so daß der Frühling inmitten seiner blühenden Pracht eigentlich vieles von seiner Kostbarkeit schon vernichtet hat, bevor der eigentlich dazu berufene Winter sein Werk verrichten kann. Doch an das denkt man in all dem Überfluß nicht, der uns jetzt umgibt. Jetzt greifen wir ins Volle und freuen uns über jeden Tag, der immer stärkere Sonnenstrahlen über uns ausbreitet. In den Geheimnissen der Natur, für die wir fast nie ein Auge und Herz haben, aber wohnt das große Geheimnis des Märchens, nach dem wir uns immer wieder sehnen. Die Stille, verrät uns, daß die Natur die gleiche Andacht fordert, wie die Kirche, wo wir sie nie missen wollen. Amseln und Meisen schlagen, ein vorlauter Fink hat uns etwas zu-

gerufen, wir verstehen es nicht. Die vor uns haben es bestimmt verstanden, denn wir haben uns vom Land und seinen Geheimnissen zusehends entfernt und begreifen Dinge nicht mehr, die man früher verstand und deuten konnte. Wenn wir ganz still sind, hören wir vom fernen Wald das Pochen des Spechtes, jenes unermüdlichen Zimmermannes unserer Wälder. Sonst nichts als Stille und das Summen in den Gräsern und der Ruf der Vögel sind die Begleitmusik einer Stille der Besinnung, die uns läutern und innerlich erneuern soll.

Wir sind hier im großen Garten der Natur, wo der Mensch ihr bisher ohnedies nur teilweise seine Prägung geben konnte. Viele von uns denken, daß dies alles Kleinigkeiten sind, übersehen aber dabei, daß das Wunderwerk der Schöpfung aus lauter solchen Kleinigkeiten besteht und erst in ihrer Fülle zum großen Wunder wird. Dem Wunder wünschen wir Bestand, weil auch wir eine solche Kleinigkeit sind und wir ohne das Leben um uns nicht mehr bestünden.

Jede Landschaft ist ein Stück unserer Seele, unseres Menschenseins und der Ausprägung von Generationen. So erst wird Heimat und jede Landschaft, möge sie auch noch so ärmlich scheinen, zum Gleichnis unserer selbst und gibt uns Ziele für die Wanderung unseres Lebens, das in seiner Vielgestaltigkeit, seinen Höhen und Tiefen uns letzte Weisheiten schenkt. Aus dieser Liebe, die im Wechselspiel unserer Berührung mit dem Land entsteht, wird Heimat, und aus ihr entsteht das Wesen des Vaterländischen, das nur dann echt ist, wenn es sich seiner Liebe als Überzeugung stets bewußt bleibt. Vaterland, Heimat aber werden sinnlos, wenn sie nicht vom Menschen überhöht sind. Jedes ist auch hier ein Teil eines Ganzen, das ohne die anderen nicht denkbar ist. Das, was Heimat nicht erfüllen kann, kann nur das Gesamtvaterland erfüllen, das, was dieses nicht erfüllen kann, kann nur die Menschlichkeit erfüllen. „Wer Deutschland und dessen Zukunft will, der muß seiner Heimat, der Gesamtnation und der Gesamtmenschheit dienen", das schreibt der Dichter Walter von Molo.

Wer auf diese Art langsam und mit Bedacht durch unser Land geht, mag es verstümmelt sein, mögen andere darüber verfügen, der erkennt, daß diese Verbundenheit wechselseitig ist und auch die Landschaft, also das Land schlechthin, nur durch uns das ist, was es ist, daß alle Ströme derselben mitten durch unser Herz fließen und der Wald ein Teil unserer Seele. Das wiedererstehende Grün und die Vielfalt des Blütenteppiches sind nichts anderes als unsere eigene Sehnsucht mit all ihren Wünschen und Hoffnungen.

So begrüßen wir jetzt auch den einsetzenden Regen, der zwar unsere Kleidung näßt, aber auch ein Stück des Werdens und Vergehens ist, ein Stück jener komischen Begriffe, die auch Menschen geschaffen haben, ihre Geschichte mit allen Tiefen und Höhen. Auch als Verkörperung eines Geschöpfes, das dem ein Ebenbild sein will, der der Schöpfer war und ist, was sich auch schon in diesem Worte ausgeprägt hat.

Ein Marktplatz im Osten

Für unsere heutigen Begriffe liegt Schlesien im Osten, liegt das Land, das uns Deutschen gehört, hinter einer fragwürdigen und gewaltsam gezogenen Grenze. In Wahrheit ist Schlesien ein Teil Mitteleuropas und nur durch die Teilung Deutschlands ein Gebiet, das heute unter „fremder Verwaltung" steht. Es gab und gibt dort Städte, die mit unseren Herzen eng verwachsen waren, auch dann, wenn wir nicht von dort stammten, aber stets würdigten, daß dieses Land ein Teil des ganzen Vaterlandes war. Wer von dort stammt, aus diesen heimelnd anmutenden kleinen Städten, diesen fruchtbaren landwirtschaftlichen Gebieten, die früher einen Großteil der deutschen Ernährungsgrundlage bildeten, und diesen Industriezentren, die Weltgeltung erreicht hatten, der trägt dieses Land weiter in seinem Herzen. Für alle anderen Deutschen ist hier ein Stück ihrer Seele begraben, denn es gehörte allen.

Alle waren dort stets gerne zu Gast und alle gern willkommen, wenn sie zu vorübergehendem Aufenthalt da waren, oder sich für immer dort niedergelassen hatten und nach und nach Schlesier wurden. Das Leben geht erbarmungslos über die Einzelnen hinweg und was da an menschlichem Leid im Laufe der letzten Jahrzehnte entstanden ist, kann keine Chronik ausführlich genug schildern. Der Naturfreund hatte stets an diesem Land seine Freude. Berge und grüne Täler, die weit ausholenden Gipfel des Riesengebirges mit ihren schmalen Saumwegen, den einsamen Bauden und dem herrlichen Fernblick ins Böhmische hinein und nordwärts über die heimatlichen Fluren, waren die Frucht stiller Stunden echter Wanderfreude. Es ließ sich gut hier sein. Die rauschenden Wälder gaben diesem Teil auch den Ehrentitel „Grüne Schles" und in ihnen ruhten die unsterblichen Melodien echter deutscher Gefühlslyrik, die wir unseren Dichtern verdanken. Der Wald reichte vielfach in die Städte und Dörfer förmlich hinein und gab diesem „Land aus Gottes Hand" ein eigenes Gepräge.

Wir stehen auf so einem Marktplatz, der typisch ist für viele. Daß es Hirschberg ist, müssen wir gar nicht erst sagen. Wer den Ort kennt, weiß Bescheid, wer sich nicht erinnern kann oder nie dort war, für den ist er typisch für zahlreiche andere, die die gleichen Spuren getragen haben. Immer wieder fanden wir auf unseren Reisen solche Plätze, die nicht nur Mittelpunkt einer Stadt waren, um den sich alles zu drängen schien, nicht nur Verkehrsknotenpunkt. Hier, unter den Laubengängen, war auch der gesellschaftliche Mittelpunkt. Hier trafen sich jung und alt, hier begann manches, was später Erinnerung wurde, die ganze Bindekraft , die man aus Geborgenheit und Gefühl der Sicherheit empfangen kann, übertrug sich auf den Menschen. Die Geschäfte hatten ihre Stände mit den neuesten Waren herausgestellt, das Treiben um sie spielte sich in aller Beschaulichkeit ab, die diesen Menschen zu eigen war. Und das war das Augenscheinlichste: Sie schienen es nie eilig zu haben, sie erledigten alles, was zu ihrem Tagewerk gehörte, mit einer hinhaltenden Ruhe und Gelassenheit, die ein gutes Gewissen und persönliche Zufriedenheit verriet. Man hatte es nicht eilig, weil man Zeit hatte — und wer hat die heute noch?

Trotzdem kamen sie zu Wohlstand, wie die Häuserfronten und das Äußere dieser Menschen verriet. Sie standen hinter dem Schraubstock mit der gleichen Hingabe wie die Menschen anderswo, sie werkten in der Fabrik und am Bau genau so, wie sonstwo, doch nachher, da begann ein langsames Wiederholen des Geschehens im Geiste, es wurde alles nochmals erlebt. Und so entstanden die typischen Grübler und Denker, die hier zu Hause waren. Es ist kein Zufall, daß so viele große Schlesier Philosophen und Erfinder waren. Das kam von dieser Eigenschaft, die man nicht lernen kann, die man hat oder nicht und die ein Erbe der Zeit war, da man hier vielleicht mühevoller als anderswo seinen Lebensweg gehen mußte und dabei mehr nachzudenken hatte als dort, wo das Leben leichtere Bürden verteilte.

Sie hatten eine ungemein herzliche Art, die sich geradezu an Vorstellungen hielt, die man anderswo als kindisch bezeichnen würde. Es lag so viel Herzlichkeit in ihrer Rede, die man sonst für unmöglich gehalten hat und die einen für sich gewann und bald zu einem der ihren werden ließ. Man kann sie nur schwer schildern, aber sie waren ganze Menschen mit Herz und Gemüt und einer ausgesprochen poetischen Seele, wenn sie es auch oft gar nicht wollten. So standen sie da. Breitbeinig wie solche, die auf ihrem Boden fest verwurzelt sind, und gedenken, dies stets zu bleiben. Und sie blieben da, solange es ging. Als sie fort mußten, nahmen sie auch die Seele und das Herz dieses Landes mit, und von da an begannen die Marktplätze leer zu werden.

Diese Leere spürt man, wenn man heute durch die Straßen und über diese Plätze geht, fremd geworden und stets von einem kalten Etwas erfüllt, ob einen die heute dort lebenden Menschen freundlich ansehen oder nicht. Fast immer stand ein Brunnen hier, dessen Wasser über die Zeiten plätscherte, in stiller Stunde eine köstliche und doch monotone Musik erzeugend. Ein Lied, an das man sich so gewöhnte, daß man es gar nicht mehr vernahm, das einen aber aufschreckte, wenn es plötzlich nicht mehr klang. Da standen Heiligenfiguren oder Symbolgestalten aus germanischer Zeit da, die man in Dankbarkeit aus irgend einem Grunde aufgestellt hatte. Da rann das Wasser leise und unaufhörlich aus Rohren und Muscheln, manchmal kunstvoll geführt und manchmal nur einfach zur Erde in den großen Brunnentrog oder das Bassin. Glücklich die Zeit, da sie nicht mit Eimern das Wasser schöpften und zu einer Brandstelle schleppen mußten, wenn wieder einmal ein Unglück über die Menschen gekommen war. Paul Keller könnte hier gestanden und seine köstlichen und doch tiefsinnigen Romane geschrieben haben, als er von seiner Heimat erzählte und ihr in seinen ungezählten Romanen ein Denkmal setzte.

Die Wasser werden weiter rauschen und immer wieder werden Menschen glücklich darüber sein, hier das köstliche und lebensspendende Naß zu finden. Das Rauschen des Wassers werden jene, die heute hier leben, ebenso empfinden, in ihre Sprache übertragen und aus Worten und Weisen ihre Lieder daraus formen, so wie wir das getan haben. Doch liegt noch ein Ge-

heimnis dazwischen, was wir hier empfanden und was jene empfinden, die jetzt an diesen Brunnen vorbeigehen. Die Schlesier von einst hatten das ruhige Gewissen, im eigenen Haus, in der eigenen Stadt zu leben, oft in schweren und auch in guten Zeiten, es war ihre gewohnte Umgebung, in die sie hineingeboren waren, es war ihr zu Hause, ihre Heimat.

Das gab Ruhe und Kraft, die hatten sie.

Diejenigen, die heute hier sind, müssen immer wissen, daß sie anderen widerrechtlich alles genommen haben, indem sie sich herschicken ließen, in fremden Besitz, in ein Zuhause, das nicht das ihre ist. Für sie rauscht der Brunnen in einer anderen Melodie, um die wir sie nicht beneiden müssen.

Die „goldene Stadt"

Langsam versinkt eine alte Stadt über Raum und Zeit aus dem Blickfeld jener abendländischen Zusammenhänge, die ihre Vergangenheit überstrahlen wie die deutsche Kaiserkrone, die einst in der Feste Karlstein bei Prag wohlverwahrt ruhte. Dieses unvergeßliche ehemalige Prag, in dem sich die Kunstepochen vergangener Jahrhunderte zu einer wundervollen Einheit vermählen, in dem die rieselnden Rosenketten barocker Vasen auf den Palästen kunstliebender Adeliger, die majestätische Strenge der Renaissance in Giebel und Fassade den Rahmen bilden für jenes Wunderwerk erhabener Gotik von St. Veit, das der aus Schwäbisch Gmünd stammende Peter Parler schuf, und die hineingewachsen war in den Lebensraum deutscher Kultur in ihrer ganzen zeitlosen Größe.

Mag auch die Entartung unserer Zeit das deutsche Wort verbannen, das in seiner Schriftsprache aus der Prager Hofkanzlei Karls IV. seinen Ausgangspunkt genommen hat, die Werke von Generationen deutscher Baumeister, Künstler und Gelehrter auszutreiben vermag man nicht — und ihren Ursprung zu verfälschen heißt, der Wissenschaft und Geschichte einen Schlag ins Gesicht zu versetzen. Wer kann heute im Ernst bestreiten, daß die älteste Universität auf deutschem Kulturboden 1348 in Prag entstanden ist, daß die Stadt einst Hauptstadt des Heiligen Römischen Reiches Deutscher Nation war und daß mit dieser Stadt das Herz der Deutschen ebenso verwachsen war wie das der Tschechen. Prag ist das ewige Sehnsuchtsziel jedes Menschen, der Ehrfurcht vor dem Erhabenen, Schönen und Reinen hat. Es gibt keine andere Stadt, an deren Bild so viele Völker gestaltet haben. Die Flamen, die Deutschen, die Franzosen, die Italiener, die Tschechen, allen gehört etwas von dem unvergleichlichen Bild, das in seiner grandiosen Vielfalt Abendland und Universalismus von allen für alle war.

Wer sie jemals kennenlernte und den Spuren ihrer Vergangenheit nachging, auf der Burg oder in der Altstadt, am Wischehrad oder auf der Kleinseite, der bleibt ihr verfallen, so wie Rainer Maria Rilke, der Einsamste unter den Dichtern, wie Mozart, dessen Werk in ihren Mauern vom von Feuer verzehrender Glut zu höchster Leistung emporwuchs. Oder wie Det-

lev von Liliencron, dessen Gedicht von Prag spontan in einer Stunde entstand, als er im „Goldenen Brünn'l" ihren Anblick in einer Abenddämmerstunde erlebte. Damals schrieb er dies:

„Man kann dich, Prag, nicht mit Worten malen, wie irgend eine andre fremde Stadt!"

Was Wunder, wenn um dieses goldene Märchen zwei Völker rangen, mit der ganzen Verbissenheit und Härte, die den Menschen des Grenzlandes eigen sind. Man mag es Zufall nennen, daß sich hier die Geschichte immer wiederholt, zu ihren Ausgangspunkten immer wieder zurückkehrt, daß sich hier alles im Dahingleiten erneuert, so wie die Wellen des Moldaustromes, die, verrinnend, immer wiederkommen, ewig gleich bleibend und doch immer andere...

„Es gibt keinen Zufall, denn was uns blindes Ungefähr nur dünkt, grad das steigt aus den tiefsten Quellen." Schon einmal zogen Magister und Schlolaren aus und verließen die ehrwürdige Alma mater Pragensis, schon einmal höhnte sie das Wort des Straßenmobs. Sie kamen wieder. Das Wort des Böhmenfürsten, der die Zahl der deutschen Handwerker und Künstler vermehrte, ging in Erfüllung, als er sagte: „Ihr sollt wissen, daß diese Deutschen freie Leute sind."

Der erste Fenstersturz in Prag, unter dem Fürsten Wratislav, einem treuen Vasallen des Reiches — noch etwas mit Sage und Mythos vermischt. Der zweite als Fanal zum Ausbruch des Hussitenkrieges, als die Opfer aus den Fenstern des Altstädter Rathauses in die Lanzenspitzen der Kriegsknechte geworfen wurden und der blutige Sturm der Hussiten seinen Anfang nahm. Am Ende aber dieser grausigen Blutepoche, die weite Teile Mitteleuropas verwüstete, stand das nach und nach wieder zunehmende Erstarken der aus dem Westen kommenden deutschen Kultur. Der dritte Fenstersturz aber leitete 1618 das Ringen des Dreißigjährigen Krieges ein, in dessen furchtbarem Mittelpunkt Böhmen blieb. Dreißig Jahre lang war das Land Schauplatz des Grauens. Massenmord, Schändung und Brandschatz machten weite Teile menschenleer. Angehörige beider Völker standen aber am Ende dieser Schreckenszeit bereit, die Trümmer fortzuräumen und gemeinsam aufzubauen. Wieder setzte ein Strom deutscher Menschen ein. Kaufleute, Bauern, Künstler und Handwerker kamen ins Land und füllten erneut die entstandenen Lücken, jenes uralte Gesetz vollziehend, ohne das das Abendland heute längst nicht mehr bestünde.

Das älteste Prosawerk der deutschen Literatur ist das Streitgespräch mit dem Tode von Johannes von Saaz „Der Ackermann aus Böhmen". Deutsche Baumeister haben das Bild der Städte geformt, Künstler aus dem Westen, Süden und Norden schufen Werke, die heute noch bestehen, und das Wirtschaftsleben des Landes ist ohne deutschen Einfluß nicht denkbar. Namen, wie Adalbert Stifter, Ebner-Eschenbach, Rainer Maria Rilke, Franz Ressel, Gregor Mendel, Pauer, Skoda und Porsche sind ebenso Beiträge des bodenständigen deutschen Kulturlebens, die allen gehören. Balthasar Neumann, der aus Eger stammt, und die Würzburger Residenz schuf, bildet ein künstlerisches Echo aus einem Lande, das ohne seine engen Bindungen mit dem deutschen Nachbarn auf die Dauer nie bestanden hätte. Ein Land übrigens, in dem alle großen geschichtlichen Ereignisse der letzten Jahrhunderte, die Europa erschütterten, ihren Anfang und ihr Ende nahmen. Fast ist das Wort Bismarcks verklungen, der 1866 in Nikolsburg zu seinem König sagte, daß der Herr Böhmens auch der Herr Europas sei...

Heute fehlt diesem Lande und vor allem dieser Stadt jenes Daseinsprinzip, das hier immer Geltung hatte: Daß diese zwei Völker Mitteleuropas immer aufeinander angewiesen sind, daß beim Fehlen des einen auch die Kräfte und Lebensgrundlagen des anderen schwinden. Die Lebensenergien der beiden haben sich in steter Berührung mit dem anderen Volke gebildet und in einem Spannungsfeld ohnegleichen gestärkt. Sie verdanken ihr Dasein diesem derart geladenen Raum, der so zur Wiege immer neuer vitaler Leistungen und schöpferischer Kräfte wurde. Dies ist das heute längst entschleierte Geheimnis dieses Gebietes, das darin besteht, das Leid und Erfolg, Not und Wohlstand sich stets auf den anderen übertrugen. In diesem Geheimnis liegt aber auch der große Imperativ der Geschichte mit ihrer endgültigen Entscheidung.

In Prag, wo sich unter der ältesten steinernen Brücke Mitteleuropas als Wahrzeichen für das deutsche Stadtrecht, das hier seine Geltung hatte, der steinerne Roland befindet, wo neben dem Dom das älteste Metallstandbild Mitteleuropas nördlich der Alpen, der Heilige Georg, der Drachentöter, von Mathias Klausenburg seinen Platz hatte, zeigten sich somit Symbole für die abendländische Gemeinschaft jahrhundertalter Prägung. Stets, wenn diese Gemeinsamkeit vorhanden war, entfalteten sich Kräfte von staunenswerter Vielseitigkeit. Waren sich die Völker feindlich gesonnen, dann tobte gerade hier der Gegensatz am schärfsten und schlimmsten, weil sich alle Ereignisse wie in einem Brennspiegel einer Stadt verstärkten, in der Ungezählte Unvergängliches schufen, in der aber auch Ungezählte verbluteten.

Prag, die ewige Heimat aller Heimatlosen, läßt mit ihrem herrlichen Panorama keinen los, der hier lebte, und jeder andere, der sie sieht, glaubt, „immer schon dagewesen zu sein", wie der Dichter Liliencron schrieb. Die Stadt, in der alles war — wie „in einem Goldnetz von Gedichten".

Wandelbares Glück

So wie Traum und Wirklichkeit sich immer wieder ergänzen, so wird aus der Irrealität von heute das Reale; und das, was heute festgefügt für alle Ewigkeit zu sein scheint, kann morgen im Flugsand der Geschichte untergegangen sein. Glaube niemand daran, daß die Worte „niemals" oder „ewig" dauernden Bestand haben müssen. Allzuoft haben sie sich als Trugbild vor der Geschichte erwiesen, deren unbarmherziges Urteil nach Gesetzen erfolgt, an denen wir nur mitgestalten dürfen und an deren Ausgangspunkt der Traum einer befreienden Erfüllung steht.

Doch dieser Traum ist wandelbar, denn er ist das Glück schlechthin, ist vordergründig und kann in seinem Gefolge Dinge verborgen halten, die der Mensch in seiner Kurzsichtigkeit nicht begreift. Es ist oft ein Glück, daß einzelne Völker viel mehr geprüft werden, als andere, und manches Volk hat einen beschwerlichen und dornenvollen Weg und beneidet das andere, bei dem alles glatt zu gehen scheint. Doch messen wir die Dinge nie nach dem Augenblick und vertrauen wir darauf, daß hinter diesen Begriffen vom Glück eine ganze Flut von Empfindungen und Ereignissen steht, unschätzbar und unabwägbar. Das ist für alle jene wichtig zu wissen, die dem Inferno der Vertreibung entronnen, alles scheinbar Irdische verloren hatten und plötzlich allein auf sich gestellt in einer fremd scheinenden Welt neu anfangen mußten. Sie sollten immer bedenken, daß sie diesem Inferno zunächst lebend entronnen sind und ihr Leben für sich, die Familie und ihr Volk erhalten haben. Sie mögen auch bedenken, daß sie die Heimat zwar verloren, aber die Freiheit erhalten haben, die heute eine halbe Welt verloren hat und um die sie von jenen, die sich heute im Besitze der von dort Vertriebenen breit machen, glühend beneidet werden.

Die Geheimnisse des Lebens sind unergründlich und viele Dichter haben versucht dies zu deuten. Mörike spricht vom „holden Bescheiden" und Robert Hohlbaum schenkt der Zeit der französischen Revolution mit ihrem Meer von Blut und Tränen ein Sonett, in dem er die Frage stellt, ob dieser Zustand eine Epoche verabscheuungswürdig machte, und antwortet dann: „Nein, Mozarts Seele tönt, sein Lied hat uns mit dieser Zeit versöhnt." So gibt es Völker, die anscheinend ohne Rückschläge und Niederlagen ihre Substanz nicht erhalten können, die kraftlos werden, wenn sie sich nicht immer wieder neu aufbauen können. Und unser Volk scheint zu diesen zu gehören. Jeder empfindet dies, der durch die Straßen solcher alten deutschen Städte geht, die heute hinter einem Dunstschleier im Osten versunken zu sein scheinen, die wie aus dem Fleisch eines Körpers gerissen, von anderen Menschen bewohnt werden, anderen, die plötzlich Rechte geltend machen wollen, die sich niemals vor der Geschichte bewähren können und bei denen in allererster Linie das Gesetz der brutalen Macht über Recht und Gesetzmäßigkeit steht.

Wie viele solcher malerischen Winkel sind es, die Deutsche aus dem Osten in ihrem Herzen mittragen, hinter denen oder in denen sich Schicksale vollzogen, wo Glück und Leid umgegangen und Menschen jahrhundertelang glücklich sein durften, Leid zu ertragen hatten, wie dies eben das Los der Menschen ist. Sie leben noch, diese Winkel, diese Flüsse und Häuserzeilen, und sie rufen uns zu, daß der Mensch, wenn er sich nur immer verteidigen und rechtfertigen, entschuldigen will, schon vor jeder Auseinandersetzung und jedem Kampf dem Feinde den Sieg zugesprochen hat.

So wie der Sieger im Leben des Einzelnen und der Völker seinen Stolz als rechtes Empfinden in sich trägt, ehrt und adelt den Verlierer die Würde, die er in Stunden der Not zu zeigen hat. Die Erfahrung lehrt, daß Siege gar oft in ihrem Jubel einschläfern, während Niederlagen den Sinn schärfen und erst Kräfte mobilisieren, die für den Daseinskampf notwendig

sind. Grüßen wir also mit diesem Bilde erneut alle jene Städte in den Ost-
gebieten, die aus deutschem Ursprung kommen, die unser waren und jetzt
einem Gewalturteil vorübergehend anheim gefallen sind, und glauben wir an
das unteilbare Recht, das sich in der Geschichte immer wieder über Unrecht durchgesetzt hat und das auch eines Tages uns wieder zuteil werden
wird.

Angesichts der Erinnerung an all diese Städte, Dörfer und Weiler, an die
Industrieanlagen und Bauernhöfe, an die gerodeten Wälder und trocken ge-
legten Sümpfe in diesen Räumen des Ostens aber erinnern wir uns daran,
daß ein fortdauerndes Klagen, eine schwächliche Unterwerfungssucht, ein
Flagellantentum und eine ewig wiederholte Bußfertigkeit ein Volk nicht
auszeichnet, wenn es die Folgen einer Niederlage überwinden will. Die
Selbstbehauptung kommt als Ausdruck des Willens nur dann, wenn man
jene Geduld aufbringt, die dem innerlich Starkgebliebenen als kostbares
Geschenk der Natur gegeben ist. Oswald Spengler hat uns die Worte zuge-
rufen: „Die Tugend geschlagener Völker ist die Geduld!"

Diese müssen wir aufbringen und an unser Recht glauben und nicht ungeduldig erwarten, daß alles, was sich zum Guten wenden soll, noch in unserem kurzen Leben erfolgen muß. Hier müssen wir uns angesichts dieser
Zeugen des deutschen Ostens immer unserer inneren Stärke bewußt bleiben, die der Mensch in sich trägt, wenn er seiner Sache sicher ist und jene
Ruhe ausstrahlt, die über die Zeiten reicht. So besehen ist es gar nicht
notwendig, bei diesem Bilde den Namen der Stadt zu nennen, die ein Stück
deutschen Schicksals im Osten war und ist, sondern die Nebel, die hier
aufsteigen, ziehen zu lassen, den Mauern zu vertrauen, die festgefügt vor
Jahrhunderten unsere Zeit überdauerten und uns des menschlichen Glücks
zu erinnern, das hier hinter diesen Fenstern jahrhundertelang deutsches
Leben bildete. Ein gütiges Schicksal möge in der Zukunft auf diesem
Lande ruhn, denn es ist ein Stück unseres Lebens, das mit unserem Tode
nicht endet.

O Täler weit o Höhen!

Es gibt Bilderbuchlandschaften, solche, die aus einem Farbkasten entstanden sein könnten und die man in unseren Tagen abwertend als „heile
Welt" bezeichnet. Als ob es eine Schande wäre, heil, das heißt gesund zu
sein. Und heil in jeder Beziehung kann das Land in seiner Unberührtheit
sein, zum Lob und Preis für den Großen, der es geschaffen hat und wo die
dummen Menschen noch nicht die Kraft hatten, dies Bild zu verzerren oder
überhaupt zu tilgen. Es gibt Landschaften, die sind zudem malerisch, und
es ist kein Wunder, daß sich dort immer wieder Maler angesiedelt haben,
um dies Stück Land zu ergründen, zu erleben und hier zu schaffen. Hier
erfüllen sich ihre Vorstellungen von der Natur in ihrer ganzen Geheimnis-
welt. Der Zauber kann in der ruhigen und ausgeglichenen Form der Ebe-

Moritz von Schwind (1804—1871): „Auf Wanderschaft"

nen in ihren vielen Formen und Farben liegen, wo der Mensch mit seinen Siedlungen nur am Rande in Erscheinung treten kann, er liegt in der Harmonie des Aufbaues seiner Formen und er taucht ein Stück Erde in unergründliche Farbenfluten und Kontraste, die keinen Horizont kennen und der Perspektive anscheinend neue Dimensionen geben.

Hier glaubt der Künstler immer schon gewesen zu sein, denn hier erwachen all seine Vorstellungen von einem Modell, in dem sich Zeit und Raum verbinden und angesichts der Größe der Natur der kleine Mensch zu ihrem Diener wurde. Hier fließen die Bergformen zart und sanft ineinander, hier liegt südliche Anmut und nordische Herbheit in einem gemeinsamen Formen- und Farbenspiel. Wohl jedem Land, das solche Flecken Erde preiszugeben hat, wo der Mensch auch das stete magische Durcheinander der Farben im Ablaufe eines Tages beobachten und darzustellen versuchen kann. Man kennt diese Gegenden, wo selbst bei strömenden Regen die Luft warm und weich zu bleiben scheint und selbst das sogenannte schlechte Wetter dem Besucher einen erlebnisreichen Genuß bereiten kann.

Im samtweichen Gras zirpen die kleinsten Tiere, die Vögel stimmen ein vielstimmiges Loblied auf die Schönheit an und sanft rauscht es vom Waldsaum zu uns: Alles wirkt harmonisch, nichts stört das Bild in seiner Vielfalt und nichts vermag die akustische Sinnesvermittlung zu verändern. Das waren und sind die Gebiete, wo sich immer wieder ganze Generationen von Malern niederließen und aushielten, oft enttäuscht und die Stätte wieder verlassend, die aber, die hier für eine kurze Spanne Zeit aushielten, wurden reichlich belohnt. Sie kamen immer wieder oder aber ließen sich hier nieder, ohne daß man von einer Künstlerkolonie sprechen durfte. Die Menschen dieser Täler und Landstriche, meist zu den sogenannten kleinen Leuten gehörend, achteten die Künstler, wenngleich sie auch eine geheime Scheu vor ihnen hatten, wie zu allem, was zum Reich der Kunst gehört. Eine Scheu aber, die nicht ablehnend war, die nicht abstieß, sondern eher eine unausgesprochene Ehrfurcht darstellte.

Die Künstler, von denen hier die Rede ist, opferten dem Lande ihre Zeit, oft ein beträchtliches Stück Leben, aber sie verwuchsen mit ihm, sie wurden ein Stück dieses Tales oder dieser Ortschaft, in denen sie immer hingebungsvoller das Bild erarbeiten, zu erahnen und begreifen suchten. Sie drangen so in alle die unsichtbaren Geheimnisse ein, die sich um jede Bergkuppe, um jede Tannengruppe oder um jedes kleine Tal knüpften, das ihnen jetzt zum Lebensinhalt geworden war. So malten unsere Großen, so hat ein Ludwig Richter erst nach Jahren unruhigen Wanderlebens im fernen Süden erkannt, daß in seiner unmittelbaren Heimat und dicht davor die schönsten und ihm geeignetsten Motive lagen, die er fortan in sein Werk einbezog. Nicht nur das Land selbst, auch die Städte haben solche Künstler, die ihre Gassen und Gäßchen gestalteten, ihre Hinterhöfe und giebelreichen Häuserfronten, doch dort geschah dies meist anonym. Da draußen aber wird der Künstler dann selbst in die Natur, in das Stück seines Lebenswerkes miteinbezogen, und das ergibt eine ganz besondere Note des Malens und Planens.

Es wäre ein Wunder, wenn das anders sein könnte, denn hier wächst Atmosphäre aus einer Farbensymphonie, deren Zusammensetzung und Ausdruckskraft ein Stück Schöpfungsgeschichte ist, die für den Menschen immer ein kleines Rätsel, besser ein Wunder, bleiben wird. So gehen unsere Blicke wie im Freischütz durch die „Wälder und die Auen" und formen langsam Skizzen und erste Entwürfe und wenden sich dann nach und nach mit feierlicher Ruhe der Ausarbeitung dessen zu, was wir zu sehen meinen und wiederzugeben in der Lage sind. Hier in diesem Umkreis könnte Mörike uns auf Schritt und Tritt begleiten, seine Gedichte kommen aus solch einem Umfeld und sind deshalb ein unüberhörbarer Lobgesang auf jegliches Land in seiner Schönheit, wie es uns die Schöpfung schenkte.

Sie sind schwer mit den modernen Mitteln der Fototechnik festzuhalten, weil da die Starre der Wiedergabe, das Unbarmherzige einer Klarheit mitschwingt, die dem Menschen so nicht zu eigen ist. Der Maler aber streicht liebkosend über eine Fläche und wird Härten vermeiden, die die Harmonie stören, wird Zufälligkeiten übersehen, die der Beschauer selbst gar nicht wahrnehmen kann oder will und wird die Harmonie unterstreichen und so seine eigene Person mit dem Land vermählen und zur Einheit werden lassen.

Sie, die ungezählten Maler aus allen Gauen, haben uns die Schönheit unseres Landes verkündet, gaben uns und dem Land das Heimatrecht, solange wir diese Verbundenheit empfinden. Diese kann nicht müßiggängerisch oder oberflächlich erfolgen, sondern ist ein Gegenstand liebevoller und herzhafter Betrachtung. Verhalten wir in dieser mitternächtigen Stunde, in der sogar die Vögel andachtsvoll schweigen und nur das Gezirp der Grillen vernehmbar ist, und lassen wir unsere Blicke über das ganze Umland gehen — wir werden immer wieder etwas Neues entdecken, wenngleich wir schon hundertmal hier waren, wir werden immer wieder vor neuen Rätseln stehen und beglückt jedesmal erneut innerlich gestärkt sein, denn das Land schenkt mit unermeßlicher Großzügigkeit jedem etwas, der sich nur die Mühe macht, es zu erschauen, zu erspähen und zu begreifen.

„Er ließ schlagen eine Brucken..."

Wir stehen vor einer Brücke, die über den Donaustrom gezogen wurde und eine der ältesten überhaupt ist, der von Regensburg. Auch hier umgibt uns ein Hauch der Geschichte in der alten Keltensiedlung Ratisbona, wo auch die alten Römer ihre Veste bauten und von hier aus weite Ländereien beherrschten, wo später die Mönche den Glauben ostwärts nach Böhmen trugen, wo immer wieder Zeugnisse der abendländischen Kultur nachweisbar sind. Hier legte 1806 der letzte Kaiser des Heiligen Römischen Reiches Deutscher Nation seine Kaiserkrone nieder, fortan nur noch Kaiser von Österreich bleibend. Er tat dies mit einem bis heute erhaltenen Schreiben, das die Verhaltensweise deutscher Fürsten und Kleinstaatenverwalter

ins rechte Licht rückte und ein Beispiel deutscher Zerrissenheit und Ohnmacht ist.

Die älteste steinerne Brücke ist allerdings in Prag und geht über die
Moldau, die beiden damaligen Stadtteile verbindend. Die Parler waren
daran beteiligt, dieses wunderbare Baumeistergeschlecht aus Schwäbisch
Gmünd, deren größtes Werk der Dom der Stadt Prag wurde und deren
Wirken wir in Königsberg und Wien nachweisen können, was die Ausstrahlungskraft deutschen Kunstschaffens über die Jahrhunderte offenbart. Wir
standen in jungen Jahren oft in trautem Kreise auf der Brücke in Prag, die
so viel Ähnliches mit der von Regensburg hat. Ähnlicher Figurenschmuck,
ähnliche abgewinkelte Formen und Spannungen und dann diese wuchtige
und breite Kraft, die aus jedem Strebepfeiler, aus jedem Mauerstück und
auch aus dem ganzen Gefüge derselben spricht. Kraft und Vertrauen künden diese Steine, sie bannen die Gewalten der Flut, sie überqueren hier die
Donau, dort die Moldau.

Brücken bauen die Menschen nur, weil sie an die Ufer glauben, weil trotz
aller Gegensätzlichkeiten und Feindschaften im Menschen niemals die
Hoffnung aufgehört hat, den Weg zu den anderen wieder zu finden — und
möge auch noch so viel Schlimmes in der Vergangenheit vorgefallen sein.
Brücken sind Ausdruck der Verbundenheit zwischen den Menschen über
Flüsse und Ströme hinweg. Und es wird immer wieder bei den Menschen
einen Brückenschlag geben, denn ihre Sehnsucht nach Zusammensein ist
stärker als die dummen Kräfte der Teilung, des Auseinanderreißens und
aller Versuche, die Menschen zu trennen. Das Teilen der Menschen ist in
neuer Zeit ein Mittel der Politik geworden, dies im fernen Osten und in
Europa, und gerade wir brauchen gar nicht weit zu sehen, dann wissen wir,
warum mit oder ohne Fluß Völker geteilt und getrennt werden. Wir aber
glauben an die Brücke, an all das, was verbinden kann, ohne daß der Bruder
am anderen Ufer etwas dabei preisgeben muß. Einfach das Wissen um den
Menschen jenseits, der bei näherem Hinsehen gar nicht anders ist als wir.

Dort, wo Brücken standen, entwickelte sich besonders reges Leben, denn
sie waren es, die die Möglichkeit für den Transport der Güter boten. Nur
durch sie war ein breiter und reißender Strom zu bezwingen und ohne Gefahren das andere Ufer zu erreichen. Man baute diese Brücken dort, wo
Städte waren, die aus bestimmten Gründen von Bedeutung waren, die Veranlassung und Grund dafür waren, sie mit den jenseitigen Gegenden unmittelbar zu verbinden. Wehe, wenn dann durch kriegerische Anlässe die
Brücken zerfielen und das jenseitige Ufer zur unerreichbaren Ferne wurde.
Man sollte über diese alten Bauwerke nicht allzu schnell und gedankenlos
hinweggehen. Sie sind ein Stück Geschichte und Kunst dazu. Sie verbinden
nicht nur die Ufer, sondern auch uns, jeden einzelnen, mit der Vergangenheit, mit längst vergangenen Zeiten.

Vielleicht baut man auch heute Brücken. Sicher größer und praktischer,
vielleicht auch schöner, ich weiß es nicht. Doch, wer sich von uns noch ein
ganz kleines Stück Romantik bewahrt hat, der wird, wenn er zu abendli-
cher Stunde über so eine alte Brücke geht, ungewollt mit Vergangenem

verbunden. Da eilen die zartbetuchten Bürgerfräuleins raschen Schrittes nach Hause, wo sie der Herr Vater bereits erwartet, und bei näherem Hinhören stellen wir fest, daß die Gute schon ganz atemlos ist. Dann schreiten zwei Angehörige der Bürgerwehr über die Brücke, mit gleichem, aber sehr wiegendem Schritt und blicken uns herausfordernd an, ob wir nicht auch solch ein unruhiger Geselle sind, der da wieder allerhand modisches Zeug verkünden will. Eine verspätete Equipage fährt rasch vorbei, der Kutscher knallt ungeduldig mit der Peitsche, und mit indignierter Miene macht die Dame im Inneren der Chaise ihrem Ehemann Vorwürfe, die er schweigend zur Kenntnis nimmt, denn er wird sich jetzt am Abend wegen der kleinen Verspätung nicht streiten.

Dann kommen einige Handwerker vorbei, die ihr Werkzeug über der Schulter tragen und sich halblaut, denn man kann nie wissen, wer da mithört und einen bei der Obrigkeit anzeigt, über die schlechten Zeiten beklagen. Ein verspäteter Bettler schlurft seiner armseligen Bleibe zu; und irgendwo erklingt ein Gesang von heimkehrenden Zechern, die sich des Lebens und ihres Durstes freuen. Von weit her schlägt eine Turmuhr, irgendwo rauscht es vom Ufer her, dort, wo der verlassene Salzstadel steht. Die Wellen unter uns singen ihren gleichmäßigen und seltsam monotonen Gesang. Alles ist im Gleiten, im Fließen und von oben bricht sich das Mondlicht langsam Bahn. Nicht nur der Dichter Schöneich-Charolath schrieb, daß ihn „dieser Anblick und diese Stimmung stets ergriffen hatte", auch uns wird es ganz anders zu Mute.

Wir modernen Rechenmeister und von Technik umerzogenen Menschen, die so viel an Gemütswerten eingebüßt haben, erwachen in dieser Stunde an solchen Stellen, wie einer alten steinernen Brücke, angesichts der Jahrhunderte, die uns mit ihr verbinden, wieder und empfinden eine scheue Demut vor der Vergangenheit und der Verpflichtung, uns der Zukunft immer wieder zu stellen. Vielleicht trägt auch noch mehr das gleitende Fließen des Wassers unter uns dazu bei. Dieses Strömen ungezählter Wellen, mit dem Ziele einer unbekannten und fernen Fremde und dieses unheimliche Vorwärtsdrängen, das kein Zurück mehr kennt.

Tor zur Welt

Beeindruckend ist es, wie dieses Hamburg, als größter deutscher Hafen, sich auf die Menschen und die ganze Landschaft auswirkt. Seine Entwicklung verdankt es nicht nur seiner günstigen Lage an der Elbe, die es zum wichtigsten Ein- und Ausfuhrhafen Deutschlands werden ließ, sie ist auch auf die vorteilhafte geographische Lage für den Transitverkehr zurückzuführen. So hat man hier ein dichtes Netz deutscher und ausländischer Reedereien aufbauen können. Doch nicht allein die gigantischen Hafenanlagen und alle Einrichtungen, die mit der Schiffahrt, dem Handel und all den Zubringerindustrien zusammenhängen, beeindrucken den Beschauer. Hamburg ist das Tor zur Welt, es ist eine unwahrscheinliche Zusammenballung von Interessen wirtschaftlicher Art, die die Menschen, die hier wohnen und wirken, geprägt hat. Auch das ganze Umfeld der fast zwei Millionen Einwohner zählenden Stadt ist von einer unvorstellbaren Geschäftigkeit und Hektik erfaßt, man hat den Eindruck, als ob diese Menschen an nichts anderes denken, als daran, möglichst schnell an ihren Arbeitsplatz zu kommen und ja keinen Handgriff zu versäumen.

Und doch: Fernab der ungezählten Hallen und Werkstätten, der Hafenanlagen und des treibenden Lebens, erkennen wir eine andere Stadt, man muß nur gut hinsehen können. Zunächst fällt einem auf, wie trotz der furchtbaren Wunden, die der Bombenkrieg hier geschlagen hat, der Neuaufbau verhältnismäßig schnell vor sich ging und sich die Stadt dadurch mit rapidem Tempo noch gewaltiger und eindrucksvoller darbieten kann. Heute hat Hamburg, was man vielleicht nicht überall gerne hört, die großen internationalen Welthäfen durch seine modernen Anlagen und die Vielzahl seiner Einrichtungen noch übertroffen und steht damit führend da. Man erkennt schon bald, wie ein Großteil der alten Handelsherren und Kaufleute durchaus offen gewesen ist für alle Fragen einer eigens geprägten hanseatisch-hamburgischen Kulturpflege und wie sie für alle Zweige des Kulturschöpferischen aufgeschlossen waren.

Hier hat sich ein Mäzenatentum entwickelt, das nicht großsprecherisch und nicht protzenhaft wirkt, sondern sich mit selbstverständlicher Verpflichtung aller Fragen schöngeistiger und künstlerischer Art angenommen hat. Man erkennt dies an den prunkvollen, aber niemals aufdringlichen Bauten und Häusern in den Vororten und Villenvierteln, man erkennt es an den großen Kontorhäusern und Firmengebäuden, die repräsentieren sollen und können, man erkennt dies aber auch an den vielen Einzelheiten, die in so einem Gemeinwesen auffallen, wenn sie eine Harmonie darstellen. Die Stadt der Kaufleute hat immer wieder Künstlern aus aller Welt, und vor allem deutschen, eine Heimstatt geboten, die Universität ist eine der jüngsten deutschen, hat vor allem die Tradition der alten Kolonialinstitute fortsetzen können, und seine Museen und Archive haben europäischen Rang.

Überall aber stellt man fest, daß diese Einrichtungen stets vor Zeiten aus Stiftungen und privaten Zuwendungen entstanden sind, also dem kulturellen Bedürfnis seiner Gründer entsprachen, die meist auch die Spender waren, die diese Einrichtungen erst ermöglichten. Hier, in dieser Stadt, sind Künstler aufgewachsen, die zu den größten zählen, die wir kennen. Ein Lessing, ein Klopstock haben hier gewirkt und sind zu ihren großen Erfolgen herangereift, ein Maler Runge erzielte hier seine reifsten Leistungen, und der Komponist Brahms hat sich in dieser norddeutschen Kulturmetropole zu seiner größten künstlerischen Reife entwickelt. So staunt man nicht nur über den gewaltigen Eindruck, den das äußere Bild der Stadt und der Hafenanlagen auf einen macht, sondern ist tief beeindruckt von der großartigen Harmonie zwischen wirtschaftlicher und kultureller Kraft, zwischen dem merkantilen Geist, der sich offenbart und der „Welt in uns, die sich die äußere Welt" zu formen sucht.

Die althamburgische Tradition hat sich stets mit jenen Kräften vereinen können, die hier zugezogen sind und trotz der konservativen Einstellung der alten Hansegeschlechter, die lange Zeiten über die Stadt und ihre Entwicklung wachten, war man stets dem Neuen zugetan und bildete mit ihm eine Symbiose, auf die man stolz war und die Teil des großen Aufschwungs gewesen ist.

Wir stehen daher auf diesem Bilde nicht vor den weiträumigen Hafenanlagen, nicht vor den riesigen Werk- und Dockbauten, zeigen auch keines der vielen Schiffe, die täglich hier ein- und ausfahren, sondern stehen vor einem Denkmal, das die Hamburger dem Begründer des Ersten Reiches errichteten. Es ist das Bismarckdenkmal, das der aus Znaim im Sudetenland stammende Bildhauer und Erneuerer der geschlossenen Denkmalplastik, Hugo Lederer, geschaffen hat. Immer wieder erkennbar dieses Zusammenklingen der Kräfte eines gemeinsam wirkenden Kulturvolkes, dessen Einzelkräfte sich an bestimmten Stätten zu bündeln scheinen, und der Anziehungspunkt, den einzelne Städte auf die Kunst auszuüben vermögen. So steht der Reichsgründer und großartige Politiker, dessen unerreichtes Werk seine Zeit überdauerte und erst in unseren Tagen unterging, hier lebendig vor uns. Symbol einer Geschichtstreue und der Verbundenheit wirtschaftlicher und kulturpolitischer Ausdruckskraft.

Es ist der weltoffene Geist, der allen Seehäfen zu eigen ist und mit dem wir eine Verbindung zu den anderen Häfen deutscher Küsten herstellen können, der nicht nur zum materiellen Wohlstand seiner Menschen und aller jener führt, denen diese Arbeit dient, es ist das Zusammenwirken vieler Eigenschaften, die erst den Menschen dazu befähigen, geistige und materielle Güter auszutauschen und in sich aufzunehmen. Hierin liegt die große Kraft all dieser ungezählten großen und bekannten Familien, die den Geist der Hanse prägten, die in neuer Zeit deutsche Häfen schufen, die zu den größten Seehäfen der Welt zählen. Man geht nicht fehl, wenn man feststellt, daß diese Voraussetzungen dazu geführt haben, daß dieser Hafen, diese modernste unter unseren Städten, zur größten Industriestadt unseres deutschen Teilstaates wurde, von der wir aber bewußt ein Bild zeigen, das ihren verträumten Kern zeigt, der am Ausgangspunkt einer gigantischen Entwicklung steht.

Das alte Lützelburg

Es gibt Fehlerquellen in der Geschichte, die nicht wieder gut zu machen sind und schuldhaftes Verhalten, das sich in späterer Zeit nicht wieder gutmachen läßt. Dies betrifft vor allem das Schicksal Luxemburgs und seiner Entwicklung im Rahmen der deutsch-französischen Geschichte. Noch im

19. Jahrhundert hatte das alte Lützelburg, als Festung des Deutschen Bundes, eine Bestimmung von solcher Bedeutung, daß man von einem kontinentalen Gibraltar sprechen konnte. Es waren Franzosen und Spanier, Österreicher und Preußen, die die Besatzung dieser alten Festung bildeten. Im Jahre 963 hatten die Grafen von Ardennen das Schloß Lucelinburg erworben und das Geschlecht der Luxemburger begründet. Einer der ihren war jener Kaiser Karl IV., den man immerhin den Vater Böhmens nannte, der Prag zu seinem Sitz erkor und somit eine Klammer zwischen West und Ost geschlagen hat, die nicht nur von kulturpolitischer Bedeutung, sondern staatstragend im Sinne der Reichsgeschichte war. Das Herzogtum selbst ist aus Teilen deutsch-wallonisch besiedelter Ortschaften des alten Lothringen entstanden und vereinigte sich später mit dem Herzogtum Burgund, um dann in den Besitz des Hauses Habsburg zu gelangen.

Ein Teil Luxemburgs fiel 1659 an Frankreich, der Rest kam im Frieden von Utrecht zwar durch den Übergang von der spanischen zur österreichischen Linie der Habsburger wieder in engere Verbindunen zum Reich, was immerhin mehr als 600 Jahre dauerte. Napoleon nahm auf solche Dinge natürlich keine Rücksicht, aber nach dem Wiener Kongreß 1815 kehrte Luxemburg wieder in den Deutschen Bund zurück. Der König der Vereinigten Niederlande war als Großherzog von Luxemburg deutscher Bundesfürst. Die Bundesfestung Luxemburg erhielt sodann preußische Besatzung. Die Revolutionswirren nach 1830 zerschlugen viele feste Verbindungen und forderten neue Lebensvoraussetzungen, trotzdem trat Luxemburg dem Deutschen Zollverein 1842 bei und festigte so seine Verbindung mit dem deutschen Kulturkreis. Zwischen Napoleon III. und Bismarck ist es dann wegen Luxemburg zu starken Meinungsverschiedenheiten gekommen, und die Haltung Bismarcks verhinderte eine neuerliche französische Hegemonie über das Land. Trotzdem begannen sich die Verbindungen gerade in dieser Zeit zu lösen, und die politischen und kulturellen Bande lockerten sich zusehends. Luxemburg gehörte bis 1866 zum „Deutschen Bund"! Dann unterstand das kleine Land nur noch der Verwaltung des deutschen Eisenbahnnetzes, und es ist heute kaum zu verstehen, daß es aus der deutschen Bewußtseinsbildung immer mehr entschwand. Es waren immerhin noch 200 000 Einwohner des kleinen Landes, die sich über den Ersten Weltkrieg hinaus ihre deutsche Muttersprache bewahrt hatten.

Im deutschen Volke übte man Vergessen. Eine Angewohnheit, die wir immer wieder feststellen können, wenn der Binnendeutsche Probleme bestimmter Grenzräume nicht wahrhaben will. Kein Mensch dachte mehr daran, daß noch der Deutschen Nationalversammlung 1848 in Frankfurt fünf luxemburgische und limburgische Abgeordnete angehört hatten. Nicht nur die deutschen Sozialdemokraten dürften es vergessen haben, daß es ihr politischer Führer August Bebel war, der gegen die „Ausstoßung" Luxemburgs aus dem deutschen Gesamtverband im norddeutschen Reichstag Einspruch erhoben hat. Nach 1871 dachte man in Deutschland auch in diesem Falle fast nur noch etatistisch. Es gab zwar selbstverständliche Beziehungen wirtschaftlicher Art über die Grenze hinweg, kulturelle Verbindungen, aber

eine ineinanderfließende nationale Bewegung gab es nicht. Umso stärker wirkte sich die Einflußnahme Frankreichs aus, die sich hier ähnlich vollzog wie in Belgien und im benachbarten Elsaß-Lothringen. Das bäuerliche Element pflegte in seiner konservativen Einstellung noch immer weitgehend sein Deutschtum, während das Bürgertum und vor allem die Verwaltung immer stärker vom liberalen Geiste der Franzosen erfüllt wurden.

Frankreich war es, das hier durch scheinbar unauffälliges, aber beharrliches Einflußnehmen auf kulturellem und gesellschaftlichem Gebiet nach und nach soweit gelangte, daß in diesem sprachlich deutschen Land die französische Amts- und Parlamentssprache eingeführt wurde und eine rein französische Regierung entstand. In diesem Falle hatte sich noch in der Mitte des vorigen Jahrhunderts die katholische Partei für einen stärkeren Anschluß an das Deutschtum entschieden, weil ihr der französische Liberalismus zu wenig kirchlich gebunden schien. Der später einsetzende Kulturkampf in Deutschland hat dann auch die meisten dieser Fäden zerrissen. Das Deutschtum des Landes versank in eine mundartlich gebundene Heimatkultur und von deutscher Seite im Reich hatte man die Dinge einfach schleifen lassen, obwohl von hier aus immer noch Versuche unternommen wurden, stärker am gesamtdeutschen Kulturleben Anteil zu nehmen. Der Versuch, mit der Gründung von Volkshochschulen vor allem die deutsche Sprach- und Mundartpflege zu stärken, mißlang ebenfalls.

Nach 1919 war dann auch hier eine Zäsur eingetreten, die sich bis heute nicht geändert hat. Am 28. September 1919 beschloß eine Mehrheit von 65% der Gesamtbevölkerung den Anschluß an das französische Wirtschaftssystem; und das, was sich dann in den Vierziger Jahren hier ereignete war auch nicht dazu angetan, der Entwicklung eine Veränderung zu geben. Heute ist es unzweifelhaft, daß sich das hiesige Bürgertum mit seiner französischen Einstellung dem deutschen Kulturkreis gegenüber überlegen zeigt und die deutsche Sprache weit hinter der Mundart liegt.

Es ist schlimm für ein kleines Land, zwischen zwei großen Nachbarn zu leben und dabei immer das Gefühl haben zu müssen, erdrückt zu werden. Den Luxemburgern dieses Gefühl niemals genommen zu haben, ist ein historischer deutscher Fehler, wenn wir von allem anderen absehen wollen, was hier vor sich ging oder unterlassen wurde. So lebt hier nicht nur ein Stück unserer Geschichte unsichtbar mit in einem Lande, dessen Schönheit und Romantik jeden beeindruckt, der auch nur zu kurzem Aufenthalt hergekommen ist. Man sucht vieles hinter den Basteien der alten Festung, den alten Mauern und Gräben, aber man sucht ohne Erfolg.

Im Lande an der Saar

Einer der Schicksalsflüsse unserer Tage ist die Saar, und mit dem Saarland ist ein Stück Zeitgeschichte verbunden, das jahrelang Probleme bescherte. Daß sich das Saarland zweimal in bedrohlicher Lage zu Deutschland bekannt hat, ist eine historische Wahrheit, über die es nichts zu deuteln gibt. Die Vorstellung von Saargebiet täuscht, wenn man dabei an ein riesiges Industriezentrum denkt. Natürlich sind die Gruben und Stahlwerke, die modernst angelegten und ausgebauten Industriebetriebe der Lebensnerv dieses Landes und vor allem aus diesem Grund immer schon ein begehrtes Objekt vieler Politiker gewesen. Doch das eigentliche Saargebiet ist von besonderem Reiz und zeigt eine solche Fülle landschaftlicher Schönheiten, daß wir von der Lieblichkeit dieser Täler und Höhenzüge überrascht sind.

Es sind natürlich historische Stätten, die wir berühren, wenn wir durch das Tal der Saar kommen und die näheren und weiteren Gebiete aufsuchen. Ruinen und Ausflugsziele krönen die Gipfel, doch bestimmend sind die Flußläufe, die vielen Windungen und Krümmungen, die erst den eigentlichen Charakter des Landes ergeben. Hier zeigt es sich, daß die Mannigfaltigkeit der deutschen Landschaft am besten durch ihre Flußläufe gebildet wird. Die Flußtäler sind schon in der Vergangenheit aus Verkehrsgründen die entscheidenden Gebiete gewesen. Hier waren die natürlichen Verbindungs- und Wanderwege. Hier siedelte man, und hier begann sich das Leben in seiner ganzen Vielfalt zu entwickeln. Wenn dann in unmittelbarer Nähe dieses Flußtales die Berge Bodenschätze vermittelten oder an den weiten Ufern fruchtbares Gelände den Menschen ernährte, dann war diese Landschaft begehrt als Siedlungs- und Geschäftszentrum. Flüsse dieser Art sind schon in der Sage wiederholt genannt und gepriesen, Märchen spinnen sich um sie und im Volksliede werden sie besungen, wie sonst kaum eine Landschaft. Dies haben die Fürsten und der Adel aller Länder gewußt, und auch die Kirche baute ihre Klöster und Stützpunkte fast nur in solche Gebiete, um ihres Besitzstandes sicher zu sein.

Kein Flußlauf ist auf so engem Raume so bilderreich, so von unterschiedlichen Merkmalen gekennzeichnet wie die Saar, die in den Vogesen entspringt. Sie mündet oberhalb von Trier in die Mosel. Das Saartal, bisweilen breit und ausladend, später sich verengend und wildromantisch, um zwischen Merzig und Mettlach zu den schönsten Gebieten Europas zu werden. Hier hat die Natur tatsächlich ein Füllhorn an Schönheiten ausgestreut, und jeder Sonnenstrahl weckt neues Leben in unvorstellbarer Vielfalt. Die Romantik des Saartales ist vielleicht deshalb so überwältigend, weil der Fremdenstrom nicht gar so groß ist wie in anderen Gebieten, und die Unberührtheit der Natur hier tatsächlich noch gegeben zu sein scheint.

Man kennt Saarlouis, von Ludwig XIV. gegründet und zur Wasserfestung ausgebaut, um die westliche Grenze Frankreichs zu schützen. Die Stadt, deren Marktplatz von solchen Ausmaßen ist, weil die Erbauer gleichzeitig hier ihre Militärparaden abhalten wollten. Saarlouis hat in den beiden letzten Kriegen schwer zu leiden gehabt und mußte sehr mühsam wieder zu sich selbst zurückfinden. Anders Saarbrücken, der Regierungssitz und die wichtigste Stadt hier, die in ihrer Entwicklung bis auf die Römerzeit zurückgeht und von den Römern die erste steinerne Brücke erhalten hat. Saarbrücken wurde im letzten Kriege weitgehend zerstört. Doch folgte der Wiederaufbau verhältnismäßig rasch, und heute pulsiert hier ein munteres Leben, an dem die vielen tausend Arbeiter aus den Werken der Umgebung ihren Anteil haben.

Überall finden wir Erinnerungen an die Toten, die hier in den letzten Kriegen ihr Leben lassen mußten, man gedenkt ihrer in guter Nachbarschaft mit dem langjährigen Feind und Gegner, mit dem man jetzt viele Gemeinsamkeiten anstrebt. So der Deutsch-Französische Garten in Saarbrücken, den deutsche und französische Gärtner zum Zeichen ihrer gegenseitigen Versöhnungsbereitschaft angelegt haben, und an den ungezählten Grabstätten halten stets gemeinsam Deutsche und Franzosen Ehrenwacht.

Wir sprachen von der Saarschleife, und da hat es uns die ehemalige Benediktinerabtei angetan, ein wuchtiger Bau mit seiner 112 Meter langen Front und einem Turm, der nachweisbar mehr als tausend Jahre alt ist. Überall umgibt uns hier Romantik und die Natur in ihrer schönsten und reinsten Art. Auch die moderne Technik, die aus Zweckmäßigkeitsgründen weite Teile des Saargebietes prägt, konnte hier die Ursprünglichkeit der Natur noch nicht beeinträchtigen.

Das Saargebiet in seiner wechselvollen Geschichte ist ein Beweis dafür, daß die Beharrlichkeit eines Grenzstammes oder Volkes auch dann seine Vorstellungen durchsetzen kann, wenn die Lage oft hoffnungslos und gefahrdrohend scheint. Sie haben hier, diese Deutschen, ohne Selbstüberheblichkeit, aber mit einer vorbildlichen Konsequenz stets aus der Lage, an der sie nicht schuld waren, das Möglichste für sich und das Land herausgeholt und nie den Ausgangspunkt ihres Wollens vergessen. Es gibt schmerzhafte Erinnerungen auf ihrem Lebensweg. Es gab aber auch Triumphe, und es liegt vielleicht heute etwas wie ein müdes und verstehendes Lächeln über den fruchtbaren Hängen und Tälern des Landes. Nach alldem, was geschehen ist und was durchlitten werden mußte um ans Ziel der Wünsche zu kommen, dazu zu einer Zeit, da das jahrhundertealte Ziel in vielen Dingen von neuen Aufgaben und Problemen erfüllt ist.

An der Großartigkeit dieser Grenzregion, wo Romantik und wirtschaftliche Höchstleistungen nebeneinander zu finden sind, wo Geschichte und Gegenwart miteinander verbunden zu sein scheinen, erkennen wir, daß Grenzen niemals ihre Bedeutung verlieren. Sie sind Schicksal und die Menschen, die an solchen Stellen leben, stehen unter diesem Schicksal, mögen die Systeme auch heißen wie immer. Daß es den Menschen gelingt, mit diesen Problemen zu leben und mit ihnen fertig zu werden, ist ihr Glück und Leid zugleich. Die Geschichte zeigt uns da immer wieder Beispiele. Nur eines muß man wissen: Die Menschen an den Grenzen sprechen nicht viel über solche Probleme, und ihr Leben liegt in der Erfüllung von Aufgaben, die anderen erspart geblieben sind und von denen diese nichts verstehen — und das, was den Menschen ganz erfüllt, das braucht bekanntlich keine Worte.

Wir aber, die wir auch dieses gesegnete Stück deutschen Landes kennenlernten, erinnern uns daran, daß auf und an den Hängen der Saar ein guter Tropfen wächst, den wir in einem malerischen Städtchen, wie etwa in Saarburg, auf das Wohl dieses Landes und seiner Menschen genießen wollen. Sie haben unsere guten Wünsche auch für die Zukunft verdient.

Kasteler Klause hoch über dem Saartal

Unser bester Freund

Man kann diese Welt nur begreifen, wenn man jemals in die Augen eines Pferdes gesehen hat. Eine unbegreifliche Ausstrahlung geht von ihnen aus, ein klares und prüfendes Staunen, dann wieder unterbrochen von einem geradezu gütigen Ausdruck, bis ein Dunstschleier darüber liegt und alles um uns zu versinken scheint. Die Sprache der Augen ist bei keinem Lebewesen so ausdrucksvoll, wie bei einem Pferd. Es gibt keinen besseren Kameraden in guten und schlechten Stunden, als ein Pferd, und als es noch das einzige Fortbewegungsmittel des Menschen war, hatte es noch eine ganz andere Bedeutung, als heute, da nur noch die Pferdekräfte der Motoren an ihm gemessen werden und man sich immer mehr von seinem Anfang entfernt hat. Denn ohne Pferd hätte es keine Rodung der unendlichen Wälder gegeben, und das Brot, das unsere Vorfahren aus der Erde holten, war das Ergebnis der Zusammenarbeit zwischen Menschen und Pferden.

Zwischen Marienburg, Danzig und Elbing aber regierte das Pferd jahrhundertelang die Familie. Die Menschen hier hatten in ihrer Einsamkeit noch etwas von der altgermanischen Verehrung des Pferdes übernommen und ihr Leben war mit dem der Pferde auf das engste verbunden. Weltberühmt und bis heute nicht übertroffen: die Trakehnerzucht, die mit dem Namen Ostpreußen für immer verbunden sein wird. 1732 gab König Friedrich Wilhelm I. den Auftrag, ein riesiges Gebiet zwischen Gumbinnen und Ebenrode zu roden, worauf später das Gestüt Trakehnen mit einem Anfangsbestand von 1100 Pferden entstand. Nach sieben Jahren hat der König den ganzen Besitz seinem Kronprinzen geschenkt. Dieser, der spätere König Friedrich II., den man den Großen nennt, ließ 1742 aus Böhmen 36 Hengste, 138 Stuten und 107 Fohlen kommen, die ein hervorragendes Zuchtmaterial darstellten. Später wurden aus Dänemark mehrmals Pferde zur Zucht herangeführt und so entstanden die Pferde mit dem Markenzeichen der Elchschaufel, die zu einem Weltbegriff wurde.

Fünfmal wurde in der Geschichte das Gestüt fortgeschafft, weil Kriege über das Land hinweggingen, mehrmals wurden große Teile der Bestände „requiriert", 1812 wurde das Gestüt nach dem Ausbruch des Krieges zwischen Napoleon und Rußland in die Gegend zwischen Troppau und Ratibor verlagert, und auch nach Beginn des Ersten Weltkrieges schaffte man die gesamten Pferde fort und konnte sie erst nach 1919 mit großen Ausfällen wieder zurückführen. Die furchtbarste Evakuierung war wohl die von 1945, die eigentlich gar keine war, sondern ein bis zum letzten Moment verhinderter Versuch der allgemeinen Räumung. Doch schon im Sommer 1945 begann der letzte Gestütsleiter Trakehnens, Dr. Ehlert, mit dem Wiederaufbau, der mit 50 Stuten und Hengsten begonnen wurde.
Die Trakehner Zucht wird heute in den Gestüten Hunnesrück/Neuhaus/Solling, Rantzau weitergeführt.

Die Sprache und menschliche Vorstellungskraft aber reichen nicht aus, das zu schildern, was bei der großen Flucht aus dem Osten, mitten im strengsten Winter und nach dem Zusammenbruch der Front in Ostpreu-

ßen vor sich ging. So furchtbar auch das Hinsterben ungezählter Menschen auf dem großen Treck war, das Verenden der Pferde, angesichts der durch das eigene Unglück gefühllos gewordenen Menschen, war es nicht minder. Die Stuten, die sich am Wegrand vergeblich mühten, ihre Fohlen zur Welt zu bringen, deren schrille Schreie im Schneesturm verklangen und die kurze Zeit später, Fohlen und Stute eng beieinander, als leblose Klumpen im Schneefrost erstarrten, gehörten zu den Schreckensbildern eines Infernos von Untergang und Tod.

Die Pferde waren von der gleichen Vorstellung gepeinigt, wie die Menschen. Nur nicht auseinandergerissen werden, nur beisammen bleiben so lange es möglich ist und nicht im Stiche gelassen werden, nur nicht alleinbleiben, denn das bedeutete den Tod! Eine Teilnehmerin dieser Schreckenszeit schrieb in einem Brief: „Die Pferde haben uns nicht im Stich gelassen, als wir tagelang für unsere beiden Kleinkinder keine Milch mehr bekommen hatten, kochten wir kurzerhand den Brei mit Stutenmilch, er schmeckte gut...“ So wuchsen sie wieder unter unvorstellbaren Umständen eng zusammen, wie einst vor Jahrtausenden: Der Mensch und sein treuer Kamerad, das Pferd, und in solchen Stunden fallen alle Schranken, wird das Leben nach anderen Gesetzen geführt. Die Wagenkolonnen, die Herden von Pferden und Rindern waren Ausdruck eines Zustandes, der zum Schrecklichsten zählt, was Menschen überhaupt erlebten. Denn nicht nur die furchtbare Kälte, der Schneesturm, der Hunger, sondern auch die erbarmungslosen Flieger über ihnen, die ihre Ziele präzise anfliegen konnten, waren der Schrecken für Hunderttausende, die sich auf der Flucht befanden und von denen Ungezählte liegen blieben und untergingen. Menschen und Pferde! Übrigens hat der letzte Krieg anderthalb Millionen Pferden das Leben gekostet. Wer es erlebte, wie ein Pferd den Menschen in solch einer Lage ansieht, der wird diese Augen, diesen Blick nie mehr los. Der weiß endgültig, daß sich Mensch und Tier im Zustand letzter Hilflosigkeit und endgültigen Sterbens gar nicht mehr unterscheiden.

Doch denken wir weiter an dieses Land, das für uns immer ein feststehender Begriff sein wird: Ostpreußen. Es gibt wenige Gebiete unseres alten Kontinentes von so überwältigender Schönheit, wie dieses Land mit seinen unergründlich scheinenden Wäldern, seinen fruchtbaren ausgedehnten Ländereien, wo die Bauernhöfe Burgen glichen und wo sich in ungezählten Seen die Schaufeln der Elche widerspiegelten, die dem Land zum Symbol wurden. Von den Fluten des Meeres umspült, aber auch von den Weiten des Ostens mitbestimmt, war es Inbegriff der Fruchtbarkeit. Es ist keine Übertreibung, wenn wir sagen, daß der Ostpreuße für seine Pferde lebte. Das Land war zum Pferdeparadies und zur Grundlage für eine Zucht von imponierenden Ausmaßen geworden. Der Blutzoll, den die Pferde in Ostpreußen erlitten, war — und man verzeihe den Vergleich — sogar noch größer, als der, den die Deutschen dieses großartigen Landes bringen mußten. Von den 1944 in Ostpreußen vorhandenen warmblütigen 56 000 Zuchtpferden sind nicht mehr als 2000 bis 3000 in den Westen gelangt. „Die Leute in Westdeutschland können es nicht begreifen, daß die Pferde unsere Wagen den ganzen langen Weg von Ostpreußen bis hierher gezogen haben", das ist der Tenor, der sich in nahezu allen Berichten von ostpreußischen Flüchtlingen wiederholt, die aus ihrer Heimat bis Niedersachsen, Schleswig-Holstein oder ins Schwäbische getreckt waren.

Immer aber wird es Menschen geben, denen das Pferd der beste Freund in der Tierwelt ist, und die Tatsache, daß in jüngster Zeit die Zahl der jungen reitlustigen Menschen, vor allem in den Städten, wieder zugenommen hat, läßt hoffen, daß unser Menschengeschlecht wieder anfängt, zur Natur zurückzufinden. Denn das Pferd ist ein Stück derselben und eines der schönsten und treuesten dazu.

Insel und Stätten der Träume

Es existiert eine Insel, für die es keine Vergleichsmöglichkeiten gibt, die sich von allen Vorstellungen abhebt und mit einem Worte einmalig ist: Und das ist Rügen. Eigentlich mehrere kleine, um einen Hauptlandkern gescharte Stücke Land im Meer, die nur durch ganz schmale und enge Verbindungen getrennt oder erst zur Halbinsel wurden. Zahlreiche Hünengräber sind Zeugen einer geschichtlichen Vergangenheit, die von den aus dem Norden eingewanderten germanischen Rugen bestimmt war. 1815 wurde die Insel preußisch, nachdem sie 200 Jahre zu Schweden gehört hatte. Rauschende Buchenwälder und eine Steilküste, deren Glanzpunkte die Kreidefelsen sind, die sich schluchtenreich und zerklüftet über hundert Meter über den Meeresspiegel erheben und ein Wahrzeichen und einen Anziehungspunkt für jeden Fremden darstellen. Die Wand nennt man Stubbenkammer und den Gipfel Königstuhl.

Der Anblick ist deshalb so einmalig, weil sich das leuchtende Weiß des Kreidefelsens vom grünen Buchenwald und dem azurblauen Meeresspiegel in so kontrastreicher, aber doch harmonischer Weise abhebt. Hier spürt man die Ursprünglichkeit der Natur, die sich manche Laune einfallen ließ. Man erhält von den vergangenen Jahrhunderten einen Anschauungsunterricht und erkennt, daß es zwar unendlich viel Unterschiedliches, aber kaum jemals etwas Gleiches wie diese Landschaft zu finden gibt. Hier zwischen den Opfersteinen, alt und rissig, den geborstenen Baumriesen, einer lange Zeit für uneinnehmbar gehaltenen Zwingburg, einem der etwa 2000 Hünengräber und den kleinen Ortschaften mit ihren Fischerfamilien, herrscht auch in unserer Zeit, trotz aller Technisierung, die sich bemerkbar machen mußte, eine so romantische Stimmung, daß man glaubt, seiner Zeit entronnen zu sein.

Überall geistert Vergangenheit um einen. Man erlebt sie. Mit der würzigen Seeluft atmet man sie ein. Mit den unterschiedlichen Gerüchen, die aus dem dichten Unterholz kommen, empfinden wir eine andere Welt, als dort, wo die würzige Seeluft herüberweht und die Boote der Fischer, langsam vorbeiziehend, einen Gruß an ihren kleinen Hafen vermitteln. Man soll sich da nicht allzu sehr an die Fremden und Gäste halten, für die dieses Dorado meist Sensation oder zumindest Unterbrechung des ruhigen Alltags ist, man soll sich nicht zu lange in Sassnitz oder den anderen Orten aufhalten, die mit Recht gerne von Fremden aufgesucht werden, sondern die Einsamkeit suchen, die einem ein Stück Natur in unglaublicher Reinheit und Eindringlichkeit vermittelt. Wir halten ein auf der sogenannten Wilhelmsicht, einem Aussichtspunkt, den man errichtet und ausgestaltet hat zu Ehren des Kaisers Wilhelm I., von wo man dieses grandiose Gebilde eines Kreidefelsens vor sich hat und gut einsehen kann. Im Kreidezeitalter soll er entstanden sein und hat sich aus Milliarden kleinsten und mikroskopischen Seetierchen entwickelt. Lauter winzig kleine Schalentiere, die insgesamt den Felsen bilden, dessen Material zur Schreibkreide verwendet werden kann.

Der Rügensche Menschenschlag ist durch die jahrhundertelange Abgeschlossenheit geprägt. Gesichter, die Wind und Wetter geformt haben, und Charaktere, die vom Schicksal eines harten Lebens bestimmt sind, bedächtig und schwerfällig, aber nicht unfreundlich. Wenn auch der oberflächlich urteilende Badegast ihre Zurückhaltung als Ablehnung und ihre Verschlossenheit als Abneigung empfinden mag. Ein Stück Land, das man sich erwandern muß, wie selten eines im ganzen Kulturkreis. Ein Land, das Zeit zum Verstehen verlangt! Nur darf man hier, wie auch an anderen Plätzen der Welt, nicht erwarten, daß die Bewohner einen plötzlich auftauchenden Fremden sofort als Entdecker oder Befreier feiern und empfangen. Wenn man etwas Zeit hat und sie sich nimmt, wird man feststellen, wie nicht nur hier die Menschen das Verhalten des Fremden prüfen und dann entsprechend durch ihre Antwort honorieren.

Über das ganze Pommernland, in dessen Lebensbereich sich diese Inseln befinden, weht überhaupt ein Stück Romantik, ein Land, das zart und schwebend, aber auch schwer und drückend wirken kann, so daß es kein Zufall ist, daß die Maler Caspar David Friedrich und Philipp Otto Runge von hier stammen und ihre Werke so gestalten mußten, wie sie es taten. Hier haben die alten Schwedenschanzen noch eine Bestimmung in der Landschaft, und die Bäume stehen nicht zufällig herum, sondern reihen sich nach ungeschriebenen Gesetzen aneinander, und die Vielfalt der ganzen Küstenlandschaft, die uns hier fasziniert, bekommt beim näheren Hinsehen und Sichversenken mit der Zeit den Ausdruck klarer Ausgewogenheit und das Ebenmaß, das ganz großen Dingen dieser Welt zu eigen ist.

Wir haben uns noch nicht von Ernst Moritz Arndt, dem Dichter der Freiheitskriege, der hier geboren wurde und dessen Geburtshaus in Großschoritz man uns zeigt, verabschiedet, denn wir erinnern uns an Verse, die er uns geschenkt hat und die heute genau so an den Kern und das Herz rühren, wie in seiner Zeit:

„Wo dir, o Mensch, Gottes Sonne zuerst schien,
Wo dir die Sterne des Himmels zuerst leuchteten,
Wo seine Blitze dir zuerst seine Allmacht offenbarten,

Und seine Sturmwinde dir mit heiligem Schrecken
Durch die Seele brausten: Da ist deine Liebe, da ist dein Vaterland!"
Dann aber stehen wir im Geiste einem zweiten Großen unseres Kulturlebens gegenüber. Natürlich sind es nur Gedanken, ehrfürchtige sogar! Wir
sind nämlich nach Hiddensee eingekehrt, dem Naturschutzgebiet, einem
kleinen und schmalen Bergland, wo der Dichter Gerhart Hauptmann seine
letzte Ruhe gefunden hat, nachdem ihm die Schrecken der Bombennächte
Dresdens die letzten Stunden zerquält hatten. Er war zu Lebzeiten oft
hier, hat mit vielen Freunden hier schöne und stille Stunden zugebracht,
hat angesichts dieses Naturwunders Ruhe und Sammlung für sein Werk gefunden, hat gedichtet und gesonnen und aus dem Erlebnis der Insel erstand
Stück für Stück dieses großen Werkes. Hier hat der Dichter schon im
Jahre 1885 über Hiddensee die Verse geschrieben, die auf die ganze Insel
passen und ihr auch gewidmet sind:
„Mondschein liegt um Meer und Land dämmerig ausgebreitet,
In den weißen Dünensand Well' auf Welle gleitet.
Unaufhörlich bläst das Meer eherne Posaunen,
Roggenfelder, segenschwer, leise wogend raunen.
Wiesenfläche, Feld und Hain zaubereinsam schillern,
Badend hoch im Mondenschein, Mondscheinlerchen trillern."
Der Segen dieses Großen ruht auf diesem Land, das ihm mit majestäti-
scher Ruhe und Harmonie dankt.

Zum Traumland geworden

Jetzt sind schon viele Jahre vergangen, seitdem damals in stürmischen
Wintertagen das Grauen über das Land zog und sie von dort fort mußten.
Ein letzter Blick, von Tränen umflort, und dann eine unendlich lange
Wanderung unter unvorstellbaren Mühen und Plagen, vorbei an unbarm-
herzigen Menschen, getrieben, gejagt und vertrieben, ein Los, das keinem
Menschen der Erde zu gönnen ist. Sei es auch der Schlimmste von allen.
Seitdem forderte das Leben seinen Tribut. Irgendwann begann ein Anfang.
Es gab Hilfreiche und solche, die verstanden und wußten, warum das alles
geschehen, es gab aber auch andere...
Doch so viele Jahre auch vergingen, immer wieder kehrten die Gedanken
zurück in das ferne Dorf im Osten, wo man gelebt und gelitten, sich gefreut und auch getrauert hatte, wo ein Friedhof mit den Gräbern der
Ahnen war und an jeder Hausecke, an jeder Straßenbiegung ein Stück
Erinnerung hing und manches alte Haustor mit seinem Knarren an Vergangenes erinnerte. Man wird davon nie fortkommen, es bleiben gewisse
Dinge in der Seele haften und mögen sie noch so viel dummes Zeug daher-
reden, daß man vergessen solle und nichts dagegen tun könne. Man wird
nie davon loskommen und in stiller Nachtstunde wird man glauben, das

Rauschen der fernen Wälder zu hören, hinter den neuen Mauern die Fruchtbarkeit der weiten Äcker des Ostens zu spüren und den Ruf jener zu vernehmen, die einst vor ungezählten Jahren einem manches liebe und gute Wort geschenkt haben.

Da gibt es welche, die unterdessen dort waren. Die es über sich gebracht haben, anzusuchen und zu bitten, ob sie wieder dorthin reisen dürften, nur für ganz wenige Tage und Stunden, um zu sehen, ob sie noch dort wären, die Häuserzeilen von einst, wo man jung war, die Mühle mit dem halb verfallenen Stall dahinter und die kleine gotische Kirche mit der Glocke, bei deren Weihe man als Ehrenjungfrau dabei gewesen. Man wollte sie noch einmal erleben: Die Wunderwelt der Heimat, aus der man sie vertrieben hatte, das zur Zauberwelt gewordene Gestern. Sie kamen merkwürdig still wieder zurück. Sie hatten viel gesehen, hatten sich das Geschaute viel kosten lassen und hatten Mühen auf sich genommen und doch — man war enttäuscht. Man wollte es so gar nicht zugeben und berichtete Erfreulicheres. Da sollen neue Bewohner recht freundlich gewesen sein. Erstaunte Menschen, die nicht glauben wollten, daß man früher hier gewohnt hätte, daß Generationen vor einem schon welche dagewesen wären, die zur Familie gehörten. Andere mühten sich sogar, in deutscher Sprache einige Freundlichkeiten zu sagen, hinter denen sich allerdings ein Schleier schlechten Gewissens verbarg, denn sie erkannten im Unterbewußtsein, daß hier etwas geschehen sein mußte, was alles gute Recht verhöhnte, und konnten nicht begreifen, daß sie auch da eine Rolle spielen sollten. Mancher empfand etwas deutlicher in dem Augenblick, als er dem Besucher aus dem Westen entgegentrat, daß sein Gewissen in der Vergangenheit schon immer eine deutliche Sprache redete.

Kurz, es hätte ihnen soweit gut gefallen, denn es war ihnen gut gegangen auf der Reise in die „alte" Heimat, die doch die ihre geblieben war. Die Häuser schienen zwar etwas verfallener gewesen zu sein, die Straßen holpriger und auf den Weiten der Felder glaubten sie ausgedehnte leere Flächen zu entdecken. Aber das alles konnte auch Täuschung sein, auch der Eindruck, den die Menschen machten, wenn man sie in ihrer Tätigkeit beobachtete, beim Sprechen miteinander, in ihrer Kleidung und Haltung. Doch auch das konnte Täuschung sein. Man irrt sich so leicht, wenn man verreist ist und vergebliche Vergleiche anstellt.

So blieben sie im allgemeinen recht wortkarg, wenn sie von der Reise berichten sollten, und bald merkte man, daß sie dem Eigentlichen auswichen und von der Hauptsache nicht sprachen. Von der allgemeinen Enttäuschung nämlich, die sie empfinden mußten, als sie glaubten, die Heimat wieder zu finden. Die kann man nicht finden, wenn man glaubt, daß Häuser und Fabriken, Höfe und Werkstätten Heimat allein sind. Die wird man immer vergeblich suchen und enttäuscht wiederkehren. Heimat ist mehr als das alles, sie wird erst lebendig, wenn die Menschen in diesem Raum, die seit Generationen das Land bewohnten, durch ihre Arbeit und im steten Wechselspiel zwischen dem Ort des Wirkens und den vielen Generationen vorher jene Synthese herstellen, aus der ein fremdes Land zur Heimat wird.

Alles, was da mitwirkt, die Sprache, das Brauchtum, das aus dem Lande kommt, all die täglichen Erscheinungs- und Ausdrucksformen des Volkstumsmäßigen, sie alle ergeben erst den Begriff der Heimat, die Geborgenheit schenkt und den Menschen von allen anderen Lebewesen unterscheidet.

So werden viele Menschen, die heute im Westen Deutschlands leben und die sehr viel Schlimmes hinter sich haben, über das man so ungern spricht, heute sehr schweigsam bleiben, wenn sie an etwas Bestimmtes denken. Sie wissen, daß sie von ihrer Zeit nicht verstanden werden. Auch haben sie sogar das Gefühl, daß sie als Zeugen und Opfer eines der größten Verbrechen der Weltgeschichte kaum Glauben und Verständnis bei dieser Welt finden. Und doch werden sie niemals aufgeben, das Ferne und im Unbekannten Versunkene als ihr Traumland anzusehen, werden ihm oft Schönheiten verleihen, die es gar nicht hatte, werden sein Bild im Laufe der Zeit immer mehr veredeln und so, menschlich verständlich, an einer Zauberwelt weben.

Die Jungen aber werden einmal begreifen, was in diesen Alten vorgegangen ist, als sie als Überlebende einer Katastrophe alles, aber auch alles verloren haben und doch nicht verzweifelten, nicht aufgaben und weiterwirkten — und vor allem den gleichen Jungen unter unvorstellbaren Mühen den Weg ins Leben geebnet haben. Das aber wird der Augenblick sein, da sie sich für diese Traumwelt der Alten zu interessieren beginnen werden, und aus dem Interesse wird das Wachwerden eines Verlangens zu beobachten sein, hinter die Wahrheit all der Dinge zu kommen, warum man vierzehn Millionen aus ihren Dörfern und Städten, aus ihren Tälern und Bergen vertrieben hat, nur weil sie Deutsche waren. So aber wird ein Traumland zu einer Wirlichkeit werden, die den Grundsätzen des unveräußerlichen Rechts auf dieser Welt standhalten wird.

„Wer hat dich, du schöner Wald..."

Raoul H. Francé, der aus Budapest stammende und in Wien groß gewordene Forscher, hat lange vor dem Ersten Weltkrieg die Einheit von Wiese, Heide, Moor und Wald erkannt und diese Einheit auch als Synthese auf die Tier- und Menschenwelt übertragen. Sie gehören zusammen, wer einen Teil davon zerstört, der versündigt sich an der Gesamtheit, alles muß gepflegt und behütet sein, wenn die Gesamtheit in ihren Einzelheiten leben soll. Seine Grundsätze führten damals bereits zu ökologischen Begründungen des Heimatgedankens und fast alles, was dieser Mann damals aussprach, wurde in unserer Zeit unter anderen Vorzeichen als Heilmittel und Inbegriff ganz neuer Erkenntnisse dargestellt.

Der Wald bildet ein geheimnisvolles Stück der Welt, eine Welt in sich und für sich, wir begreifen manches nicht, wir können es nur erfühlen und erahnen. Wir empfinden sein Rauschen, seine majestätische Ruhe, das

Wundersame seines grünen Mantels, der sich über das Land ausbreitet und Trennung und Verbindung zugleich ist. Wir erquicken und laben uns an der wundervoll klaren Luft, die wir hier atmen können. Wir gehen über seine Pfade und nadelbedeckten Böden wie auf einem unergründlichen Teppich, und wir empfinden den Sänger des Waldes, den Schlesier Freiherr von Eichendorff, der einmal feststellte, daß „über ihm die Sterne funkelten, ein glühender Liebesblick ihn erfüllte und eine trunkene Ferne künftiges und großes Glück verhieß." In den „Hallen des Waldes" brach für ihn jährlich der Frühling aus, in den unübersehbaren Wäldern seiner schlesischen Heimat, im Ostpreußischen, wo er eines der schönsten Zeugnisse der Geschichte vor dem Verfalle rettete und wo ihn die „dunklen Wipfel" zu einem seiner schönsten Gedichte aufriefen, und er die Freude des Morgens empfand:

„Da steig ich in stiller Stund'
Auf den höchsten Berg in der Weite,
Grüß dich, Deutschland, aus Herzensgrund!"

So wächst aus den rauschenden und raunenden Tiefen unserer noch erhaltenen Wälder ein stetes Rückerinnern und Besinnen an die Tatsache, daß auch der Mensch ein Stück dieses allumfassenden Begriffes der Natur ist. All seine Lebensäußerungen, seine Vergangenheit und seine kulturellen Werte hängen mit dieser Synthese zusammen. Der Wald ist in diesem Falle eine große Klammer, die diese Zusammengehörigkeit immer wieder betont, ein stetes Mahnen, das uns nie aus der Verantwortung entläßt.

Wir haben diese Verantwortung schnöde vernachlässigt, haben die Gesetze des Waldes mißachtet, ihn jahrhundertelang gerodet und ausgerottet und dabei einfach nicht erkennen wollen, daß wir damit ein Stück unseres Lebens töteten, den Haushalt der Natur zerstörten und diesen unergründlichen Märchenerzähler und Gesundbrunnen vernichteten. Auch Adalbert Stifter hat dies erkannt, der große Dichter und Erzieher, der in seinen Schriften immer wieder den Wald sprechen läßt und uns in die unergründlichen Tiefen des Böhmerwaldes führt und in Wien und Linz immer wieder Heimweh nach seinem grünen Wald empfindet, dessen Einzelheiten er in seinen Wanderungen dichterisch nachvollziehen kann. Nicht nur das. Indem er das folgende erkannte, machte er sich, ohne es zu wissen, und ohne daß wir es lange erkannt haben, zum Vorkämpfer all dessen, was man heute unter ganz anderen Vorzeichen verkündet.

Adalbert Stifter: „Feldquellen versiegen, Waldquellen nie!" Das aber deutet bereits vor mehr als 120 Jahren gebieterisch an, daß der Wasserhaushalt unseres Landes untrennbar mit dem Wald verbunden ist, daß wir ihm den Erhalt des köstlichen Wassers weitgehend verdanken, das bekanntlich das lebensnotwendige Grundelement unseres Daseins darstellt. Es sind nicht nur die sprudelnden Quellen und die von unseren Dichtern besungenen murmelnden Bäche, die sich ihren Weg durch Schilf und Moos, durch Rinnen und Täler suchen, es ist das lebenswichtige kostbare Wasser, das er uns schenkt, der Wald mit seiner geheimnisvollen Welt, dem wir die unsere weitgehend verdanken.

Wälder sind auch sonst Symbole. Kann man sich Ostpreußen, das Sehnsuchtsland der Deutschen gerade in unserer Zeit, ohne Wälder vorstellen? Umgrenzen Böhmen, das Herzland Mitteleuropas nicht Wälder nach allen Seiten und bilden so eine grüne Wehr gegen alle Windrichtungen? Wird es uns nicht heimelig, wenn wir vom Harz sprechen, von diesem grünen Paradies inmitten einer Landschaft, die widernatürlich zu einem Grenzlande denaturiert wurde? Und der Schwarzwald mit seinen rauschenden Kronen, die dem fruchtbaren Land seinen Hintergrund leihen und dann die vielen unterschiedlichen größeren und kleinen Wälder, die die Höhen der Alpen und Dolomiten einleiten? Sie alle sind Gesundbrunnen, Sehnsuchtsziele und eine Andeutung dafür, was sich der Mensch unter dem Begriff Schönheit vorstellt und diese mit dem der Gesundheit verbindet.

Der Grafiker Ferdinand Staeger hat in einem seiner schönsten Blätter den jungen Adalbert Stifter dargestellt, als Kind liegend, inmitten seines Heimatwaldes. Dies Bild kann stellvertretend für alle gelten, die wissen, daß der Mensch sich verjüngt, indem er den Wald gewähren läßt. Wie schön und anheimelnd es ist im satten und weichen Moos des Waldes, umgeben von den Blütendüften, dem Harz und unter einem Baldachin rauschender Nadel- oder Laubwälder zu liegen. Nicht nur das, sein Dasein schenkt uns Erholung und Heilung von Schmerzen und Sehnsucht, er beruhigt Aufgeregte, die nicht schnell genug durchs Leben eilen können und er stärkt die Müden und vom Wege Abgekommenen, er weist ihnen durch seine göttliche Ruhe wieder das Ziel. Daß er in seinen natürlichen Kräften Grundlage für das Erkennen der Heimat schlechthin ist, scheint aber sein größter Wert in seiner Zeit zu sein, da die Menschen vielfach glaubten, diesen Begriff als überholt, veraltet und zwecklos abtun zu können.

In seiner Vermessenheit hat der Mensch Pflanzen und Tiere als Unkraut und Ungeziefer bezeichnet, sie so abqualifiziert und auszurotten begonnen, ohne dabei bedacht zu haben, welche Aufgabe sie im Haushalt der Natur wahrnehmen. Wir einfältigen Menschen haben noch immer nicht erkannt, daß wir niemals der Herr der Natur sind, sie niemals beherrscht haben und sie sich gelegentlich als der Meister erweist, erbarmungslos, aber gerecht. Es müßte eigentlich an uns liegen, uns als Diener der Natur zu empfinden und ihr das zu geben, was ihr gehört und dient. So hören wir noch bisweilen ein Rascheln im Busch und Geäst und vermuten, ohne uns umzusehen, dort ein Reh oder sonst irgend eines der Tiere, die hier zu Hause sind und deren Welt wir besucht haben.

Im Rauschen und Raunen des Waldes aber liegt die unüberhörbare Melodie, das Loblied auf das Land, das wir bewohnen und dessen Teil er ist, und die Mahnung, den Kreislauf dieser Natur nicht zu zerstören.

Das Meer um uns

Auch der Binnenländer muß sich im klaren darüber sein, daß für uns Deutsche das Meer lebensentscheidend und die Fülle des Wassers, die wie eine riesengroße Wüste um die Kontinente wogt, ein Stück Leben ist, das mit immer neuer, aber gleicher Gewalt an die Küsten brandet und seine eigenen Gesetze prägt. Wer an einer Düne Stunden der Ruhe, aber sehenden Auges zugebracht hat, der weiß, welch unbegreiflich vielseitiges Leben von den Wellen ausgeht, die in immer neuer Vielfalt und Gewalt sich ihren Weg suchen, verrinnen, neu sammeln und irgendwo in die Tiefe versinken, um immer wieder hochzukommen. Sie bringen tödliche Gefahren und bedrohen die Menschen, die hier wohnen und fürwitzig ihre Siedlungen immer weiter in den Strom der Gezeiten vordrängten, sie bedrohen den Seemann, der mit seinem Schiff die Meere durchfurcht und den Stürmen trotzt, und sie bedrohen den Fischer, der mit seinen Netzen auf Fang ist, der ihm Leben bedeutet.

Das Meer kann grausam sein, aber es ist ein Element, und wir müssen gar keine Anleihe bei dem Dichter machen, der da sagte, daß es das Werk der Menschenhand haßt. Doch steht auch fest, daß es dem Menschen zum Segen gereicht, ihm seine Schätze bringt und anbietet, er muß sie nur holen und richtig für sich in Anwendung bringen können. Vor langer Zeit war ganz Deutschland von Wasser bedeckt, eine riesige Wasserwüste, aus der nur einsam Krater und Gebirge aus Granit hervorragten. Die Hinterlassenschaft dieser Zeit ist heute noch im Salzkammergut in den dortigen Salzlagern feststellbar, und auch der Kalk der Tropfsteinhöhlen entstammt den Korallenriffen dieser alten Meere. Dann ließen Trockenzeiten und Erderschütterungen das Wasser verdunsten oder den Boden verändern, so daß das Wasser sich nach dem Norden verlaufen hatte und neue Becken fand. Das muß aber lange gedauert haben. Manchmal, wenn das Meer wieder mit der ganzen Kraft seiner Urgewalten losbricht, glaubt man, daß es jetzt daran gehen will, sein uraltes Land wieder in Besitz zu nehmen, aus dem es ein unerklärliches und auch unbarmherziges Schicksal vertrieben hat.

An so einem Tag, wenn die Wellen sich turmhoch brechen, alles in der Urgewalt ihrer Kräfte zu versinken droht, schillert das Wasser in allen Farben des Spektrums, das sonst sonnendurchflutet, zart wie ein blauer Samt, vor uns ausgebreitet liegt, und selbst die Gischt wirkt wie Gift, das sich über uns ausbreiten will. Doch dann, wenn sich der Sturmwind verzogen hat und langsam die Sonne aus den schweren Wolken herauskommt, die Sanddünen wieder ruhig daliegen, entsteht nach und nach das gewohnte Bild vor uns. Dann liegt es vor uns — das Meer — wie ein Traum in seiner Unendlichkeit, seiner Tiefe und formlosen Ferne.

Es sind zwei Meere, die für uns besonders bedeutend sind und mit denen wir immer wieder unsere Verbundenheit zeigen. Die Ostsee, die ja ein Binnenmeer ist, von allen Seiten von Land umschlossen und nur durch den Sund mit dem offenen Meer der Nordsee verbunden. Sie kennt nicht die Geheimnisse der Ebbe und Flut in ihrem unaufhörlichen Rhythmus, doch hat sie Stürme, die in unvorhergesehener Stärke plötzlich losbrechen und den Fischer ebenso in Gefahr bringen, wie die Matrosen auf ihren Schiffen. Sie ist überreich an Buchten und kleinen Einfahrten, weist viele Häfen auf, und weit ausgedehnte Wälder und grüne Weideflächen umsäumen sie. Sie kann sehr fröhlich wirken mit ihren weißen Schaumkronen, die bei der leichtesten Brise ihr munteres Spiel treiben. Doch sagen Eingeweihte, daß sie den Großteil des Jahres von schweren Regenwolken überzogen ist und dichter Nebel über den Wassern liegt. Dann ist die Zeit nahe, in der man sich den alten nordischen Sagen verbunden fühlt, die uns die Ostsee auch fast nur so schildern. Hier müssen einmal uralte Reiche bestanden haben, an ihren Ufern landeten Völkerschaften und vergingen. Viel unergründliches Schicksal muß sich da abgespielt haben. Davon künden uns heute noch alte Ringburgen, Kultstätten und Heilige Haine, und die Überlieferung will und will nicht schweigen in der Aufzählung von Vergangenem. Die Hanse hatte dann die Ostsee zu ihrem Operationsgebiet gemacht, hier kreuzten die Schiffe der Handelsherren und hier ging ein Stück Ostkolonisation über die Fluten der Ostsee hinweg.

Anders war und ist dies bei der Nordsee. Sie ist im Grunde genommen nichts anderes als ein großes Becken des Atlantiks, und hier übt die Natur das ewige Schwerkraftspiel von Ebbe und Flut. Geheimnisvoll für den Fremden und faszinierend, wie die Wasserfluten ins offene Meer drängen, Sandbänke und Wattland freigeben und in einer Saugkraft sondergleichen Raum für kurze Zeit bietend. Dann aber nach ebensolchem Gesetze läßt die Kraft nach und die breiten Wogen brechen in schäumenden Wellenzügen herein, überfluten wieder das sandige Wattgebiet und steigen hoch an den Küsten und Buchten, daß man Angst vor den weiteren Folgen bekommen könnte. Man nennt das den Atem des Meeres. Sie nennen die Fläche der Nordsee „den blanken Hans". Das ist durchaus kein besonderes Lob, denn jeder kennt ihre Gefahren und richtet sich danach. Denn die Nordsee ist ein gefährliches Meer, die auch „Mordsee" heißt, und das muß seinen Grund haben. Ihre Springfluten sind gefürchtet und über die Gewalt ihrer Nordweststürme haben uns die Dichter dieses Raumes viel berichtet.

Trotz all dieser Unbilden, die fast alljährlich erneut auftreten und schon grausamen Schaden angerichtet haben, ist sie die Brücke zur atlantischen und nordischen Welt und verbindet unser Land mit den anderen Ländern dieses Großraumes. Die Wikinger, die Friesen und die Angelsachsen haben hier ihre historische Bewährung finden müssen, oft unter ganz großen und unbeschreiblichen Schwierigkeiten. Und doch — das Meer läßt keinen aus. Wer hier lebt und sich eingewöhnt hat, den kann nichts mehr von hier fortholen, allzu geheimnisvoll sind die Mächte, die hier ihr Schicksal spinnen, ungemein viel nordisches Volksgut hat sich hier erhalten. Stunden hier zu verbringen, führt einen nicht nur in die Geschichte unseres Volkes, sondern in die der ganzen Völkerfamilie, die hier an den Küsten und auf den Inseln ihr zu Hause gefunden haben. Ihr Land!

Man muß gar nicht an die großen Hafenstädte denken, die jeder kennt, an die ungezählten Fischerorte und kleinen Siedlungen mit ihren Häusern,

die sich alle in irgendeine Mulde ducken, weil sie dem Sturme entkommen wollen, der immer wieder aufbricht, die typischen, so sauberen kleinen Gehöfte, wo überall die Gesetze des Fischereiwesens und des Seemannsberufes Geltung haben und man nur etwas gilt, wenn man sich in diesen Gesetzen auskennt, die dieses Stück deutsches Land bestimmen und ihnen den eigenen Reiz der Einmaligkeit verleihen.

Die Gotteshäuser

Es entspricht der Kulturgeschichte unseres Volkes, seiner historischen Vergangenheit und der religiösen Entwicklung, daß die Zahl der Kirchen, Dome und Kapellen auf unserem Volksboden sehr groß ist, denn die Hinwendung zur höheren Macht der Welt ist in unserem Volke vom Anfang an sehr ausgeprägt gewesen. Blutige Auseinandersetzungen in Glaubensfragen bewiesen eine religiöse Hingabe, die bis zum Fanatismus reichte, aber die tiefe Gläubigkeit aller Menschen überwand alle diese Phasen einer negativen Entwicklung und reinigte immer wieder Bewußtsein und menschliche Haltung. Seit den Tagen der Frühzeit verbanden sich Geist und Seele in germanischen Vorstellungen der Verbundenheit eines göttlichen Auftrages mit der irdischen Welt, und ein Volk, wie das deutsche, das sich aus unterschiedlichen Stämmen entwickelte, schuf sich auch auf religiösem Gebiete schöpferische Gaben von weltweiter Bedeutung. Von der Zeit der Hünengräber an der Ostsee und den Glaubensdenkmälern in der Lüneburger Heide bis zu den Kuppeln der großen Dome hat ein langer Weg geführt, und der Werdegang unserer Geschichte ist nicht nur gekennzeichnet durch weltliche Baudenkmäler und historische Ereignisse, sondern auch durch jene kirchlichen Kultstätten, die immer wieder errichtet wurden.

So müssen wir die Kaiserpfalzen sehen, die entstanden sind. In diesen Rahmen lassen sich die Bischofssitze, Abteien und Klöster einfügen, und aus schmerzlichsten Opfern und Kämpfen entstanden dann, gleichsam als ruhende Pole der Gläubigkeit, all die großartigen künstlerischen Bauten vergangener Jahrhunderte. Die Gotik kam aus Nordfrankreich und hat über den Rhein das Erbe jener, im Keltischen und Normannischen enthalten gewesenen Gestaltungskräfte gebracht; und so wurde die wuchtige Geschlossenheit der romanischen Bauweise überwunden, die in ihrer erdhaften Weise als erste Zeugin kirchlicher Kunst in unserem Lande erkennbar ist. Plötzlich lösten sich die antiken Säulen, die breiten Flächen und die Wucht der Geschlossenheit auf. Die Schwere des Steines und Magie einer Ruhe breit gestreuter Quaderwände versanken plötzlich, und aus dieser Welt stieg, einem Wunder gleich, der gotische Dom mit seiner Vielgestalt und raumhaften Vielfalt empor. Das Ende der heidnischen Tempel, die noch in der Basilika nachwirkten, war gekommen. Majestätischer Glanz durchdrang plötzlich entstandene großräumige Fenster. Spitze Türmchen und Bogen

stiegen zum Himmel empor, filigran durchgegliederte Rosetten formten sich immer wieder, und es war wie eine Knospe, die sich zu entfalten beginnt, aus Pfeilern und Bogen feingegliedert, wie ein Wald, der neues Leben kündet.

So kommen an Stelle der altehrwürdigen romantischen Bauten wie Worms, Münster und Bamberg jene Zeugen der Gotik in Straßburg, Freiburg und Ulm. Fürsten waren es, Bischöfe, Kaiser und Könige, die im Vollbesitz ungeheurer Reichtümer zu wetteifern begannen und zu Stiftern all dieser Bauten wurden, die zwischen Rhein und Saale auch heute noch von einer alten Reichsherrlichkeit und Glaubenstreue künden. Immer wieder aber zeigte es sich, daß das Kunstempfinden der Deutschen in der Lage war, fremde Formen schöpferisch umzubilden und ihnen den Gehalt des eigenen Landes, auf dem sie entstanden sind, zu verleihen. Die anonyme Kunst ging ihrem Ende entgegen; und bald lernten wir eine unendliche Fülle von Künstlern kennen, die Träger einer neuen Baugesinnung wurden und deren Bauschulen und Kunstwerkstätten bis weit in den Nordosten hinein Berühmtheit erlangten. Das Leben aber ging weiter und bald regten sich neue Kräfte und diesmal kam aus dem Süden eine neue Baugesinnung, die Renaissance, und die Meister dieser Zeit schufen, aus südländischen Vorstellungen kommend und Prunk liebend, ein Zeitalter der Kunst, das sich bald in Jahrhunderten verlor, in denen erneutes Leid und Elend über die Menschen kam. Für Jahrhunderte brach eine Zeit der Glaubenskriege an, die die wertvollsten Kräfte des deutschen Volkes in Anspruch nahmen, unendlich viel Blut kosteten und in einem dreißig Jahre langen Ringen das deutsche Volk dezimierten.

Aus der Tiefe bodenlosen Leids, aus dem blutigen Gegensatz von Nord und Süd, religiöser Auseinandersetzungen und brutalster Glaubenskriege wuchs in seiner steingewordenen Sinnesfreude das Zeitalter des Barock und veränderte die künstlerische Landschaft. Leid und Schmerzen waren vergangen, neues Leben regte sich, und bald wurde eine Lebensfreude in der Baukunst der Kirchen und Dome offenbar, wie sie vorher noch nie empfunden worden ist. Aus dem Jubel der Steine erwuchs das Dankgebet, das für die einen ein Sieg sein sollte, für alle aber eine Versöhnung. Aus Entbehrung und Not stellte man dem gläubigen Menschen die Pracht des Überflusses hin, um ihn zu seinem Glauben zu führen. Was dann kam, Neuklassizismus und die anderen Formen einer Gegenwart, reichte nur noch ganz am Rande an das heran, was bisher geschaffen wurde und die Zeiten überdauert hatte. Deshalb aber verehrt der Mensch umso inbrünstiger diese künstlerisch hervorragenden Zeugen vergangener Jahrhunderte und findet hier müheloser und freudiger den Weg zu seinem Schöpfer.

Wir stehen staunend vor diesen Kunstwerken, und können es kaum begreifen, wie die Menschen mit den Mitteln der damaligen Technik dies alles zu schaffen in der Lage waren. Wir können uns nur staunend und in Ehrfurcht all diesen großartigen Domen, Kirchen und Kapellen nähern und sie mit dem Gefühl einer inneren Sammlung und Demut betreten. Die Mächte des Ewigen und die der Erde haben sich hier vereint, fügten sich in die

Landschaft und begleiteten ein Volk auf seinem Wege. Auch die ungezählten kleinen Andachtsstätten, oft recht armselig ausgestattet, gehören in diese Reihe und sind für viele sogar noch mehr Veranlassung zur inneren Sammlung. Nicht vergessen aber wollen wir die ungezählten Bildstöcke, die man im Süden Marterl nennt, und die Votivtafeln, die irgendwann von irgendwem aus irgendeinem Anlaß errichtet wurden und das eigene Leid oder einen persönlichen Glücksfall in das Umfeld der Natur stellen und sich damit der Landschaft und ihrem Schöpfer anvertraut haben. Kirchen aber als Stätten der Andacht sind gleichzeitig Ausdruck des Ewigen über dem Vergänglichen und künstlerische Aussage einer Generation.

Heimatliche Geborgenheit

Vieles kommt einem im Alltag nicht zu Bewußtsein. Manches geht wieder schnell unter, und der moderne Mensch übergeht geflissentlich unbeabsichtigt vieles, was ihn umgibt. Er lebt in seiner Stadt oder in seinem Dorf. Er ist von einem Alltag erfüllt, der ihn aufreibt und oft bis zum allerletzten in Anspruch nimmt. Er kommt abends spät nach Hause, zermürbt und verärgert, und am Rest des Tages ist auch sonst mit ihm nicht mehr allzu viel anzufangen. Die moderne Zeit hat ihn ausgelaugt, vielleicht schafft die allermodernste, in die wir jetzt hineinwachsen, wieder Freiräume, um an sich gesunden zu können. Dann wird der Mensch seine Umgebung wieder ganz anders sehen als heute, da er sie nur nach den Kilometerzählern seiner Autos mißt und ihre Eigenarten, Schönheiten und ihr Bleibendes gar nicht mehr wahrnimmt oder höchstens rasch aus einem Filmstreifen, der ihm in die Wohnung hineinflimmert, beurteilt.

Das Land aber ist das Bleibende. Es ist geblieben trotz aller Sünden, die der Mensch an ihm begangen hat, und es ist die Quelle all dessen, was zu seinem Leben gehört. Er wird es wieder begreifen lernen, wenn er es auch heute oft nicht mehr wahrhaben will. Das Land aber vermittelt Geborgenheit, vermittelt die heimatliche Wärme, die wir brauchen, um den Eispanzer des erbarmungslosen Alltags wenigstens einmal in der Zeit durchdringen zu können. Um diese Geborgenheit, die jeder Mensch und jedes Individium sucht, geht es letzten Endes in unserem Leben. Die Natur läßt sich nicht unterwerfen. Das hat man gerade in unserer Generation mit größter Deutlichkeit festgestellt; und es kann nur unsere Aufgabe sein, sie schrittweise zu belauschen, ihre Geheimnisse zu enträtseln, ihr zu dienen, denn sie ist die große Wohltäterin, für die wir unser Leben einrichten müssen. Es gibt Fliehkräfte, in der Entwicklung der Menschen, die ihn erfassen und von seinem Standort erbarmungslos fortreißen. Es wird an uns gelegen sein, den Gleichklang zwischen Mensch und Natur wieder herzustellen und das Vertrauen damit zwischen den Angehörigen eines Volkes untereinander und den einzelnen Völkern wieder zu finden. Was aber sollte für uns wichtiger sein, als inmitten dieses Landes, von dem wir einst sangen „Nichts kann uns rauben Liebe und Glauben an unser Land", als das beginnende Leben, das Werdende, das Kind zu schützen und zu betreuen. Wir wollen in aller Bescheidenheit — fast möchten wir sagen Demut — in jungen Menschen, aber auch in jedem Heranwachsenden, Sichentwickelnden und Werdenden ein Stück unserer selbst sehen. Ein Stück Natur, wo sie der Schöpfung noch am nächsten ist. Gerade das Kind aber sucht jene Geborgenheit, die es nur in einer echten menschlichen Nestwärme findet und die man ihm nicht nur mit kostbaren Geschenken und allerlei zeitbedingten Klimbim bietet. Solange der Mensch in seiner ersten Entwicklungsstufe steht, heranwächst, seine Umgebung wahrnimmt, Vergleiche anstellt, sich bildet und die ersten Urteile zaghaft fällt, braucht er uns, braucht er mütterliche Fürsorge. Hier kann nur das Herz sprechen. Das Gefühl und Gemüt, sie müssen sich über alle herkömmlichen Schwierigkeiten hinwegsetzen und unverdrossen immer den Weg zum Herzen finden. Menschliche Güte ist der Brückenschlag von Generation zu Generation und mit ihr wird immer noch am ehesten der Weg in die Zukunft zu bahnen sein. Sicher sind es die Mütter, die dies in erster Linie vermögen, denn in ihnen „schlägt das Herz der ganzen Welt".

Sie übertragen so die ganze Herzwärme auf das langsam heranwachsende Einzelwesen, hüllen es ein und bewahren es in der ersten Zeit vor allen bösen Einflüssen und gefahrvollen Veränderungen. Lassen wir uns das niemals schwer fallen und nehmen wir zur Kenntnis, daß auch andere und nicht nur die Mutter da eine weitgehende Verantwortung tragen. Denn auch wir tragen ein Stück Verantwortung für das heranwachsende Leben, das um uns herum und neben uns, noch mit unsicherem Schritt den Weg in die Zukunft sucht. Bleiben wir stehen und denken wir in dem Moment nicht an unsere Tagesarbeit, der wir zueilen, wenn uns ein kleines Kind ungeschickt über den Weg läuft, und schenken wir ihm wenigstens ein freundliches Lächeln, das sein Echo in den Augen dieses kleinen Menschen finden wird.

Um die Nestwärme geht es heute weithin. Sie fehlt schon fast einer ganzen Generation. Die Ursachen stehen hier nicht im Gespräch. Die Tatsache ist erschütternd und die letzten Reste unseres Selbstverständnisses sollen wir aufbringen, um hier Wandel zu schaffen. Denn hier geht es nicht nur um Kinder unserer Nachbarn, Freunde und der vielen Ungekannten um uns herum, hier geht es um jedes junge Lebewesen, dem die Schöpfung den Hauch des Lebens verliehen hat. Es zittert noch vor Aufregung vor dem Kommenden und Unbegreiflichen. Es zittert ungeschickt und fast hilflos mit den kleinen Flügeln. Das Fohlen setzt mühsam und holprig die Hufe zur ungewohnten Erde, und es läßt sich hinter den Ohren kraulen, weil man in dieser Lebensphase schon empfindet, was gut gemeint ist. Betrachten wir dieses Mädchen, das selbst kaum dem ersten Kindesalter entwachsen, behutsam und mit mütterlicher Gebärde diesem kleinen Vogel die Nestwärme in ihrer hohlen Hand bietet, damit Mensch und Tier im schönsten Sinn zu einer Einheit werden. Er wird es sicher danken, wenn er diesen kritischen Augenblick überwunden haben wird, aus dem ihn das

Mädchen gerettet hat. Er wird besonders schön sein Jubellied in den kommenden Morgen hinein singen.

Gehen wir mit stehenden Augen und offenem Herzen durch das Leben. Wir werden im Lande, dem wir zugehören und das das unsere ist, immer wieder solche Beispiele finden, die dem einen rührend erscheinen, dem anderen Ausdruck einer Entwicklung sind, die aber so und so eine Verpflichtung für jeden bedeuten, der an die Bestimmung der Schöpfungsgeschichte glaubt, die stets Mensch neben Mensch und niemals aber Herr neben Knecht gesetzt hat.

Die berühmte „Porta"

An der Mosel läßt sich's gut sein. Das dachten schon die alten Römer, die hier einen Verwaltungsmittelpunkt einrichteten, die Stadt stark befestigten und eine große Garnison einrichteten. Hier siedelten vor ihrer Zeit schon germanische Stämme, bis dann die Römer das ganze Land im weitesten Umfeld unterwarfen und um 16 vor unserer Zeitrechnung Augusta Treverorum, das heutige Trier, errichteten. Daß die Römer hier zum Aufbau viel beigetragen haben, das ist unbestritten. Sie machten sich allerdings wenig beliebt, wie alle Besatzer zu allen Zeiten, und vor allem die Art, wie sie ihre Tribute einholten, wie sie Abgaben erhoben und die wirtschaftliche Lage bestimmten, löste bereits 21 vor der Zeitenwende einen blutigen Aufstand aus. Der römische Schriftsteller Tacitus hat uns in seinen Schriften diesen mißglückten Aufstand geschildert, nicht ohne den Mut und die Tapferkeit der Aufständischen hervorzuheben.

Etwa hundert Jahre später brach wieder ein Sturm der Empörung aus, und Germanenstämme zerstörten die Stadt Trier. Als auch dieser blutige Krieg beendet war, bauten die Römer diese wichtige Siedlung erneut auf, und aus dieser Zeit stammt das berühmte und heute noch erhaltene Tor, die „Porta Nigra", die der Stadt an der Mosel eine ganz besondere Note gibt. Die Stadt hieß damals allerdings Treveris. Etwa um das Jahr 400 zogen sich die Römer zurück, und die Franken drangen vor und eroberten nach und nach das ganze Gebiet, das von diesem Zeitpunkt, trotz seiner wechselvollen Geschichte, fränkisch geblieben ist. Das Saarland, Luxemburg und Lothringen kamen mit Trier seit 919 zum Deutschen Reich, und Trier wurde eine angesehene Bischofsstadt. Der Bischof von Trier war durch Karl den Großen zum Landesherrn ernannt worden und genoß große Rechte und wirtschaftliche Möglichkeiten, die sich auch im neuerlichen raschen Aufbau der Stadt bewiesen. Allerdings gab es dann einen langen und gefährlichen Kampf zwischen dem Papst und dem deutschen König Heinrich IV.. Überhaupt war Trier viele Jahrhunderte lang in den unseligen Streit zwischen dem Papst und dem deutschen Herrscher verstrickt.

Dann versuchten die Franzosenkönige das ganze linke Rheinufer für sich zu gewinnen, und es gab wieder blutigen Streit, vor allem deshalb, weil das deutsche Reichsheer wegen der Türkengefahr an anderer Stelle eingesetzt werden mußte. Die Folge waren jahrelange Plünderungen und Brandschatzungen. Trier blieb dank der Feldherrenkunst der Grafen von Nassau aber weiter Teil des Reiches; und erst Napoleon setzte dieser Entwicklung ein Ende, indem er 1794 das geistliche Fürstentum von Trier aufhob und die Stadt erneut zu einem Verwaltungsmittelpunkt werden ließ.

Bei der Neuordnung Mitteleuropas wurde Trier ein Teil Preußens und erlebte einen wirtschaftlichen Aufschwung ohnegleichen. Trotzdem hat sich die Stadt ihren mittelalterlichen Charakter erhalten können, hat in unnachahmlicher Art ihre alten historischen Zeugen vergangener Jahrhunderte gepflegt und besitzt auch in unseren Tagen eine Fülle wertvoller Stätten, wie kaum eine andere Stadt in Mitteleuropa. Ausgrabungen einmaliger Art, ganze Sportanlagen und Beispiele römischer Bauweise stehen uns zur Besichtigung offen, doch auch die nach und nach hier entstandene Stadt mit ihren altertümlichen Gassen und Plätzen überrascht wegen ihrer Vielfalt und ihres anheimelnden Charakters.

Vor der Porta Nigra stehend, grüßen uns vergangene Jahrhunderte in eindringlicher Weise und erzählen davon, wie stolze Reiche vergehen und wie irdische Macht, für den einzelnen unbezwingbar scheinend, einem historischen Gesetze folgend, untergeht. Daß Trier sogar eine Universität hatte, die immerhin von 1473 bis 1798 bestand, weiß heute kaum einer mehr, denn in dieser Stadt waren jahrhundertelang bedeutende geistige Kräfte am Werke, dies auch in der Zeit, da ihre wirtschaftliche Bedeutung wegen der kirchlichen Machtkämpfe stark gesunken war.

Das Tal der Mosel ist eines der schönsten Ziele unseres Vaterlandes, ein Fluß, der in vielfach gewundenem Lauf seinen Weg zum Rhein sucht, vorbei an idyllischen Weinbergen, Waldungen und fruchtbaren Hängen, an Städten, die aus dem Bilderbuch unserer Großeltern stammen könnten, ein Gebiet, das nicht nur schön und anheimelnd, sondern auch reich an geschichtlichen Erinnerungen, wie jedes Grenzland, ist.

Gerade die Zerrissenheit der deutschen Landschaft in ungezählte kleine Fürstentümer und Bischofssitze, in Interessengebiete fremder Herrscher und Machtgruppen, zwingt uns dazu, in solchen Gegenden die Zusammenhänge der deutschen Geschichte zu begreifen und zu kennen. Die daraus entstandene Unausgeglichenheit, die Unruhe und Uneinigkeit, die uns so von anderen Völkern unterscheidet, kann nur dann begriffen werden, wenn wir die Geschichte der zurückliegenden Zeiten kennen. Mag sein, daß Gewaltakte da und dort Grenzen und Vorgänge bestimmten, Entscheidungen fällten, die über längere Zeiten Bestand hatten. Fest steht jedoch, daß diese Gebiete nur dadurch zu einer deutschen Landschaft, zur Heimat deutscher Menschen werden konnten, weil hier deutsche Geschlechter in stiller und aufbauender Art, von der Rodung angefangen, Geschlechterfolge nach Geschlechterfolge wirkten, Städte gründeten und die Ausdauer hatten, trotz schlimmster Rückschläge auf ihrem Boden auszuharren. Sie haben immer wieder neu angefangen, und wenn man sie nicht erschlagen oder, weiß Gott wohin, vertrieben hat, sind sie dort sitzen geblieben, wo die Gräber ihrer

Ahnen lagen, haben sich immer wieder durchgesetzt und so ein Gesetz vollzogen, das zur Geschichte wurde.

Gerade hier in diesem Gebiet, wo eines der ältesten historischen Zentren europäischer Vergangenheit sichtbar wurde, inmitten einer wundersamen und lebensfrohen Gegend, erkennen wir die Zusammenhänge, die nicht nur in dem alten Tor in Trier sichtbar werden, sondern in den vielen kleinen, weinseligen Orten mit ihrem stillen und friedlichen Glück, das sie ausstrahlen, und das zeigt, daß die kleinen Menschen auch in der größten Unruhe der großen Mächte und Ereignisse sich ihr Leben einrichten und eine Zukunft haben. Eine Fahrt auf der Mosel und ein langer Blick auf die Ufer im Sonnenschein läßt uns das Glück erahnen, das trotz aller Rückschläge in der Vergangenheit auf diesen Menschen und ihrem Werke ruht. Noch etwas gibt es festzustellen: Der Reichtum einer Landschaft in ihrer Vielgestaltigkeit kommt einem selten so zu Bewußtsein wie hier, wenn man von Koblenz bis nach Trier fährt und langsam das Land wie einen guten Tropfen genießt.

Ein deutsches Rathaus

Auch ein Rathaus kann zum Symbol werden, wenn es durch sein Vorhandensein geschichtliche Tatsachen beweist. Es geht in diesem Falle um das Rathaus einer großen Stadt im Osten, deren Wahrzeichen es wurde, das man in der Zeit von 1350 bis 1504 erbaute und dessen gotisches Gepräge in der Tat auf diese Geschichts- und Kunstepoche zurückging. Die Hauptfront zeigte drei geschmückte Giebel, der Mittelbau ist mit reichem steinernen Rankenwerk verziert und birgt in seinem Inneren den historischen Rathaussaal. Neben der Rathausuhr befinden sich die spitzbogigen Fenster mit ihrem Ausblick auf die geschichtsträchtige Stadt. An der Südfront befindet sich der großartige Schmuckerker, der zu den schönsten Schöpfungen deutscher Steinmetzkunst zählt.

Wer den Eingang in den weithin bekannten Schweidnitzer Keller nehmen wollte, der hatte die Bildwerke eines zweiten künstlerisch hervorragenden Erkers über sich. Den Abschluß nach oben bildet ein vielstöckiger Rathausturm mit einem mehrfach gegliederten Turmhelm und einer hoch in den Himmel ragenden Turmspitze. Auch das Innere ist sehenswert. Das spitzbogenhafte Gewölbe des Remters ist ebenso historischer Boden, wie der Fürstensaal, die Ratsstuben und die Zunftstube, die alle mit kostbaren Wandmalereien und Verkleidungen versehen sind und wertvolle Möbelausstattungen aufweisen. Hier, in diesen Sälen, fand unter Kaiser Sigismund ein Reichstag statt. Man schrieb 1420, und den furchtbaren Kriegszügen der Hussiten sollte ein Ende gesetzt werden. Doch alle Bemühungen waren vergebens, es mußten noch Ungezählte ihr Leben lassen und weite Ländereien verwüstet werden.

Kaiser Karl V. hat Böhmen und Schlesien an das Habsburger Reich geschlossen, wodurch die Bedeutung der Stadt nochmals stieg und ein wirtschaftlicher Aufschwung sondergleichen einsetzte. Die Religionswirren haben auch hier weite Teile des Landes berührt, viel Blut floß, und viel menschliches Leid entstand als Folge menschlicher Unduldsamkeit. In diesen Jahren aber entstand auch die Universität, deren Wirken weit in den Osten hinein feststellbar ist und die auf dem Gelände der ehemaligen kaiserlichen Burg errichtet wurde. Breslau — und um diese Stadt handelt es sich natürlich — und das ganze Land litten schwer unter den Kriegen zwischen dem Preußenkönig und der Kaiserin in Wien. Doch hat der Alte Fritz, wie sie ihn überall liebevoll nannten, nach Beendigung der Kriegshandlungen in überraschend kurzer Zeit die Spuren der blutigen Jahre verwischen können und ein friedvolles Aufbauwerk vollzogen. Die österreichische Vergangenheit dieses preußisch gewordenen deutschen Reichsgebietes wurde niemals geleugnet und der Goldene Brunnen in Neiße trug bis in unsere Tage den alten Doppeladler und sollte an sie erinnern. Trotzdem wurden die Schlesier Bewohner eines deutschen Kernlandes, von großer wirtschaftlicher Regsamkeit und von einer bedeutungsvollen kulturellen Ausstrahlungskraft in den Osten.

Im Königlichen Schloß hat König Friedrich Wilhelm III. am 15. März 1813 seinen Aufruf an „Mein Volk" gerichtet und dabei das Eiserne Kreuz gestiftet. Zur Erinnerung daran hat man hundert Jahre später die Jahrhunderthalle errichtet, einen für diese Zeit überwältigenden Festbau, der in der ganzen Welt Bewunderung fand. Viele von unseren Alten haben auch an einem der Breslauer Turnfeste teilgenommen, die jedesmal körperliche und volkstumspolitische Glanzleistungen waren und Hunderttausende dabei vereinigten. Das Ende ist bekannt. Jahrhundertelang grüßte die Schneekoppe als höchster Berg des Riesengebirges die nördlich und südlich lebenden Deutschen, bis eines Tages der greise Dichter Gerhart Hauptmann, bereits vom Tode gezeichnet, in seinem Agnetendorf fragen mußte: „Bin ich noch zu Hause?" Es war die bange Frage, die damals Millionen stellten, die deshalb fort mußten, weil sie Deutsche waren. Diese angstvolle Frage eines der größten Männer aus Schlesien ist Anklage und Mahnung zugleich und offenbart die Hilflosigkeit des einzelnen gegen die Mächte um uns.

Mögen heute andere Menschen durch die Tore des Breslauer Rathauses hindurch gehen, mögen die sanften Hügel Mittelschlesiens heute auch brach da liegen, ihre Häuser weitgehend verfallen sein, weil die Menschen, die hier Heimat gefunden hatten, nicht mehr da sind. Möge bei den jetzt dort lebenden Herbefohlenen alles zerstört werden, was an die deutsche Vergangenheit erinnert, das Land bleibt. Sein Ruf ist immer hörbar, weil man Recht nicht mißbrauchen kann und Unrecht in der Geschichte auf die Dauer nie ungesühnt geblieben ist. Die Oder fließt noch immer in ihrem ruhigen Zug durch die grünen Auen dem Meere entgegen. Gerade hier in diesem Raume ist durch die Geschichte sichtbar geworden, wie sich alles ändert, nichts statisch bleibt und Hoffnung etwas ist, was der Mensch erst dann aufgibt, wenn er nicht mehr ist.

Schlesien ist ein Herzstück Deutschlands. Seine liebenswerten Menschen — wir nehmen da auch die Schlesier im einst österreichisch gebliebenen Teil nicht aus, der dann zum Sudetenland gehörte — sind ein Stück der deutschen Seele gewesen.

Einer, der noch nie so dringend als Zeuge für dieses Land gebraucht wurde, wie heute, ist uns allgegenwärtig. Er, der große Dichter aus Lubowitz, der Sänger des deutschen Waldes, Freiherr von Eichendorff, nämlich. Sein „Taugenichts" ist Ausdruck jener schöpferischen Unruhe, die am Anfang jeder Tat steht, der Lebensfreude und der beglückenden Weltenferne. Seine Erzählungen sprechen für alle, die Land und Heimat lieben, denen das Wort mitgegeben ist, daß es keinen Zufall auf der Welt gibt. Ihm verdanken wir den Wiederaufbau der Marienburg und ungezählte Gedichte, die alle aus dem Herzen kommen und daher auch dorthin ihren Weg finden. Was er aber meinte, als er dies dichtete, können nur jene verstehen, die solch einen Morgen ersehnen und an ihn glauben:

„Der Morgen, das ist meine Freude!
Da steig ich in stiller Stund
Auf den höchsten Berg in die Weite,
Grüß Dich, Deutschland, aus Herzensgrund!"

Ruinen am Wege und im Leben

Schon als Junge faszinierten ihn alte und verfallene Bauwerke, in denen sich die Vergänglichkeit spiegelte, und zahlreiche Ruinen in seiner Heimat regten seine Phantasie an. Da stand er lange vor brüchig gewordenen Mauerresten und beobachtete das Spiel des Windes zwischen dem alten Gestein und dem wilden Gewächs, zwischen dem die unheimlich schwarzen Vögel ihre Nahrung suchten und Jagd aufeinander zu machen schienen. Dort mußte einst vor langer Zeit der große Saal der Burg gewesen sein, wo artige Damen den Gruß der Edlen wohlwollend erwiderten, wo die zünftigen Ritter, vom blutigen Streit heimgekehrt, Schwertpause hielten und strenge Richter für angeblich begangenes Unrecht Sühne forderten.

Dort, wo die Mauerreste merklich in sich zusammensanken, wohnten sie, die hohen Herren, die vom Söller ins Tal spähten, wo das kleine Fußvolk, die Proleten ihrer Zeit, in Armut und Abhängigkeit gehalten wurde. Sie für alle Zeit beherrscht zu haben, war der Glaube der Reisigen und Hohen, der sich auch in diesem Falle als Irrglaube entpuppte, denn die Entwicklung wies neue Wege, und wieder einmal stürzte in der Weltgeschichte eine Welt in sich zusammen und begrub in ihren Mauern jene, die da glaubten für immer Herrn dieses Erdkreises zu sein und ewig bleiben zu können. Dort, an der ganz dicken Mauer mußte der Kerker gewesen sein, und die grausame Kühle dieses Verließes wehte noch in unsere Tage hinein. Burgen versanken, und Schlösser brachen in sich zusammen, ebenso wie die Reiche zerfielen, und an den noch vorhandenen Resten tiefgewölbter Hallen

Heidentor bei Petronell und Bad Deutsch-Altenburg

glaubte man im Buche der Geschichte lesen zu können. Dort drüben, wo der Boden in sich zusammensank, war bestimmt der Graben über den eine Zugbrücke führte, die einen mit der Welt verbinden, aber auch von ihr trennen konnte, und weiter ab lag eine Fläche, die wahrscheinlich der Turnierplatz war.

Und wieder spielte die Phantasie: Der Junge war plötzlich selbst einer der Ritter, der mit gefällter Lanze gegen einen Feind ritt und ihn aus dem Sattel hob, bejubelt von dem Kreis der Edlen und wohlgesonnenen Damen des Gefolges. Die Freuden der Jagd mußte man erlebt haben, als hier noch dichte Wälder bis weit zum Flusse das Ende einer Landschaft anzeigten, und — von Jagdhörnerruf begleitet — die erfolgreichen Jäger heimkehrten. Da kam dann bisweilen einer der Fremden geheimnisumwittert hier an und berichtete aus dem fernen Süden von allerhand Neuerungen, die es dort gab, die man aber kategorisch als „neues Zeugs" ablehnte, weil man sich nicht jede Neuerung andrehen lassen wollte. Sehr ernst aber wurde die Stimmung, wenn einer der reitenden Boten des Kaisers in den Burghof eingeritten war, denn er brachte selten gute Botschaft, sondern meist Aufträge, Befehle und Anordnungen mit, die Kosten an Leib und Besitz erforderten.

Oft stand irgendein verfallener Bauernhof am Wege, ein längst nicht mehr verwendeter Speicher oder die Reste einer Mühle, und alles versank im Werden und Vergehen einer Zeit, für die ein Dichter einst das Wort geprägt hatte: „Das Schönste an Ruinen ist, daß sie Ruinen sind!" Noch ein Dichterwort ging damals um, das sich einprägte, ohne daß der Sinn desselben richtig begriffen werden konnte: „Und neues Leben blüht aus den Ruinen!"

Unbegreiflich diese Weisheit der Alten. Wie soll aus diesen Trümmern vergangener Jahrhunderte neues Leben erblühen, woher sollen die Kräfte kommen, die ein solches Blühen angesichts des allgemeinen Verfalles ermöglichten? Da schien es dem Jungen schon verständlicher, an den Satz zu glauben, daß Ruinen eben Ruinen zu bleiben hätten und dies ihre Funktion in der Welt sei. Ungezählte mehr oder minder verfallene Ruinen, Zeugen alter Geschichte und der Vergänglichkeit aller Dinge, hatte der Junge in dieser Zeit kennengelernt und aus dieser Begegnung auch die Ehrfurcht vor der Geschichte empfunden. Nach und nach stellte sich das Verbindende zwischen den einzelnen Epochen ein, die Römerzeit wurde lebendig, blutige Kriege und friedliche Aufbauzeiten wechselten, von Schlachten und Feldzügen war die Rede und dann von den Zeiten glücklicher Landgewinne und friedlicher Nutzung des Bodens. Städte und Burgen, Kirchen und Paläste entstanden und zerfielen, Reiche kamen und vergingen, und die ganze Welt wurde zu einem einzigen, sich stets verwandelnden Panorama mit einem Prospekt, dessen Konturen sich immer wieder änderten.

Man lernt nie aus, und bald empfand man die Rangordnung der Ruinen in der Landschaft als etwas Gegebenes und Vorherbestimmtes, aber von einem „neuen Leben", das aus ihnen erwachsen könnte, war nirgends die Rede. Ruinen gehörten zum Bild der Natur, sie markierten Zeichen in der

Landschaft und Geschichte, mehr aber auch nicht. Bald hatte der Junge alle derartigen Zeugen der Vergangenheit seiner engeren, aber auch weiterer Heimat kennengelernt, ihr Bild prägte die Heimat mit, wie alles andere, was sich in ihr befand. Burgengeschichten brachten die wissenschaftliche Kunde von der Vergangenheit und ihren Einzelheiten, und immer war ein Schuß Tragik dabei, denn mögen auch die Zerstörer ihr jeweiliges Tun gefeiert haben, es war und blieb aber stets Verfall, Zerstörung und Vernichtung. Ob das die Mauerreste im Südosten waren, die von der Abwehr eines großen Reiches kündeten, als dieser Kontinent wieder einmal bedroht war, ob es um die Überreste einst stolzer Zeugen echter Kolonisationsarbeit im Norden oder Osten ging, es war im Wesen immer das Gleiche: Menschliche Kraft und Leistungsfähigkeit war zerschlagen und mit Gewalt andere Zeichen gesetzt worden. Das Gleiche im Westen, wo in späterer Zeit Raubkriege ihrem Namen alle Ehre machten und ihre Spuren bis heute nicht zu tilgen gewesen sind.

Wo Ruinen stehen, ist Verfall, vielleicht etwas gemischt mit einer Spur Romantik: „Ihre Dächer sind zerfallen, Wolken ziehen drüber hin."

Von Romantik allein aber können Menschen und Völker nicht leben, und der Wandel der Dinge gehorcht bestimmten Gesetzen, die man zwar deuten, aber nur ganz selten beeinflussen kann. Das alles prägte durch lange Zeit die Einstellung des jungen Menschen, und bald auch übertrug er diese Einstellung auch auf die Menschen seiner Umgebung. Manch einer von ihnen erschien ihm trotz seines geringen Alters schon als menschliche Ruine, nicht nur von Krankheit und Not gezeichnet, sondern innerlich morsch, zerfallen und ziellos. Manch Alter hingegen stand wie ein Fels in der Brandung dieser Zeit und ihrer Probleme und wurde zum Halt für viele in stürmischen Tagen. Sollen also die Ruinen bleiben, was sie sind und waren und das mit dem neuen Leben, das aus ihnen blühen könne ist und bleibt eine Fiktion, eine schöne poetische Floskel!

Immer wieder erkannte der älter gewordene, daß Ruinen aber auch da sein müssen, zur Landschaft gehören, Mahner und Warner sein können, weil man durch sie in die Vergangenheit blickt und sie zu enträtseln vermag. Bis er dann eines Tages etwas ganz, ganz neues erkannte. Er kam als Auslandsdeutscher, durch die Not der Deutschenaustreibung nach dem letzten Kriege nach Deutschland. Aus dem Geschichtsunterricht, der Erdkunde und der Volkskunde waren ihm die einzelnen deutschen Städte ein Begriff und auch die Landschaften mit ihren Menschen, doch gekannt hatte er bisher keine. Auf der Suche nach seiner Familie hat er damals nach dem letzten Kriege fast alle diese bekannten und ihm doch fremden Städte kennengelernt.

Doch halt: Ganz Deutschland war damals 1945/46 eine einzige Ruine, die Städte zerbombt und zerschlagen, zertrümmert die Kulturstätten und vernichtet die Wohngebiete und Arbeitsplätze. Er ist damals über die Trampelpfade aller dieser Städte gegangen, die zwischen den Schuttbergen entstanden waren, und ein Freund, der Verwandte im Ausland hatte, meinte arrogant und doch kleinmütig: „Nur raus von hier, da wird nie mehr etwas, ich hau ab!" Man soll nie „niemals" sagen! Ja, ganz Deutschland, seine Städte und Fabriken waren damals eine einzige Ruine, verursacht durch die Erbarmungslosigkeit eines Krieges, der die Bewohner und ihre Siedlungen zu Opfern machte.

Deutschland eine Ruine! Und doch, es dauerte nicht lange, und „neues Leben wuchs aus den Ruinen!" Aus der Riesenruine, die man früher „Deutschland" genannt hatte. Das Leben wurde wieder, weil alle zugepackt haben, Männer und Frauen, Alte und Junge, und es entstand ein Land, zwar durch Stacheldraht, Mauern und Minenfelder getrennt und zerrissen, doch in seinem Aussehen kurze Zeit später nicht mehr zu erkennen. Schutt und Trümmer wurden immer seltener, und bald blühte tatsächlich wieder neues Leben aus der Ruine Deutschland. Und darauf dürfen wir alle stolz sein, und dessen dürfen wir uns alle freuen, die wir damals mit Hand anlegen konnten.

Land und Lied

Zu Lob und Preis des Landes, in dem wir leben und das unser ist, oder sein soll, gibt es ungezählte Lieder. Das Ursprünglichste davon ist das Volkslied, das ungekünstelt das aussagt, was den Menschen bewegt hat, ihn erfüllte und seinen inneren Eingebungen entsprach. Im Volksliede lebt die Seele eines Volkes im Sinne der Dichterin Marie Ebner-Eschenbach, die die Frage stellt, was ein Volkslied sei und dann zu dem Ergebnis kommt, was alles in ihm lebt, vor allem aber „eine ganze Seele". So fängt es an und so „klingt es ewig in uns fort". Es war einer Jugendbewegung vorbehalten vor dem Ersten Weltkrieg, das Lied in seiner ursprünglichen Form wieder zu entdecken und im Verein mit einer allgemeinen Hinwendung zum Lande, zur Heimat für eine Erneuerung zu sorgen.

Auch im Kunstliede kann viel „Seele" enthalten sein. Das Riesengebirgslied ist auch kein Volkslied, und trotzdem kommt in ihm alles das zum Ausdruck, was eine Menschenseele in diesem Falle auszusagen hat, wie überhaupt die vielen Heimatlieder, die im Laufe der letzten hundert Jahre entstanden sind, sich den alten Volksliedern anzupassen wußten. Wir haben tatsächlich sehr viel zu besingen, wenn auch der heutige Mensch sich neben anderem auch das Singen abgewöhnt zu haben scheint. Die Geräuschmaschinen und die Technisierung haben den Menschen dazu verführt, nur zuzuhören und das Mitgestalten jeder Art aufzugeben, wobei ihnen gar nicht zu Bewußtsein gekommen ist, was sie damit verloren und wem sie damit Tür und Tor geöffnet haben. Es gibt ungezählte Seemannslieder, die das Leben auf dem Meere, seine Schönheit und Gefahren verherrlichen, es gibt ebenso viele Lieder, die die Bergwelt besingen, die herrlichen Höhen und das vor ihnen ausgebreitete Land. Von der Heide, vor allem der Lüneburger kennen wir viele Lieder aus alter Zeit und sehen bei Hermann Löns, wie sich glücklich Altes mit dem damals Neuen verbinden kann. Die „Täler

Originalhandschrift Hoffmann von Fallersleben

Helgoland 26. Aug. '41.

Das Lied der Deutschen.

Deutschland, Deutschland über Alles,
Über Alles in der Welt,
Wenn es stets zu Schutz und Trutze
Brüderlich zusammenhält,
Von der Maas bis an die Memel,
Von der Etsch bis an den Belt –
Deutschland, Deutschland über Alles,
Über Alles in der Welt!

Deutsche Frauen, deutsche Treue,
Deutscher Wein und deutscher Sang
Sollen in der Welt behalten
Ihren alten schönen Klang,
Uns zu edler That begeistern
Unser ganzes Leben lang –
Deutsche Frauen, deutsche Treue,
Deutscher Wein und deutscher Sang!

Einigkeit und Recht und Freiheit
Für das deutsche Vaterland!
Darnach laßt uns alle streben
Brüderlich mit Herz und Hand!
Einigkeit und Recht und Freiheit
Sind des Glückes Unterpfand –
Blüh' im Glanze dieses Glückes,
Blühe deutsches Vaterland!

fab:
Strophe u. nicht einstimmig,
Hoch das deutsche Vaterland!

weit" werden besungen und gepriesen, das Dorf und die Stadt, das Land im allgemeinen und die Heimat insbesondere. Daß Heimatlieder in die Höhenlage des Religiösen gehoben werden können, das haben wir erlebt, als man vierzehn Millionen Deutsche nach dem Zweiten Weltkrieg vertrieben hat und ihre Lieder die seelische Verbundenheit mit der ihnen geraubten Heimat herstellten.

Das Lied preist die menschliche Daseinsfreude, spricht überzeugend von der Liebe, besingt das Leben in seinen unterschiedlichsten Phasen und kann auch problematische Akzente setzen, wo die Schwächen des einzelnen erkennbar werden. Kurz, das Lied ungekünstelt und naturrein ist Ausdruck unserer inneren Welt.

Vor allem aber klingt im Liede immer wieder das Land als solches auf, ja „... kein schöner Land!..." Aus all diesen Liedern spricht nicht die Freude am Besitz allein, sondern die Liebe, sprechen die inneren Bindungen zu dem Land, das mit uns durch ungezählte Ströme aus Vergangenheit und Gegenwart verbunden ist. Aus der Verantwortung, es „zu erhalten und zu gestalten" zu müssen, erwachsen dann die Verpflichtungen, die zu einem Bekenntnis führen. Es beginnt bei der „Saale hellem Strande", geht über das „Brünnlein, daraus wir trinken" müssen, um nicht alt zu werden und führt uns ins „Tirolerland", wo man den guten Rotwein trinkt. Es verkörpert seine Zeit, in der es entstanden ist. Die Handwerker ziehen heute nicht mehr durchs Land, aber einst taten sie es und sangen dazu. Auch die Lieder, die die Weber zu ihrer schlechtentlohnten Arbeit sangen, passen heute nicht mehr in die großen Hallen mit den mechanischen Webstühlen, doch sie sind ein Stück Kulturgeschichte und Überlieferung ihrer Zeit. Ähnlich verhält es sich mit den Soldaten- und Kriegsliedern, von den „Blauen Dragonern", die heute nicht mehr reiten, bis hin zum „Guten Kameraden" der in einer Zeit entstanden ist, da man ganz anders als heute Krieg führte, der aber doch als ein Stück bleibenden Gedenkens an einen toten Kameraden zeitlos wurde, in andere Sprachen übersetzt und heute auch in fremden Ländern gespielt und gesungen wird.

Die Liebe — und das sei nochmals gesagt — ist die Grundlage all dieser Lieder, die unserem Lande gelten, und wir haben auch alle Ursache, es zu lieben. Dies hat Grillparzer in seinem „Worte vom Österreicher" genauso deutlich gesagt, wie Ernst Moritz Arndt mit seiner Frage nach dem Vaterlande. Wir aber, die wir in unserer Zeit zwangsweise durch ein Gemütsbad nach dem anderen getrieben werden, sollen jetzt das alles verlernen. Doch unser Volk widersteht solchen Versuchungen. Das Bekenntnis zu unserem Lande hat ebensowenig mit Gewalt oder Herrschaftsucht zu tun, was uns die lange dauernde und immer wieder angeheizte Diskussion über die Hymne Hoffmann von Fallersleben zeigt.

Sie heißt, und auch das muß natürlich betont werden, nicht „Deutschland-Lied", sondern ausdrücklich nach dem Willen des Dichters „Lied der Deutschen". In diesem Liede wird nicht ein Staat oder ein Reich verherrlicht, dessen Grenzen wechseln und Systeme kommen und gehen, sondern ein Land, wo Deutsche leben. Und dies ist weltweit. Hier ist an keine He-

gemonie gedacht, an keinen Imperialismus und auch nicht daran, anderen
etwas wegzunehmen. Bekanntlich hat ein sozialdemokratischer deutscher
Reichspräsident dieses Lied zur deutschen Staatshymne erhoben und auch
die Bundesrepublik Deutschland hat dies unter Adenauer getan. Ausdrücklich aber heißt es in dem diesbezüglichen Erlaß der zuständigen Bonner
Regierungstelle, daß bei „staatlichen Anlässen" die dritte Strophe zu singen
sei. Von einem Verbot irgend einer anderen Strophe kann gar keine Rede
sein und staatliche Anlässe sind eben etwas anders als solche, die Volksteile
oder nichtstaatliche Veranstaltungen betreffen.

Wir wissen auch, daß bestimmte Räume und Flüsse im Liede der Deutschen damals zum gemeinsamen Reiche gehörten, als es es in den Vierziger
Jahren des letzten Jahrhunderts gedichtet wurde, wissen aber auch heute,
daß Liebe etwas ist, was über Grenzen geht, alle umschließen kann und
nichts mit Machtpolitik, Verboten und Gewaltmaßnahmen zu tun haben
muß. In einem Liede, das zur Zeit der Gründung der Deutschen Burschenschaft entstanden ist, heißt es sehr deutlich: „Die Form kann man zerbrechen, die Liebe nimmermehr!"

Weil wir an die Macht der Liebe glauben, die uns mit unserem Lande,
das unsere Heimat ist, verbindet sind wir davon überzeugt, daß es etwas
gibt, was über alles in der Welt und ihren Problemen steht und uns zu gemeinsamer Anhänglichkeit an dasselbe verbindet, wobei es selbstverständlich ist, daß Einigkeit, Recht und Freiheit Unterpfand des Glückes sind,
wenn die Liebe — wie gesagt — über allem steht!

Inhaltsverzeichnis